HEYNE <

Die Autorin

Lena Einhorn, geboren 1954, lebt als Schriftstellerin in Schweden. Dort ist sie vor allem als Autorin zahlreicher Dokumentarfilme und als Regisseurin bekannt. Lenas Vater, Jerzy Einhorn (1925–2000), war Überlebender des Holocaust. Er arbeitete als Professor für Strahlentherapie am Karolinska Institut in Stockholm. Nina Einhorn, die Hauptperson des vorliegenden Buches, war Lenas Mutter. Sie arbeitete in Schweden als Fachärztin für gynäkologische Onkologie. In diesem spannend erzählten Memoir zeichnet Lena Einhorn die Kindheit und Jugend ihrer Mutter im Polen des Zweiten Weltkriegs nach.

*Ninas Reise* war in Schweden auf Platz 1 der Bestsellerliste und hat zwei der wichtigsten Kulturpreise bekommen. Das Buch wurde 2005 mit dem »Augustpreis« ausgezeichnet, der einmal im Jahr verliehen wird und der wichtigste Buchpreis Schwedens ist. Den »Guldbaggen«, den höchsten schwedischen Filmpreis, der ebenfalls einmal im Jahr verliehen wird, erhielt *Ninas Reise* sogar in zwei Kategorien: bester Film und bestes Manuskript.

Lena Einhorn

# Ninas Reise

## Wie meine Mutter dem Warschauer Ghetto entkam

Aus dem Schwedischen von Susanne Dahmann

WILHELM HEYNE VERLAG
MÜNCHEN

Die Originalausgabe erschien unter dem Titel
*Ninas resa: En överlevnadsberättelse*
bei Prisma bokförlag, Stockholm

Der Verlag dankt dem Svenska Institutet (SI)
für die Übersetzungsförderung.

FSC
Mix
Produktgruppe aus vorbildlich
bewirtschafteten Wäldern und
anderen kontrollierten Herkünften

Zert.-Nr. SGS-COC-1940
www.fsc.org
© 1996 Forest Stewardship Council

Verlagsgruppe Random House FSC-DEU-0100
Das für dieses Buch verwendete FSC-zertifizierte Papier
*München Super* liefert Mochenwangen.

Deutsche Erstausgabe 12/2006

www.heyne.de
Printed in Germany 2006
Redaktion: Wibke Kuhn
Umschlaggestaltung: Eisele Grafik-Design, München
Umschlagillustration: Privatbesitz Lena Einhorn:
Nina und ihre Cousine Marian in New York 1937/1938
Satz: Buch-Werkstatt GmbH, Bad Aibling
Druck und Bindung: GGP Media GmbH, Pößneck

ISBN-10: 3-453-60042-8
ISBN-13: 978-3-453-60042-3

*Für Nina*

*»In diesem Zimmer voller Plüsch habe ich mir dieses Versprechen gegeben«, erklärte Nina. »Ein Plüschsofa, Plüschgardinen, jede Menge Nippes, schwere Teppiche auf dem Fußboden – ein Zimmer, angefüllt mit allem, was der Wohlstand zu bieten hat. Das Plüschsofa wurde nachts zu einem Bett umgebaut. Morgens wurden dann die Decken und alles andere, was unordentlich hätte aussehen können, sorgfältig weggepackt. Alles wurde wieder an seinen normalen Platz geräumt, um zu verbergen, wozu dieses wohlgeordnete Zimmer sonst noch dienen musste. Auf diesem Sofa schlief ich. Ich hatte das Gefühl, mich auf einer einsamen Insel zu befinden. Ich, die einzige Überlebende einer schrecklichen Katastrophe. Mit täglich schwindender Aussicht auf Rettung. Im Dunkel dieser Nächte, erfüllt von den Ängsten, die jede Nacht kamen, gab ich mir selbst dieses Versprechen: Wenn ich trotz allem überleben sollte, dann muss ich davon erzählen.«*
*Und das tat sie.*

## *Kapitel 1*

Das Fuhrwerk, der Wagen, stand bereits auf dem Hof. Der Kutscher Staś und sein Pferd standen auch da, wie in so vielen Sommern im Leben der Familie Rajmic. Ein Pferd, ein Kutscher, große Erwartungen. Doch diesmal war das Ziel nicht das übliche, und der Anlass der Reise ebenso wenig. Sie würden viel weiter als gewöhnlich reisen, und auf eine völlig andere Art. Staś legte Decken auf die Sitze, damit die drei Passagiere es auch bequem hatten. Dann hob er das Gepäck auf den Wagen – es waren viel mehr Taschen, als sie sonst mitzunehmen pflegten.

Fanja Rajmic war angespannt, aber vor allem voll froher Erwartung. 26 Jahre war es her, seit sie ihre Eltern, ihre Geschwister und ihre Cousins und Cousinen das letzte Mal gesehen hatte. Sie hatte vor langer Zeit die Verbindung zu ihrem früheren Leben abgebrochen. Für ihre Tochter Nina war das Ganze vor allem ein spannendes Abenteuer – sie durfte über den Atlantik reisen. Niemand aus ihrer ganzen Klasse, ja, niemand aus der ganzen Aba-Schule war jemals in Amerika gewesen. Diese Reise, die sie unternehmen würde, hatte sie in der ganzen Schule berühmt gemacht. War es doch für die meisten schon ein Abenteuer, nur von Lodz zur Küste zu fahren.

Lodz war im Juli ein unerträglicher Aufenthaltsort. Im ganzen Umkreis gab es meilenweit kein Gewässer, in dem man baden konnte, und der Staub der Fabriken lag wie ein Teppich über der Stadt. Man nannte diese Stadt, die ein Jahrhundert lang das industrielle Zentrum Polens gewesen war, »das Manchester von Polen«. Schön war Lodz nicht, und grün war es auch nicht, doch für Nina gab es keinen schöneren Ort auf Erden. Lodz war eine Stadt mit 600 000 Einwohnern, von denen 200 000 Juden waren. Im Grunde genommen gab es zwei Städte, eine katholische und eine jüdische. Wenn die polnischen Jugendlichen über die Deptak gingen, die Hauptstraße zwischen der Andrzejstraße und der Zamenhofstraße, dann sah man keinen Juden mehr. Nina und ihre Freunde hatten ihre eigene Deptak, nämlich zwischen der Andrzeja und der Trauguta. Dabei verboten ihnen die Polen gar nicht, auf demselben Abschnitt der Straße zu gehen wie sie. Es war auch nicht so, dass die jüdischen Jugendlichen sich dagegen gewehrt hätten. Das ungeschriebene Gesetzt lautete einfach: Polen liefen auf ihrer Deptak, Juden auf ihrer.

Es war das jüdische Lodz, das Nina liebte. Das andere Lodz existierte für sie nicht. Zwar hatten ihre Eltern sie zunächst in einer polnischen, das heißt katholischen Schule untergebracht, denn ihr Vater, Artur Rajmic, entstammte trotz allem einer sehr assimilierten Familie (der Name war ursprünglich »Reimitz« geschrieben und dann ans Polnische angeglichen worden). Doch wenn ein Jude sich in Polen als assimiliert betrachtete, dann bedeutete das lediglich, dass er nicht zu Gott betete. Juden und Polen vermischten sich nicht mehr als unbedingt notwendig, und Ninas zweijähriger Aufenthalt in dieser Schule nahm augenblicklich ein Ende, als die anderen Kinder anfingen, *żydówka,* »Jüdin«, hinter ihr herzurufen.

»Ich war acht Jahre alt, als ich nach Hause kam und verkündete, dass ich nie wieder in die Schule gehen würde«, erinnert sich Nina später. Sie verlangte, ihre Ausbildung auf der jüdischen Aba-Schule fortsetzen zu dürfen, und das wurde ihr auch gewährt. In solchen Momenten bekam Nina immer zu hören, sie sei eine richtige »Wygodzki«. Wygodzki war der Mädchenname ihrer Mutter Fanja, und alle Frauen ihrer Verwandtschaft schien derselbe Charakterzug auszuzeichnen, nämlich eine ungeheure Sturheit in allem, was sie sich vornahmen, und die fest verankerte Überzeugung, meist Recht zu haben.

Lodz bedeutete für Nina Verwandte, Lodz bedeutete Freunde. Ninas Onkel Szymek und seine Freu Tecia wohnten in derselben Straße wie sie, nur einige Häuserblocks entfernt. Großvater und Großmutter wohnten noch näher, an der Żeromskiegostraße 77, nur vier Häuser entfernt. Vier graue, verstaubte Häuserfassaden entfernt. Nina ging jeden Tag nach der Schule dorthin.

»Ich mochte Rysio so gern«, erklärt sie, »sehr gern.«

Rysio war Ninas sechs Jahre jüngerer Cousin. Eigentlich war es ungewöhnlich, dass eine Zwölfjährige sich einen Sechsjährigen als liebsten Spielkameraden aussuchte, doch Nina wurde von Rysio wie von einem Magneten angezogen. Mit ihrem Onkel und der Tante, dem barschen Max und der zarten und empfindlichen Rosa, die auch alle bei den Großeltern lebten, hatte sie hingegen ihre Schwierigkeiten. Rysio allein war der Grund dafür, dass sie jeden Nachmittag dorthin ging, das ganze Jahr über. »Ich wurde nie müde, mit ihm zu spielen. Außerdem war ich es gewohnt, bei Großmutter und Großvater hereinschauen zu können, wann immer ich wollte, doch es geschah nur selten, dass wir dort zum Essen eingeladen wurden. Sie begingen auch fast keine jüdischen Feiertage. Ich erinnere mich nur an einen einzigen Seder-Abend, kurz vor dem Krieg. Damals durfte Rysio *Ma Nishtana* lesen.«
Rysio lebte bei seinen Großeltern, weil auch seine Eltern, Tante Maryla und ihr Mann Heniek, dort wohnten. »Es war erstaunlich, dass es ihnen dort gefiel«, sagt Nina. »Sie hatten nur ein Zimmer, in dem Rysio auch zur Welt gekommen war. Ich habe mich immer gefragt, warum sie dort wohnten, aber meine Mutter meinte, dass es einfach bequem für sie war. Da hatten sie immer einen Babysitter und Hausangestellte gab es auch.«
Die Sache war besonders schwer zu verstehen, weil Maryla es mit ihren eigenen Eltern auch nicht einfach hatte. Das ging ihrer Schwägerin Fanja aber genauso. »Meine Mutter hat mir einmal erzählt, wie schwer sie es hatte, als sie nach Lodz kam«, erzählt Nina. »Sie beherrschte die Sprache nicht, und die Familie war viel

stärker assimiliert und pflegte intellektuellen Umgang, ganz anders als die Familie und die Umgebung, der Fanja entstammte, und die ja damals noch zu Russland gehörte. Zu Anfang schauten alle ein wenig auf sie herab. Als sie in die Stadt kam, hatte sie das Gefühl, überhaupt keine Liebe oder Zuneigung von Papas Familie zu erhalten. Die Einzige, die immer nett zu ihr war, war Maryla, die Schwester von Papa und die Jüngste unter den Geschwistern. Die Zuneigung zwischen diesen beiden blieb die ganze Zeit über bestehen.« Eine Zuneigung, die schon bald das Dasein der Familie auf entscheidende Weise erleichtern sollte.

Trotz der anfänglichen Schwierigkeiten richtete sich Fanja Rajmic doch allmählich in ihrem Leben in Polen ein. Sie lernte Polnisch und schuf sich einen großen Bekanntenkreis. Fanja war vor allem ein Gesellschaftsmensch, und sie liebte es, Karten zu spielen. »Es waren immer viele Leute bei uns zu Hause«, erinnert sich Nina, »ein unglaublich großer Freundeskreis …«
Es genügt heute schon, die Familienfotos von den Sommerhäuschen anzuschauen, die die Verwandtschaft jeden Sommer mietete. Da sind auf jedem Foto mindestens 50 Menschen. Ein Netzwerk selbstverständlicher Beziehungen, eine Geschichte gewohnter Verhaltensweisen, eine bestechende Leichtigkeit im Umgang. Fanja musste sich doch eingelebt haben. Sie hatte jede Menge Pokerspieler, Artur viele Diskussionspartner und Nina so viele Spielkameraden, wie sie wollte. Und im Zentrum dieser Gemeinschaft stand Fanja, immer Fanja. Sie war der Mittelpunkt von Ninas Leben,

Mittelpunkt des ganzen Familienlebens. Ein Leben voller Freunde und Verwandter. Aber diese kamen alle von Arturs Seite.
Und das war der Grund, warum Nina und Fanja sich jetzt, im Juli 1937, auf die weite Reise begaben.
»Zu Beginn des Sommers bekam ich eine Mandelentzündung«, erinnert sich Nina, »und deshalb reisten wir mit Verspätung ab. Doch irgendwann kam der Tag, wo Mutter, Vater und ich nach Gdynia fuhren, von wo aus Mama und ich mit dem Schiff nach New York fahren sollten.«
Es war lange her, seit Nina das Meer gesehen hatte. Die übliche Sommerfrische der Familie lag nur wenige Meilen außerhalb von Lodz, eine erträglich lange Fahrt mit Pferd und Wagen auf den holprigen Straßen und Wegen über Land. Man fuhr nach Kolumna oder nach Wiśniowa Góra. Vielleicht auch nach Głowno. Weiter entfernte man sich jedoch nicht, und man hatte auch keine Sehnsucht danach, weiter zu fahren. Nur Fanja hatte immer eine Sehnsucht in sich genährt, auch wenn sie es selten zeigte.
»Sie war ein Mensch, dem es schwer fiel, seine Gefühle zu zeigen«, erzählt Nina. »Sie weinte nie, lachte selten und verteilte keine Liebesbeweise. Sie küsste mich fast nie und berührte mich auch sonst nicht. Aber sie war eine Quelle der Geborgenheit, mit der nichts später vergleichbar war.«

In Gdynia wartete Rudek auf sie. Er war vom Militärlager aus Grudziądz gekommen, um sich zu verabschieden. Rudek, oder Rudolf, wie er eigentlich hieß, war

Ninas Bruder. Er war elf Jahre älter als sie und war bereits fertiger Jurist und jetzt auch Offizier der Reserve. Auf einigen der Fotos, die aus dieser Zeit erhalten sind, sieht man Rudek in voller Uniform – stolz und ein wenig steif. Wäre er nicht Jude gewesen, würde man ihn wie selbstverständlich für einen polnischen Nationalisten halten, einen Katholiken natürlich, der die ganze traurige Geschichte Polens mit ihren zahllosen Ungerechtigkeiten im Herzen trägt. Er schaffte es irgendwie, seine ostjüdische Identität als Außenseiter mit dieser stolzen polnischen zu verknüpfen, was wahrscheinlich daran lag, dass er in Lodz wohnte, wo so viele Juden ein Leben frei von Traditionen führten. Der Ursprung von Rudeks Diszipliniertheit und Zurückhaltung, gepaart mit seiner starken Autorität, liegt sicher in seiner Beziehung zu Fanja:

»Er war Mamas Erstgeborener, und sie liebte ihn am meisten«, sagt Nina. »Für mich war das eine Selbstverständlichkeit, die auch niemals Anlass zur Eifersucht gab.« Wenn man Nina glaubt, dann empfand sie ihrem großen Bruder gegenüber vor allem Bewunderung. »In den Jahren, in denen ich alt genug war, um das bewusst wahrzunehmen, war ich immer beeindruckt davon, wie ernst Mamas und Rudeks Gespräche waren, wie oft Mama Rudek um Rat fragte und dass sie ihn immer wie einen Erwachsenen behandelte.«

Doch Rudek würde die Familie wahrscheinlich bald verlassen. Er war seit einigen Jahren mit einer Frau namens Teresa Goldman zusammen, und alle sahen es als selbstverständlich an, dass die beiden bald heiraten würden.

Es gibt noch ein Foto von dem Tag, als die beiden Rudek in Gdynia trafen. Man sieht drei Personen, die auf die Kamera zuspazieren. Ganz links die zwölfjährige Nina in einem hellen Kleid mit einem weißen baskenmützenartigen Hut auf dem Kopf. Über dem einen Arm trägt sie einen Mantel und über dem anderen eine kleine Handtasche. Sie sieht zielstrebig und auch ein wenig erwartungsvoll aus und schaut direkt in die Kamera. Neben ihr geht Rudek, ganz ernst in seiner Uniform. Und auf seiner anderen Seite geht die kräftige Fanja. Sie lächelt.

Sie verabschiedeten sich bereits an diesem Nachmittag von Rudek. »Ich werde alles für deine Ankunft vorbereiten«, hatte Nina ihre Mutter flüstern hören, als sie auf dem Bürgersteig in Gdynia Rudeks Hand nahm. Nina verstand nicht, was ihre Mutter damit meinte.

Den letzten Abend in Polen verbrachten sie in Sopot, dem pittoresken Kurort am Meer. Nina und Fanja nahmen eine Droschke von Gdynia, und Artur folgte ein paar Stunden später nach. Dieser letzte Abend sollte sich in Ninas Erinnerung einbrennen, vielleicht weil es für sehr lange Zeit das Letzte war, was sie von Polen sehen sollte.

»Ich erinnere mich immer noch, wie Mutter und ich am Ufer entlanggingen und auf das Meer schauten. Es war ein schöner Sommerabend. Die Menschen schlenderten an der Uferpromenade entlang, in den Cafés wurde Musik gespielt. Es herrschte eine typische mitteleuropäische Atmosphäre, die Atmosphäre der Zwischenkriegsjahre. Sopot war ein mondäner Kurort. Im Park spielte das Orchester Wiener Walzer und ungarische Potpourris. Frauen spazierten mit Männern umher – in den letzten Jahrzehnten war man etwas freier geworden. Die Atmosphäre war von einem entspannten Wohlstand geprägt, eben die Atmosphäre, die man erlebt, wenn man sich einmal von seinen alltäglichen Pflichten befreit. Es ist lustig, wie sich dieser Tag in mein Gedächtnis eingeprägt hat. Ich kann mich immer noch an fast jeden Augenblick erinnern.«

»Bis bald, Papa«, sagte Nina, als sie ihren Vater am nächsten Morgen umarmte.

»Ja, bis bald, Nina.« Artur umarmte seine Tochter lange. Er war ihr gegenüber gefühlvoller als ihre Mutter, und er zeigte immer großes Interesse an allem, was sie tat. »Abends saß er auf meiner Bettkante und spielte das Zahlenspiel mit mir«, erzählt Nina. »Schon ganz früh sollte ich addieren, multiplizieren und dividieren, und das war, als ich klein war, mein schönstes Spiel.« Später war das Spiel dann auf Geschichte und Geografie ausgedehnt worden. Artur kannte sich in Geografie aus, denn er reiste viel für Scheibler & Grohmann, einen der zahlreichen deutschstämmigen Betriebe, die es in Lodz gab. Oft, vor allem, wenn er in Wien gewesen war, brachte er Nina eine Puppe mit. »Es war immer dasselbe, sowie ich eine Puppe bekam, schraubte ich den Kopf ab, um zu sehen, was drin war. Hingegen hatte ich kein größeres Bedürfnis, Vater-Mutter-Kind zu spielen, und ich konnte nicht verstehen, warum man eine nicht lebendige Sache in einem Wagen herumschieben sollte.«

Wahrscheinlich war Fanja nicht gerade eine Quelle der Inspiration für ein solches Spiel gewesen.
Artur Rajmic war freundlich und stand vielleicht auch ein wenig unter dem Pantoffel seiner Frau. Früher einmal war Artur ein schicker junger Mann gewesen. Jetzt war er sehr korpulent, genauso rund wie seine Frau, hatte eine Glatze und sah sehr freundlich aus. Artur Rajmic war ein Intellektueller, ein Schreibtischmensch, ein Mann, der sich in eine Organisation einfügte und dessen Reisen ins Leben immer unerwartet oder ungeplant waren. Er war in seinem Element, wenn er diskutieren oder Musik hören konnte. In einer wohlgeordneten, funktionierenden und wirtschaftlich gesunden Gesellschaft waren das perfekte Eigenschaften. Schon bald jedoch würden sie sich als völlig untauglich erweisen.

Sie konnten die Musik vom Orchester noch lange, lange hören, während die Häuser hinter dem Atlantikdampfer *Batory* immer kleiner wurden. Nina hatte Polen noch nie vom Meer aus gesehen, es verschwand erschreckend schnell. Von hier aus betrachtet war ihr Heimatland so klein.
Fanja veränderte sich fast augenblicklich, sowie das Schiff vom Kai abgelegt hatte. »Ich hatte meine Mutter noch nie so entspannt, so fröhlich und so voller Leben gesehen wie während dieser Tage auf dem Schiff«, sagte Nina. »Ich sehe sie heute noch vor mir. Das Bild von sich, das sie mir auf dem Schiff zeigte, lachend und lebensfroh .... War das Bild von meiner Mutter, das ich sonst hatte, vielleicht falsch? Oder erlebte sie es als eine Art Befreiung, wenn sie einmal keine Pflichten riefen

und niemand außer vielleicht mir irgendwelche Forderungen oder Erwartungen an sie stellte? Auch mir schenkte sie mehr Aufmerksamkeit und ein größeres Maß an Liebe als je zuvor.«

Bis dahin kannte Nina nur Teile der Lebensgeschichte ihrer Mutter. Im Laufe der Zeit sollten sich immer mehr Puzzleteilchen zu einem Bild zusammenfügen, doch jetzt wusste sie nur, dass ihre Mutter zum ersten Mal seit 26 Jahren ihre Familie treffen würde. Natürlich war sie darüber glücklich.

Nina erinnert sich an diese Tage auf dem Schiff als etwas ganz Besonderes, als eine neue Welt. Die meisten an Bord waren so alt wie ihre Mutter, doch Nina lernte auch ein Mädchen in ihrem Alter kennen. Das Mädchen, das Wanda hieß, kam aus Poznan, wo es mit seiner Mutter lebte, und fuhr in die USA, um seinen Vater zu besuchen. »Sie reiste allein, und die Hausdame auf dem Schiff sollte auf sie aufpassen. Wanda und ich spielten viel zusammen, ich mochte sie. Doch ich erinnere mich an einen Abend, als Wanda mit einem jungen Mann von der Besatzung auf Deck herumspazierte. Als meine Mutter entdeckte, dass ich allein war, ohne Wanda, schlug sie Alarm. Die arme Wanda musste in ihre Kajüte zurückkehren, und es wurde ihr strengstens verboten, noch einmal mit Leuten von der Besatzung herumzuspazieren. Als ich Mama fragte, warum das so sei, antwortete sie, ich sei zu jung, um das zu verstehen, aber ich würde später mal einsehen, dass sie Recht habe. Vielleicht hatte sie Recht, aber ich verstehe nach wie vor nicht, warum sie es mir nicht richtig erklären konnte.«

Fanja erklärte Dinge oft spät oder auch nie. Zum Beispiel die Frage, warum sie nicht mit ihren Eltern und all ihren Geschwistern nach Amerika gegangen war. Nina wusste, dass sie ein Familienmensch war und wie sie sich nach ihren Verwandten gesehnt hatte. Dennoch war sie nicht mitgefahren, als diese nach Amerika gegangen waren, obwohl sie damals erst neunzehn Jahre alt gewesen war. Stattdessen hatte sie ihr ganzes erwachsenes Leben getrennt von ihnen verbracht.

Die Familie Wygodzki war schon 1911 aus Bialystok, das damals russisch war, inzwischen aber zu Polen gehörte, weggezogen und nach Philadelphia in Amerika ausgewandert. Es war eine große Familie mit sechs Kindern und vielen Cousins und Cousinen. Gibt man heute die Namen Wygodzki und Rubin in Computer ein, in denen die Informationen über die osteuropäischen Juden der Vorkriegszeit archiviert sind, dann findet man unter Bialystok eine Menge Menschen mit diesen zwei Namen. Und schaut man dann wieder in die Immigrations- und Melderegister der Vereinigten Staaten, dann findet man viele von ihnen ein paar Jahrzehnte später dort wieder – oft ein oder zwei Jahre jünger, denn die Übersiedelung in das neue Land konnte auch verjüngen .... Wygodzki, oder eigentlich Portnoj vel Wygodzki, war Fanjas Mädchenname. Ihre Mutter Chana-Ester hieß mit Mädchennamen Rubin. Und Rubin war der Name, den die Familie angenommen hatte, als sie nach Amerika gegangen war. Ohne Fanja.
»Ich habe in Belgien Medizin studiert«, war die Erklärung, die Fanja ihrer Tochter gab. Und das war natür-

lich eine Erklärung, die Respekt verlangte. Fanjas Vater war Zigarrenmacher, ihre Mutter Hausfrau. Die Familie war sehr traditionell, fast orthodox eingestellt. Abraham Wygodzki hatte einen langen Bart, und seine Ehefrau Chana-Ester trug wie andere orthodoxe Jüdinnen eine Perücke, die sie jedoch ablegte, als sie in das große Land im Westen zogen. Keines der Kinder hatte eine Hochschulausbildung genossen, sie waren eine Familie von Arbeitern und Handwerkern in einer Stadt voll jüdischer Arbeiter und Handwerker gewesen. Vom Beginn des Jahrhunderts an bestand die Bevölkerung von Bialystok zu ungefähr 60 Prozent aus Juden. Doch die jüdischen Arbeiterbewegungen waren seit der Revolution von 1905 von gewaltsamen Repressalien betroffen, die man Pogrome nennen muss. Dies zusammen mit der Armut hatte viele Juden von Bialystok in den folgenden Jahren dazu getrieben, ihre Heimatstadt zu verlassen und auszuwandern.

Es war völlig ungewöhnlich, dass Fanja unter diesen Umständen Medizin studieren konnte. Dass sie, zudem als Mädchen, in der Familie die Einzige sein sollte, die studieren durfte, ist noch erstaunlicher. Und dass sie außerdem noch in Liège in Belgien studieren durfte, war einzigartig. Sie begann ihr Studium dort im Jahre 1911, im selben Jahr, in dem die Familie nach Philadelphia auswanderte.

»Wie ich später erfuhr, trennte sich meine Mutter von der übrigen Familie in dem Zug, der von Bialystok durch Deutschland bis Le Havre ging, von wo aus sie das Schiff nach Amerika nehmen würden«, berichtet Nina. »Irgendwo in Deutschland trennten sie sich, und

Fanja reiste nach Liège. Seitdem hatten sie einander nicht wieder gesehen.« Fanja musste eine Neunzehnjährige mit starkem Willen, großem Intellekt und einer beeindruckenden Integrität gewesen sein.
Doch die Frage, warum sie nicht in Amerika Medizin studiert hatte, konnte Nina immer noch nicht beantworten.

## *Kapitel 2*

»Feigele! Feigele!« Nina konnte die Rufe in der Volksmenge hören. »Feigele! Feigele!« Sie waren an der Freiheitsstatue vorbeigefahren, dem Symbol für die Unabhängigkeit und die unbegrenzten Möglichkeiten, die alle hoffnungsfrohen Einwanderer im Laufe der Zeiten in Amerika gesucht hatten. Jetzt legte die *Batory* an einem der riesigen Kais der Großstadt New York an. Die Wolkenkratzer ragten vor Nina auf, fast schon über ihr, obwohl sie noch so weit entfernt waren. Dann schaute sie wieder zu der Menschenmenge am Kai. Dort standen bestimmt 25 Menschen, die alle den Namen ihrer Mutter riefen.

»Sie zeigte sie mir«, erinnert sich Nina, »und ich sehe noch all diese Gesichter vor mir: Großmutter, Großvater, Tante Mary, meine Onkels Charlie, Irvin und Max. Und dann alle Kinder und Ehepartner und die anderen Verwandten.« Nach zwanzig Minuten waren sie unten auf dem Kai, und Fanja umarmte ihre Familie. Nina bemerkte etwas erstaunt, wie schüchtern ihre sonst so selbstsichere Mutter plötzlich war, aber ihr selbst ging es noch viel mehr so. »Alle meine gleichaltrigen

Cousins und Cousinen schwärmten um mich herum, und ich konnte kein einziges Wort sagen, das sie verstanden hätten.«

Das waren also ihre Verwandten, ihre allernächsten Verwandten. Diese Jugendlichen, die in der unbegreiflichen Sprache plapperten, waren ebenso nah mit ihr verwandt wie Rysio und Celinka und Alfred, ihre anderen Cousins in Lodz. Und die alten Leute waren ihre Großeltern. »Großmutter und Großvater schauten mich lange an«, erinnert sich Nina, »und Großvater soll auf Jiddisch gesagt haben: ›Feigele, warst immer so schön. Und dann bekommst so eine Tochter.‹ Ich weiß nicht, ob er es genauso sagte, aber ich habe später einmal mitgehört, wie meine Mutter es jemand anderem erzählt hat. Ich war schlaksig, irgendetwas zwischen Kind und Frau, denn mit zwölf Jahren ist man weder das eine noch das andere. Meine Bewegungen und meine Versuche, mit den anderen zu kommunizieren, mögen unbeholfen gewesen sein. Aber ich war glücklich. Glücklich, Mama von ihren nächsten Verwandten umgeben zu sehen, glücklich, all das Fremde und Neue erleben zu dürfen. Keiner meiner Freunde hatte je über den Atlantik reisen dürfen. Ich war die Einzige, und ich war unglaublich stolz darauf.«

Nina betrachtete ihre Großmutter. Chana-Ester Rubin, oder Anna, wie sie in Amerika zumeist genannt wurde, erinnerte an ihre Tochter Fanja. Eine ältere Fanja. Derselbe kräftige Körperbau, derselbe bestimmte Blick, dieselbe selbstverständliche Dominanz. Eigentlich sollte man in dieser Familie, wenn man eine starke Frau war,

nicht »eine Wygodzki« genannt werden, sondern »eine Rubin«. Fanja hatte ihre besonderen Charaktereigenschaften offenkundig von ihrer Mutter geerbt, und dies in mehrfacher Hinsicht. Eine von Annas Urenkelinnen, Carol Selzer, erzählt heute, dass sie über ihre Urgroßmutter immer gehört hatte, sie sei »all business« gewesen, Ordnung und Sauberkeit und eine starke Frau – aber niemand, der seine Kinder mit Zärtlichkeiten verwöhnte. Das ist eine Familieneigenschaft, die sich offensichtlich weitervererbt hat. Neben Großmutter Anna sah Großvater Abraham fast schüchtern aus.
Plötzlich löste sich ein Mann aus der Gruppe. Er ging auf Nina zu, streckte ihr die Hand entgegen und sagte in einem Jiddisch, das sogar Nina verstand:
»Ich bin dein Onkel Charlie. Willkommen im Paradies.«

## *Kapitel 3*

»Es gab ein großes Fest, als wir kamen«, erinnert sich Nina. »Alle versammelten sich in der Wohnung von Onkel Irvin und Tante Syd.« Onkel Irvin, Fanjas Bruder, hatte es in Amerika am weitesten gebracht. »Was ich damals nicht wusste, war, dass Tante Mary und Onkel Daniel nach einer zweijährigen Fehde zum ersten Mal seit zwei Jahren wieder zu Besuch gekommen waren – dabei war es natürlich um Geld gegangen.«

Nina konnte aus ihrer Kindheit in Polen nicht wissen, welche Auswirkungen Amerika auf die Verwandtschafts- und Familienverbindungen hatte. Man kam als ein großer Klan an, wenn auch zu unterschiedlichen Zeitpunkten, man ließ sich gern in denselben Städten nieder wie die Eltern, Geschwister, Cousins oder Verwandten. Man verbrachte den Sabbat zusammen, und man feierte die Feste gemeinsam. Doch innerhalb einer Generation zerfiel der Klan in kleinere Inseln, und dann in immer noch kleinere Inseln. Die Geschwister Rubin, Fanjas Geschwister, hielten den Kontakt untereinander nicht mehr so intensiv aufrecht, wie sie das in den ersten Jahren getan hatten. Die

Cousins traf man vielleicht einmal im Jahr – vorausgesetzt, man kannte sich noch aus dem »alten Land«. Und die Verwandten der nächstfolgenden Generation wussten oft schon nichts mehr von der Existenz der anderen.

Tante Mary hatte sich aus einem einzigen Grund bei ihrem Bruder Irvin eingefunden: Ihre geliebte große Schwester Fanja war gekommen. Mary und Irvin hatten sich lange nicht gesehen, da Marys Mann Daniel sich offensichtlich einmal viel Geld von Irvin geliehen und es niemals zurückgezahlt hatte. »Daniel hatte ständig neue, fantastische Projekte am Laufen«, erinnert sich Nina, »doch es war hauptsächlich Tante Mary, die die Familie versorgte, indem sie nähte oder manchmal als Verkäuferin arbeitete.«
Jetzt schien aber alles vergeben zu sein – zumindest vorübergehend –, denn jetzt waren Fanja und ihre Tochter in New York angekommen. Später hat Nina begriffen, dass sie es waren, die in Europa »zurückgelassenen« Verwandten, die die Familie auf der anderen Seite des Atlantiks zusammenhielten. So war es immer gewesen, und so würde es auch immer bleiben, selbst viel später noch, als die »zurückgelassene Familie« selbst zersplittert war.

An diesem Nachmittag bei Onkel Irvin und Tante Syd hörte Nina mit großem Erstaunen von dem lebenslangen Kampf ihrer Mutter, nach Amerika zu kommen und mit Mann und Kindern dahin auszuwandern. Onkel Irvin selbst erzählte Nina und ihrer Cousine Marian die Geschichte, wobei ein Freund der Familie, der Polnisch sprach, für Nina übersetzte.

»Ich erfuhr, dass Mama offenbar eine solche Sehnsucht nach ihrer Familie hatte, dass sie schon während des Ersten Weltkrieges beschloss, mit meinem Papa und meinem Bruder Rudek nach Amerika zu gehen«, erzählt Nina. »Also schrieb sie ihrem kleinen Bruder Irvin, der damals als Soldat in Frankreich diente.« Fanja bat Irvin, dass er gleich nach dem Krieg kommen und sie in Lodz besuchen solle. Dort wollten sie gemeinsam mit ihm ihre Auswanderungspläne besprechen. Irvin fand die Idee großartig. Schon lange hatte er versucht, seine Schwester zu überreden, zu ihnen in die USA zu kommen. Also antwortete er sofort, er werde kommen, sowie die Kampfhandlungen beendet wären.

»Als der Krieg endlich vorbei war, wartete Mama gespannt auf ihren Bruder«, erzählt Nina, »aber Irvin kam nicht.« Es sollte noch einige Wochen dauern, ehe Fanja etwas von ihrem Bruder hörte. Sie machte sich große Sorgen, denn Irvin hatte sie noch niemals im Stich gelassen. Ihm war doch hoffentlich nichts zugestoßen? Als Irvin dann endlich von sich hören ließ, war er schon wieder in Amerika.

»Meine sehr willensstarke Großmutter Anna in den USA hatte einen Brief an Präsident Wilson geschrieben«, erzählt Nina. »Sie hatte den Präsidenten gebeten, dass ihr Junge sofort nach Kriegsende nach Hause transportiert werden sollte. Natürlich wusste Großmutter nichts von der Verabredung mit Mama. Und so wurde Irvin mit dem ersten Transport, der von Frankreich abging, zurück in die USA geschickt, und Mama blieb in Polen.«

Alle um Nina herum lachten herzlich, als diese Geschichte erzählt wurde. Aber Nina blieb das Lachen im Hals stecken.

Großvater Abraham wurde sehr krank, und als der Herbst kam, konnte Fanja nicht wie geplant von New York nach Lodz zurückreisen. Was Nina betraf, so fanden alle, dass sie sich so gut in New York eingelebt hatte, dass es schade wäre, sie überstürzt und ganz allein über den Atlantik zu schicken. Es wurde beschlossen, dass sie eine Schule in Manhattan besuchen sollte. Nina fügte sich, jedoch nicht ganz ohne Sorge.

»Es war aufregend, in New York zu sein, doch ich liebte Lodz. Für mich war dort das Paradies auf Erden.«

Fanja hingegen verließ New York und reiste zu ihren Eltern, die immer noch in Philadelphia wohnten. Nina durfte bei ihrer Tante Mary in Manhattan bleiben, bei deren beiden Kindern Elaine und Bobby und ihrem »Taugenichts«, dem weltgewandten und verantwortungslosen Daniel Sherich. »Nach außen lebten sie wie eine gut situierte Mittelklassefamilie«, erinnert sich Nina, »in einer recht geräumigen Wohnung auf der 137. Straße, direkt am Riverside Drive mit Blick über den Hudson und die George-Washington-Bridge. Sie besaßen einen Pontiac, auf den Onkel Daniel schrecklich stolz war.«

## *Kapitel 4*

Es fiel Nina nicht leicht, sich zurechtzufinden. Nicht genug, dass Cousine Elaine ihre Gegenwart weder in ihrem Zimmer noch in ihrer Schule sonderlich schätzte, die große Schule auf der 125. Straße in Harlem hatte zudem nur wenig Ähnlichkeit mit der Aba-Schule in Lodz. Das Lerntempo war hier höher, und die Umgebung war eine völlig andere. New York war eine graue Stadt, genau wie Lodz, vielleicht sogar etwas sauberer, aber auf jeden Fall härter. »Ich empfand die Stadt als hektisch, sie war von einem ungeheuren Verkehr erfüllt und von vielen Menschen, die herumhetzten, und das Zuhause war einfach nicht so wie das Zuhause in Polen.«

Die Beziehung zu ihrer Cousine Elaine verschlechterte sich von Tag zu Tag. Vielleicht schämte sich Elaine für ihre Cousine, die nur schlecht Englisch sprach, vielleicht wollte sie sie auch einfach nicht die ganze Zeit im Schlepptau haben. Aber Tante Mary war nett. Abends, wenn ihre eigenen Kinder im Bett lagen, machte sie Tee und Brote, setzte sich mit Nina aufs Sofa und sprach Englisch mit ihr. Manchmal war Daniel dabei, oftmals aber war er irgendwo unterwegs oder fuhr in seinem Pontiac herum, und niemand wusste genau, wo er sich aufhielt.

An einem solchen Abend fühlte sich Nina einmal so wohl in der Gegenwart ihrer Tante, dass sie es wagte, die Frage zu stellen, die ansonsten aus einem unerfindlichem Grund in der Familie tabu war: Warum war ihre Mutter eigentlich in Europa geblieben, als ihre ganze Familie auf die andere Seite der Erde gezogen war?

Tante Mary zögerte, doch dann erzählte sie. Und Nina erfuhr etwas von ihrer Mutter, das sie nie hätte ahnen können.

»Mama war einem Mann nach Liège gefolgt«, sagt Nina, »deshalb war sie nicht mit ihrer Familie nach Amerika gegangen. Er stammte aus einer sehr reichen jüdischen Familie in Bialystok. Die beiden studierten zusammen Medizin. Er hieß Szymon.«

Als Tante Mary diesen Namen nannte, kam er Nina irgendwie bekannt vor, ohne dass sie jedoch gewusst hätte, woher. Doch dann erinnerte sie sich: Das Fotoalbum. Im Fotoalbum ihrer Mutter gab es ein Bild von einem sehr schicken jungen Mann in der Uniform der russischen Oberschule. »Als ich Mama fragte, wer das sei, spürte ich, dass es mit diesem Mann etwas Besonderes auf sich hatte«, erinnert sich Nina. »Sie meinte nur, er heiße Szymon. Mehr sagte sie nicht. Doch an ihrer Art zu reden merkte ich, dass es mit ihm eine besondere Bewandtnis hatte. Danach sprach sie nie mehr von ihm.«

Erst jetzt, auf dem Sofa von Tante Mary, erfuhr Nina die ganze traurige Geschichte.

Fanja hatte Szymon auf der russischen Oberschule in Bialystok kennen gelernt. Sie war dort in einer Umgebung, in der nur sehr wenige einen ähnlichen familiären Hintergrund wie sie hatten. Denn hier lernten überwiegend Kinder aus reichen Familien, die Kinder der Intelligenz von Bialystok, und nur sehr wenige arme Kinder oder Kinder ungebildeter Eltern. Und schon gar nicht arme Mädchen. Fanja muss sehr begabt gewesen sein und von einer starken inneren Kraft getrieben.
Mary erzählte, dass Fanja und Szymon sich auf den ersten Blick verliebt hatten. Mary mochte Szymon, und die ganze Familie von Fanja ebenso, doch in Szymons Familie sah die Sache natürlich anders aus: »Szymons Eltern gefiel es gar nicht, dass er sich in Fanja verliebt hatte, erzählte Tante Mary. Sie fanden Fanjas Familie nicht vornehm genug. Das war aber zur damaligen Zeit sehr wichtig.«

Als Fanjas Familie sich entschloss, nach Amerika auszuwandern, war Fanja neunzehn Jahre alt. Die Familie war arm, ihre Geschwister und Eltern sahen für sich keine Zukunft in Bialystok oder für Juden in Russland. In Szymons Familie lagen die Dinge anders. Sie hatten viel zu sehr in Bialystok investiert, um ihr Zuhause verlassen zu können. Doch der Sohn Szymon sollte im Ausland Medizin studieren. Er musste die bestmögliche Ausbildung bekommen. Woher Fanja das Geld hatte, um in Belgien studieren zu können, wusste Tante Mary nicht. Vermutlich erhielt sie irgendein Stipendium.
»Doch ich weiß«, erzählt Nina, »dass Mama zusätzlich als Journalistin bei einer französischsprachigen

Zeitung der Universität arbeitete. Sie sprach fließend Französisch.«

Das erste Jahr verlief offensichtlich gut. Fanja und Szymon studierten fleißig. Zwar vermisste Fanja ihre Familie, aber sie hatte ja Szymon und die Zukunft, die die beiden sich zusammen aufbauten. Erst während des zweiten oder dritten Jahres geschah das große Unglück:

»Tante Mary erzählte mir, dass Szymons Mutter sehr schwer erkrankte«, sagt Nina, »und Szymon wurde nach Bialystok gerufen.«

Was dann geschah, konnte Tante Mary nur bruchstückhaft erzählen, denn darüber war nicht viel gesprochen worden. Doch offensichtlich lag Szymons Mutter im Sterben, als er dort ankam. Und er war sehr eng mit seiner Mutter verbunden, oder zumindest war er ihr gegenüber sehr loyal.

Auf dem Sterbebett rang sie ihm ein Versprechen, ein einziges Versprechen ab: nicht die arme Fanja zu heiraten.

Er versprach es. Und dann nahm er sich das Leben.«

»Viele Jahre später kam ein Cousin von Mama hierher nach Stockholm«, erzählt Nina, »und der fügte der Geschichte ein weiteres Stück hinzu. Der Cousin hieß Max und war zusammen mit Mama in Liège gewesen. Er erzählte, dass Mama nach Szymons Tod völlig verzweifelt und sehr einsam gewesen sei. Max war ihr Vertrauter gewesen, als diese Tragödie passierte. Und seiner Erzählung zufolge lernte sie durch ihn, ich glaube 1913, meinen Vater Artur kennen, der damals an der

Handelshochschule in Liège studierte. Sie folgte Artur nach Lodz, das in Mittelpolen lag. Dort heirateten sie, und so wie ich es verstanden habe, fühlte sie sich in dieser Umgebung völlig fremd.«

Bei der Hochzeit mit Artur war Fanja schwanger – Rudek wurde weniger als sieben Monate nach der Eheschließung geboren. Doch Nina war überzeugt davon, dass er Arturs Sohn war: »Er ist meinem Vater so ähnlich, dass es völlig unmöglich ist, dass sie nicht verwandt sein sollten!«

Diese Geschichte war schockierend für die junge Nina, aber sie erklärte doch vieles: warum Fanja ihr Studium nie beendet hatte und niemals Ärztin geworden war. Und auf eine gewisse Weise erklärte sie auch, warum Ninas Mutter schlagartig ein anderer Mensch wurde, als sie Polen verließ und ihre Familie wiedersah. »Es war lustig, Mama zu beobachten, als sie ihre Familie traf. So sicher und stark, wie sie in Polen gewesen war, wurde sie in Gesellschaft der Familie etwas kleiner und etwas abhängiger. Ich kann mir nicht erklären, warum. Woran lag das?«

Fanja muss sich in der Zeit nach Szymons Tod eine innere Härte anerzogen haben. Das wäre ja noch schöner, wenn sie jetzt ihren Eltern und Geschwistern nach Amerika nachlaufen würde. Sie muss sich wohl entschieden haben, um jeden Preis selbst zurechtzukommen. Irgendetwas muss mit Fanja geschehen sein.

»Ich glaube nicht, dass meine Mutter verbittert war«, sagt Nina. »Das passte überhaupt nicht zu ihrem Charakter. Sie war jemand, der nicht zurück, sondern immer nur nach vorn schaute. Aber ich glaube, innerlich sehnte sie sich nach ihrer eigenen Familie. Die ganze Zeit.«

Eine Woche später wurde Mary Sherich in die Schule gerufen. Elaines Lehrer hatte sie angerufen. Doch es war nicht Elaine, sondern Nina, über die der Lehrer mit ihr reden wollte.

Der Unterricht hatte bereits begonnen, als Mary an die Tür klopfte. Der Lehrer bat sie freundlich, doch hereinzukommen und ganz hinten in der Klasse Platz zu nehmen. Und dann erklärte er, warum er Ninas Tante hatte rufen lassen. Nina hatte nämlich einen Aufsatz geschrieben, der so ungeheuer gut war, dass sie ihn unbedingt hören sollte. Und so las er ihn laut vor der ganzen Klasse vor.

»Ich erinnere mich, wie stolz Tante Mary war – ganz zu schweigen davon, wie stolz ich selbst war«, erzählt Nina. Die Aufgabe an die Schüler war gewesen, einen Aufsatz zum Thema »Was ich werden will, wenn ich einmal groß bin« zu schreiben. Und Ninas Aufsatz war gut geschrieben, sogar in gutem Englisch, und er war voll Pathos.

»Ich weiß nicht mehr, woher der Gedanke kam«, erklärt Nina mehr als sechzig Jahre später, »ich wachte einfach eines morgens auf und wusste, dass ich Ärztin werden würde.«

## *Kapitel 5*

Als die Ferien kamen, wechselte Nina Wohnung und Schule. Die Beziehung zwischen ihr und Elaine war inzwischen so schlecht, dass es keinen Sinn hatte, noch auf eine Verbesserung zu hoffen. Jetzt durfte Nina zu Onkel Irvin und Tante Syd ziehen. Und zu ihrer bedeutend jüngeren Cousine Marian, die ihr ganz ergeben war.
»Jetzt gab es niemanden mehr, der mich dadurch zur Weißglut brachte, dass er mir andauernd wegrannte. Marian, die drei Jahre jünger war als ich, sah zu mir auf und freute sich sehr über meine Gesellschaft. Das schmeichelte mir nicht wenig und stärkte mein Selbstvertrauen.«

Es war schön, in die vornehme Wohnung in Washington Heights zu kommen. Die Familie wohnte in der Fort Washington Avenue Nummer 660 in einem schönen grünen Viertel, hoch über dem Broadway. Die Wohnung war nicht übertrieben prunkvoll eingerichtet, doch in dieser Gegend wohnten Leute, die gut verdienten.

Natürlich versuchte die Familie Wygodzki auch in Amerika, sich als Handwerker, Arbeiter oder kleine Händler zu verdingen. Deshalb hatte Vater Abraham auch, als sie alle in Philadelphia angekommen waren, im Haus der Familie, das im Nordteil der Stadt, an der großen Broad Street lag, eine Art Schuhgeschäft aufgemacht. Und von den Kindern erwartete man, dass sie mithalfen.

Doch es blieben nicht alle in der Familie Rubin bei ihren Leisten. Am allerwenigsten Onkel Irvin, der sich vom *American Dream* anstecken ließ und in der Großstadt New York einen eigenen Handel mit Schuhen eröffnete. Er konzentrierte sich darauf, den Überschuss von Schuhfabriken und Warenhäusern aufzukaufen und in ganzen Partien weiterzuverkaufen. Die Firma wurde im Laufe der Jahre immer größer und größer. Und so war Onkel Irvin als Einziger der Familie Portnoj vel Wygodzki aus Bialystol reich geworden. Es hieß, er sei Millionär.

Und dennoch wunderte sich Nina, als sie sich in der geräumigen Wohnung einrichtete. Hier gab es kein Hausmädchen, wie in allen Bürgerhäusern in Polen üblich. Obwohl ihre Mutter Fanja kaum vermögend war, hatten sie doch ein Mädchen, Aniela, die in der Küche wohnte, putzte, beim Kochen half, sich um Nina kümmerte und Mutter Fanja das Leben angenehm machte. »Tante Syd kaufte selbst ein, kochte und spülte auch das Geschirr selbst«, erinnert sich Nina. »Sie räumte auf und war den ganzen Tag vollauf mit ihrem Haushalt beschäftigt. Die amerikanische Frau war nicht von billigem Dienstpersonal verwöhnt, wie man es in Osteuropa

unter den Mädchen der Landbevölkerung, die sich nach der Großstadt sehnten, leicht finden konnte.«
Und dann fragte sich Nina, was Onkel Irvin denn mit all dem Geld machen wollte, wenn er die ganze Zeit doch nur arbeitete. »Die Arbeit war das einzige Interesse, das Onkel Irvin hatte. Sie verschlang ihn mit Haut und Haar, sodass er, wenn der Abend kam, zu nichts anderem mehr imstande war. Ich erinnere mich, dass er, wenn wir ins Kino oder Theater gingen, in den ersten zehn Minuten einschlief und dann die ganze Vorstellung verschlief. Seine Lebensweise war es, die mein Bild von den Vereinigten Staaten prägte. Geld um des Geldes willen, das war das Motto von Onkel Irvin. Er war ein Kapitalist im eigentlichen Sinne, und er hatte keinerlei Verständnis für das Streben anderer nach sozialer Gerechtigkeit. Einer der Brüder seiner Ehefrau war radikaler Linker, und ich erinnere mich immer noch, wie wütend Onkel Irvin auf ihn war und wie er voller Verachtung davon sprach, dass jeder Mensch seines Glückes Schmied sei.«
Nina hegte gemischte Gefühle für Onkel Irvin, doch für Fanja war er ein Fels in der Brandung. Nina hatte noch nie gesehen, dass ihre Mutter sich so sehr an jemanden angelehnt hätte wie an Irvin. Später sollte es Rudek sein, und Irvin und Rudek waren sich in der Tat sehr ähnlich – beide gleichermaßen entschlossen, tatkräftig und zuverlässig.

Cousine Marian strahlte, als sie gemeinsam zu der neuen Schule liefen. Die Schule lag am Broadway, und die beiden Mädchen nahmen jeden Morgen einen Fahr-

stuhl von Washington Heights hinunter auf die lärmende Großstadtstraße. Jetzt durfte Nina auch in eine Klasse mit Gleichaltrigen gehen, denn ihr Englisch war inzwischen gut genug. Alles in New York war ruhig und angenehm.
Bis sie den Brief sah.

Es muss Anfang 1938 gewesen, als Nina eines Tages allein von der Schule nach Hause kam. Während sie ihren Mantel auszog, fiel ihr Blick auf einen Briefumschlag, der vor dem Spiegel im Flur lag. Vielleicht war es die Briefmarke, die ihre Aufmerksamkeit erregte. Sie stammte aus Polen.
Nina nahm den Brief in die Hand. Er war von ihrem Vater. Zwar war er an Fanja adressiert, doch da Fanja in Philadelphia war, riss Nina ohne nachzudenken das Kuvert auf, holte den Brief heraus und begann eifrig zu lesen.

»Ich weinte und weinte, und keiner meiner Verwandten bekam ein vernünftiges Wort aus mir heraus«, erinnert sich Nina. »Also sahen sie sich gezwungen, Mama anzurufen. Mama kam nach New York, und ich zeigte ihr völlig außer mir diesen Brief. Doch Mama sagte, ich solle mich beruhigen, ›sie kommen nicht schon morgen hierher, so etwas bedarf der längeren Planung, und es ist auch noch nichts entschieden.‹«
Niemand hatte Nina erzählt, dass die Reise nach Amerika nicht nur ein einfacher Besuch war. Der Plan war, dass die Familie Rajmic in nicht allzu ferner Zukunft zu den Verwandten in den USA ziehen sollte.

»Sie hatten vereinbart, dass mein Bruder so schnell wie möglich in die USA kommen sollte. Er sollte die notwendigen Examina ablegen, die auch in Amerika anerkannt wurden. Und er sollte sozusagen den Boden bereiten, bis der Rest der Familie nachkam.« Rudek sollte der Wegbereiter für die anderen sein, so wie es auch einmal der älteste von Fanjas Brüdern, Onkel Charlie, gewesen war, als er zu Beginn des Jahrhunderts in die USA gekommen war. Und der Grund für die Flucht war im Großen und Ganzen derselbe wie damals: der Antisemitismus in der Heimat.
Es waren mehrere Faktoren, die dazu beitrugen, dass man in Polen, einem Land, das sich schon lange mit diesem kulturellen Phänomen herumschlug, ein erneutes heftiges Aufflammen von Antisemitismus beobachten konnte. Ein Grund dafür war die durch den Tod des polnischen Staatoberhauptes Józef Piłsudski hervorgerufene politische Instabilität. Ein anderer Grund war der, dass in Deutschland Adolf Hitler an der Macht war. Die extremen Nationalisten Polens fühlten sich durch die Ereignisse in Deutschland gestärkt, und so nahm in der Mitte der Dreißigerjahre die Gewalt gegen Juden enorm zu. Allein während des ersten Monats, den Nina in den USA verbrachte, im August 1937, waren in Polen 400 Übergriffe gegen Juden zu vermelden gewesen. Und im November desselben Jahres ordnete das Bildungsministerium an, dass in den Universitäten so genannte »Ghettobänke« für die jüdischen Studenten abgeteilt wurden. Juden, die sich weigerten, dort zu sitzen, und es stattdessen vorzogen, stehen zu bleiben, wurden nicht selten von der Universität verwiesen.

In dem Brief, den Nina an jenem Wintertag zufällig zu lesen bekam, stand ein Bericht von Artur über die Lage in Polen. Der Antisemitismus war im vergangenen Jahr immer schlimmer geworden:

»Papa schrieb: ›Fanja, jetzt müssen wir einen Entschluss über unsere Zukunft fassen. Unser Sohn hat hier in Polen keine Zukunft, er wird nicht Richter werden dürfen, und man wird ihm auch nicht erlauben, eine juristische Laufbahn zu verfolgen. Wir Juden sollten die Emigration erwägen, und du solltest schnell herausfinden, welche Möglichkeiten es für uns gibt, in Amerika zusammenzuleben.‹«

»Als ich diesen Brief gelesen hatte«, fährt Nina fort, »bekam ich einen hysterischen Weinkrampf. Ich konnte mir überhaupt nicht vorstellen, das wunderbare Land, in dem ich eigentlich lebte, für das schreckliche Land aufzugeben, in dem ich mich gerade aufhielt.«

Für Nina, die von der alltäglichen Realität in ihrer Heimat nichts mitbekam, war Polen immer noch das Paradies.

Fanja beruhigte ihre Tochter, indem sie sagte, es handle sich um Pläne für die ferne Zukunft, und vielleicht würden sie ja auch gar nicht für immer nach Amerika übersiedeln.

»Sie konnte mich beruhigen. Aber von da an waren alle Briefe von Papa auf Russisch geschrieben, damit ich sie nicht lesen konnte.«

## *Kapitel 6*

Im Februar 1938 starb Großvater Abraham. Nina wurde im selben Monat dreizehn Jahre alt.
Die ganze Familie fuhr mit dem Zug zur 30th-Street-Station in Philadelphia. Die Beerdigung fand gleich am nächsten Tag statt. Danach saßen alle *Shiva*, die Trauerwoche, in der die nächsten Angehörigen still zu Hause sitzen und Besucher empfangen, die mit Essen und Trost kommen. Nachdem die *Shiva* vorbei war, fuhren alle wieder nach Hause, und Fanja und Nina hatten nun eigentlich keinen direkten Grund mehr, noch in Amerika zu bleiben, außer dass Nina das Schuljahr noch beenden sollte. »Man wollte nicht, dass ich die Schule schon wieder abbrechen sollte. Und Mama musste sich nach den schweren Wochen in Philadelphia auch ein wenig ausruhen.«
Nina hatte nichts dagegen, bis zum Beginn des Sommers zu bleiben. Aber den Sommer wollte sie wieder in Polen verbringen.

Ungefähr zu dieser Zeit begannen die Menschen in ihrer Umgebung von Adolf Hitler zu sprechen. Fünf Jahre zuvor, als er an die Macht kam, war er zu Hause bei Familie Rajmic ein heißes Diskussionsthema gewesen. Allen hatten die deutschen Juden so Leid getan. Danach hatte man nicht mehr viel an ihn gedacht, zumindest nicht zu Hause in Polen, wo man so viele eigene Sorgen hatte.

Doch als Hitler und seine Armee nun im März 1938, ohne auf Widerstand zu stoßen, Österreich annektieren konnten, da erwachte die Welt. Und zu Hause in der Fort-Washington-Avenue begann man wieder, über Hitler, »den Verrückten«, zu diskutieren. Alle wussten, was er von den Juden hielt und wie viele deutsche Juden er dazu gebracht hatte, ihre Heimat zu verlassen. Ein Großteil dieser deutschen Juden hatte auch eine Aufenthaltsgenehmigung für die USA beantragt. Doch es glaubte immer noch niemand, dass dieser »Verrückte« irgendeinen Einfluss auf das restliche Europa, zum Beispiel Polen, haben könnte.

Es war schon Frühling, als eines Tages plötzlich Tante Syd vor Ninas Schule auftauchte. Sie stand am Tor, als Nina herauskam. Nina mochte ihre Tante, sie war eine sanfte und freundliche Seele, die nicht so dominant auftrat wie die übrigen Frauen in ihrer Verwandtschaft. Doch Nina hatte keine Ahnung, warum die Tante sie abholte. Marian hatte schon früher Schulschluss gehabt und war bereits nach Hause gegangen. Und Nina benötigte nun wirklich keine Begleitung.

»Tante Syd schlug vor, dass wir einen Spaziergang durch den Park nach Washington Heights hinauf unternehmen sollten«, erinnert sich Nina, »es war doch so schönes Wetter.« Natürlich folgte Nina Tante Syd

durch den Park. Sie gingen eine Weile schweigend nebeneinander her, bis die Tante schließlich zu reden begann:
»Sie erklärte mir, dass ich nicht nach Polen zurückfahren sollte, denn dort gebe es keine Zukunft für mich. Mein Bruder würde Polen irgendwann verlassen und nach Amerika kommen, und dann würden auch meine Eltern ihm folgen.« Warum, so fragte sich Tante Syd, sollte Nina wie ein Jojo über den Atlantik hin und her fahren? Sie hatten sie so gern bei sich, und deshalb wäre es doch viel besser, wenn sie hier bliebe und auf die Ankunft ihrer Familie wartete.
Diesmal wurde Nina nicht hysterisch. Sie hatte keine Angst und war auch nicht wütend. Sie war ganz sachlich. Und anscheinend war diese Sachlichkeit so überzeugend, dass Tante Syd schließlich aufgab. Denn Ninas Logik war nicht wegzureden:
»Ich erklärte ihr, dass ich mich nicht reif genug fühlte, um ohne meine Eltern in Amerika zu bleiben, selbst wenn ich gern bei ihr wohnte und Marian mochte. Ich versuchte ihr zu erklären, was das Gefühl von Zuhause, Schule und Freunde für eine Zwölf-, Dreizehnjährige bedeuten. Ich weiß nicht, ob sie es verstand, aber sie versuchte nicht weiter, mich zu überreden.«
Ein paar Wochen später ging das Schiff.
»Ich erinnere mich«, sollte Nina viele Jahre später sagen, »wie meine Mutter sich an Onkel Irvin klammerte. Sie weinte und bat ihn, sich um ihren Sohn zu kümmern. Da begriff ich endgültig, dass wir in die USA emigrieren würden. Doch das bekümmerte mich nicht, ich war ja auf dem Weg nach Hause.«

Auch Marian sollte sich an diesen Moment erinnern. Doch sie erinnerte sich vor allem daran, wie ihr Vater noch bis zum Ablegen des Schiffes versuchte, seine Schwester zum Bleiben zu bewegen. Sie sollte in Amerika auf die Ankunft von Artur und Rudek warten.
»Doch Fanja war«, erinnert sich Marian, »stark und eigensinnig, wie alle Wygodzkis.«
An einem Tag im Mai 1938, fast ein Jahr, nachdem sie in der großen Stadt angekommen waren, fuhr der Atlantikdampfer *Piłsudski* aus dem New Yorker Hafen.
»Ich verließ New York ohne Bedauern«, sollte Nina später sagen. »Ich habe niemals bereut, dass ich nicht in Amerika geblieben bin, niemals.«
Das scheint unfassbar, wenn man bedenkt, was danach kommen sollte.

*Kapitel 7*

Eine glückliche Nina sah ihre Heimatstadt, ihre Freunde und ihre Familie wieder. Die Freude wurde nur dadurch getrübt, dass ihr nicht das ganze Schuljahr in Amerika angerechnet wurde. Nina war gezwungen, einen großen Teil der ersehnten Sommerferien darauf zu verwenden, mehrere Fächer abzuschließen, wobei ihr Rudek half. Außerdem wollte Fanja gern, dass sie nach den Ferien auf eine bessere Schule, die so genannte Orzeskowa-Schule wechselte.

Die Zeit in der Pension im Ferienort Ciechocinek war wunderbar, und das trotz der drei Stunden, die sie täglich mit Rudek lernen musste – der sich aus unerfindlichem Grund Fanjas Willen fügte und all diese Zeit mit seiner elf Jahre jüngeren Schwester verbrachte, obwohl seine Freundin Teresa auch mit dabei war.

In der Pension waren viele Jugendliche in Ninas Alter. »Es fiel mir nicht leicht, mehrere Stunden täglich mit Rudek zu lernen, wo ich doch so gerne etwas mit den anderen unternommen hätte«, sagt sie. »Aber ich wusste, dass es sein musste, also riss ich mich zusammen, obwohl ich zu gern mit den anderen Jugendlichen zusammen gewesen wäre.« In diesem Sommer war Nina unternehmungslustig. Sie war dreizehn Jahre alt, ein Teenager, wieder zu Hause, aber deshalb nicht weniger auf Entdeckungsreise. Sie war mit anderen Jugendlichen unterwegs, und zwar nicht mehr wie zu Kinderzeiten. Sie lernte sie selbst kennen, ohne das Zutun ihrer Eltern. Und dann tanzte sie zum ersten Mal mit einem Mann – beim Tanztee, mehrere Tage hintereinander. Er war bestimmt 30 Jahre alt.

»Sein Interesse schmeichelte mir nicht wenig«, erinnert sich Nina. »Doch unser Kontakt beschränkte sich auf diese Tänze und den Austausch kurzer Sätze. Rückblickend muss ich sagen, dass das wohl meine erste kleine Verliebtheit war. Aber als ich ihn dann später während des Krieges wiedertraf, konnte ich nicht mehr verstehen, wie mir ein Mann gefallen konnte, der schon eine Glatze hatte.«

Im August waren sie wieder in Lodz. Nina war jetzt bereit, sich um die Versetzung in die nächste Klasse zu bewerben. Zunächst machte sie die Prüfung in ihrer alten jüdischen Schule, der Aba, und dann auf ausdrücklichen Wunsch ihrer Mutter auch an der vornehmen Orzeszkowa-Schule. Sie schaffte beide Prüfungen, weigerte sich aber, die alte Schule zu verlassen. Sie wollte nicht, so sagte sie ihrer Mutter, auf irgendeine versnobte Schule gehen. Sie liebte die Aba-Schule. Und so blieb es dabei.

An der Aba-Schule hatte Nina immer noch viele Freunde, und dies hatte sich durch die Reise nach Amerika auch nicht geändert. Kaum war sie wieder zu Hause, wurde sie zur Klassensprecherin gewählt. Vielleicht

war es nicht nur ihre Beliebtheit, sondern auch die Tatsache, dass Nina als eine selbstbewusstere Person in die Schule zurückgekehrt war.
Sechs Monate später wurde sie wieder abgesetzt. Es hieß, Nina Rajmic sei »diktatorisch« und versuche, andere zu unterdrücken. Das war ein Schock für sie. Sie empfand sich selbst nicht als diktatorisch, höchstens als eigensinnig. Aber, das musste sie zugeben, sie meinte immer alles besser zu wissen. Eine Klassenkameradin erklärte ihr, warum sie abgesetzt worden war: »Wenn du dich nicht der Gruppe anpasst, dann wird die Gruppe nichts von dir wissen wollen. Menschen haben ihren eigenen Willen.« Nina erinnerte sich kaum, wer das zu ihr gesagt hatte, die Person war nicht wichtig, aber die Worte brannten sich ein.
»Zum ersten Mal«, berichtet sie, »begriff ich, was Anpassen, Hellhörigkeit und Toleranz im Umgang mit anderen Menschen bedeuteten, und ich merkte, dass ich nicht gleich mein Selbst verlieren würde, wenn ich einmal versuchte, etwas weniger dominant zu sein.«
Trotz dieser kalten Dusche wurde es ein fröhliches und sorgenfreies Jahr. Sie war viel mit ihren Klassenkameraden zusammen, die schnell merkten, wie sich ihr Verhalten verändert hatte. Und sie war mit ihren Verwandten zusammen, zum Beispiel häufig mit ihrer Cousine Celinka, die ein paar Klassen über ihr in der Aba-Schule war. Und natürlich mit Rysio. Obwohl Nina inzwischen ein Teenager war, verlor sie doch nie die Lust, mit Rysio zu spielen.
Wie alle anderen in ihrer Klasse brachte Nina die Abende wieder damit zu, auf die Deptak zu gehen, die

jüdische Deptak. Sie wanderten auf und ab, es gab rasche Blicke und kurze Zusammentreffen mit denen, für die man sich interessierte, die man aber noch nicht so gut kannte, und es gab das eifrige Plaudern Arm in Arm mit denen, die man als seine Freunde betrachtete. Hier wurde der soziale Zusammenhalt der polnischen und polnisch-jüdischen Jugendlichen geschaffen. Das Flanieren auf der Deptak fand jedoch allabendlich mit dem magischen Schlag der Uhr sein Ende, denn dann musste alle Aktivität augenblicklich beendet sein. Um acht Uhr waren die Schulpatrouillen unterwegs und fegten die Straßen leer, wenn nicht die Eltern selbst es taten. Und die Jugendlichen gehorchten. Es war ein streng reglementiertes Abenteuer.

»Ich erinnere mich, dass ich einmal um halb neun von der Deptak nach Hause kam«, erzählt Nina, »und ich hatte meinen Eltern nicht angekündigt, dass ich später kommen würde. Papa stand schon auf der Treppe und wartete auf mich. Das war das einzige Mal in meinem Leben, dass er mir eine Ohrfeige gab. Und dann hielt er mir eine Standpauke, dass ein wohlerzogenes Mädchen aus guter Familie so etwas nicht tue.«

Auf der anderen Seite war es erlaubt, Freunde nach Hause einzuladen, die dann auch sehr lange bleiben durften. Zu ihrem vierzehnten Geburtstag in jenem Jahr durfte Nina auch Jungen einladen. »Das war das erste Mal, dass wir bei uns zu Hause tanzten, und ich erinnere mich immer noch an das Grammophon und die Melodien der Lieder, die wir spielten. Wir tanzten im Schlafzimmer meiner Eltern, und ich kann noch diese besondere Atmosphäre verspüren, die diese Jugendjahre kennzeichnete, das neu erwachte Interesse für Jungen, die Spannung in der Luft, Freundschaften, Freude, Sicherheit. Die ganze Welt vollkommen frei von Sorgen.«

Im November dieses Jahres fand die Reichkristallnacht statt. Das war zwar weit weg, in Deutschland. Aber es betraf Juden. Und es kamen jüdische Flüchtlinge nach Polen. Eine von ihnen, sie hieß Luisa, ging in Ninas Klasse.

»Sie war der erste Flüchtling, dem ich in meinem Leben begegnete. Ihre Familie wohnte in einem kleinen Zimmer mit Küche, das gar nicht zu ihrer vornehmen Art, zu den kostbaren Kleidern und den Erzählungen aus ihrer Vergangenheit passte.« Nina konnte nicht begreifen, wie jemand gezwungen werden konnte, sein Zuhause aufzugeben.

Und in ihrer Familie sprach niemand mehr von Amerika, jedenfalls nicht so, dass Nina es hörte.

## *Kapitel 8*

Ein Sommer in Freiheit blieb ihnen noch. Es war der letzte. Und der erste, den Nina ganz ohne ihre Familie verbringen sollte, denn sie fuhr mit der Aba-Schule ins Schullandheim. In diesem Sommer konnte Nina zum ersten Mal erleben, wie es war, tagein tagaus ohne ihre Eltern mit Gleichaltrigen zusammen zu sein. In diesem Sommer sprach ihr Vater, der zweimal zum Schullandheim herauskam, um sie zu treffen, zum ersten Mal mit ihr wie mit einer Erwachsenen, und sie unternahmen lange gemeinsame Spaziergänge. Und in diesem Sommer küsste sie zum ersten Mal einen Jungen. Er hieß Bierzyński mit Nachnamen, den Vornamen hatte sie vergessen.

»Wir schworen uns, uns nach den Ferien in Lodz wiederzutreffen. Doch dieses Versprechen konnten wir nicht halten.«

Der August kam, und man begann, überall um Lodz herum Gräben anzulegen. Es schwirrten zahlreiche Gerüchte durch die Luft. Der britische Premierminister Chamberlain hatte zwar ein Abkommen mit Hitler

getroffen, wonach Hitler sich jetzt, da er die Tschechoslowakei bekommen hatte, zufrieden geben sollte. Eine Weile hatte man das auch geglaubt, doch nun waren schlimme Gerüchte im Umlauf. Und die Polen hatten begonnen, sich auf das Schlimmste vorzubereiten. Man legte Vorräte an und richtete Schutzräume ein. Wenn Fanja Rajmic bereute, nicht bei ihrer Familie in New York geblieben zu sein, so erwähnte sie dies zumindest nicht gegenüber ihrer Tochter. Sie rechneten mit Krieg. Mit einem Krieg, der von einem Mann ausging, der die Juden hasste.
Am frühen Morgen des 1. September 1939, einem Freitag, veränderte sich Ninas Leben für immer. Das war der Morgen, an dem die deutsche Armee in Polen einmarschierte. Das war der Tag, an dem Ninas Paradies, ihr jüdisches Polen, aufhörte zu existieren. Doch zunächst ging es langsam, verwirrend langsam. So langsam, dass sie alle – alle Schüler in der Aba-Schule, alle, die immer zusammen zwischen der Trauguta und der Andrzeja auf der Deptak flanierten, alle, die mit ihrer Mutter Karten spielten und mit ihrem Vater über Weltpolitik diskutierten – sich schließlich an das Unerhörte hätten gewöhnen können. Alle hätten sich daran gewöhnt, wäre da bloß nicht die Tatsache gewesen, dass die meisten von ihnen schon bald nicht mehr am Leben waren.

Die Deutschen brauchten nur eine Woche, um Lodz einzunehmen. Nach ein paar Tagen wurden die Fliegerbomben weniger, sodass die Familie Rajmic es wagte, den Keller zu verlassen. Am 5. September war Jom

Kippur, der jüdische Versöhnungstag. Fanja und Nina saßen vor der Kerze, die Fanja gerade zum Gedenken an ihren Vater angezündet hatte. Sie sprachen von Rudek. Draußen regierte das Chaos. Gerüchten zufolge hatte sich die polnische Armee von allen Fronten zurückgezogen, und die Regierung sollte ebenfalls bereits ins Exil gegangen sein. Die Soldaten des einst so stolzen Kavallerieregiments irrten scheinbar ohne Sinn und Ziel in Polen herum. Die meisten wollten einfach nur nach Hause – sofern sie die totale Niederlage der polnischen Armee überhaupt überlebt hatten.

In diesem Augenblick wurde der Schlüssel im Schloss herumgedreht, und die Tür öffnete sich. Herein kam Rudek.

»Er war schrecklich verdreckt, völlig erschöpft und hungrig«, erinnert sich Nina. »Er hatte keine Möglichkeit gehabt, zu seinem Regiment vorzustoßen. Alles versank im Chaos. Andere Soldaten hatten auf der Flucht vor den Deutschen sein Fahrrad gestohlen. Und die Straßen waren von der fliehenden polnischen Armee blockiert.«

Fanja half dem erschöpften Rudek, seinen Mantel abzulegen. Alle waren glücklich, dass er überlebt und es geschafft hatte, nach Hause zu kommen. An diesem Abend gab es bei Familie Rajmic ein kleines Fest. Dass auf den Straßen von Lodz die Deutschen marschierten, spielte erst einmal keine größere Rolle.

»Wenn ich versuche, mich an diese ersten Tage zu erinnern, in denen die Deutschen unsere Heimatstadt besetzten, weiß ich nicht mehr, womit ich damals meine Zeit verbracht habe«, sagt Nina. »Aber ich weiß, dass ich zu beobachten versuchte – ich wollte mich vergewissern, dass alles, was mir in meinem eingeschränkten Leben etwas bedeutete, noch da war.«

Als Erstes besuchte sie Großmutter und Großvater, vier Häuser weiter in der Żeromskiego 77. Sie waren zu Hause, und Rysio und seine Eltern, Maryla und Heniek, waren auch da. Sie hatten bereits von den Großeltern gehört, dass Rudek zurückgekommen war. Aber sie sprachen auch davon, dass viele Juden in Lodz erwogen zu fliehen. Tante Maryla meinte, Szymek und Tecia wollten versuchen rauszukommen. Szymek war der Bruder von Artur und Maryla. Er war mit Tecia verheiratet, sie hatten jedoch keine Kinder. Der dritte Bruder war Jasiek, der Vater von Celinka. Er war mit Micia verheiratet. Und sie hatten noch ein Kind, Alfred, das erst fünf Jahre alt war. Abgesehen davon, dass Nina mit Celinka in dieselbe Schule ging, sah sie diese Verwandten nicht so oft.

Es war an der Zeit, die Gedanken zu sammeln und darüber nachzudenken, was man als Nächstes tun sollte. Die meisten beschlossen, zunächst einmal nichts zu unternehmen.

Nina fand es unangenehm, die deutschen Soldaten auf den Straßen zu sehen. Es war schwer zu begreifen, was sie wollten und warum sie da waren. Aber sie hinderten sie auch nicht daran, sich frei in der Stadt zu bewegen. Nach dem Krieg schickte eine von Ninas Cousinen in den USA, Onkel Charlies Tochter Selma, ein Foto zurück, das Nina ihr in jenem Herbst aus Lodz geschickt hatte. Auf dem Foto sieht man eine lächelnde Nina, die auf einem Schotterweg steht. Neben ihr ist ein Stacheldraht zu sehen, aber dabei handelt sich wahrscheinlich nur um die Einzäunung einer Kuhweide oder einer Industrieanlage. Auf der Rückseite steht: »Für Cousine Selma von Nina, 15. Oktober 1939.«

Am 17. September waren dann auch sowjetische Truppen in Polen einmarschiert. Es gab kein Polen mehr. Es war nicht das erste Mal, dass Polen von der Landkarte verschwand, denn es war schon zu anderen Zeiten von verschiedenen Großmächten aufgeteilt worden. Doch diesmal geschah es so plötzlich, so unerwartet.

Für manche Menschen brachte jedoch die neue Grenze im Osten auch neue Möglichkeiten mit sich. Plötzlich war die Sowjetunion näher gerückt. Und auch wenn nur wenige sich für die kommunistische Diktatur im Osten erwärmen konnten, so gab es doch manche, die, vor die Wahl zwischen Hitler und Stalin gestellt, ohne zu zögern den Letzteren wählten. Unter ihnen waren auch Onkel Szymek und Tante Tecia.

»Eines Tages machten sie sich nach Osten auf«, erzählt Nina. »Zu Fuß.« Keiner aus der Familie folgte ihrem Beispiel.

Ende September, ungefähr gleichzeitig mit der endgültigen Kapitulation der polnischen Armee, öffneten die Schulen in Lodz wieder ihre Tore. Nina kehrte sogleich in die Aba-Schule und ihre Klasse zurück. Äußerlich war alles wie immer – die meisten Lehrer waren noch da, auch eine große Anzahl von Ninas Klassenkameraden. Aber die Stimmung war völlig anders als kurz vor

den Sommerferien oder gar während des wunderbaren Sommerferienlagers. Die Leichtigkeit und das Gefühl der Freiheit waren wie weggeblasen. Und schon kamen die Verordnungen, die sich an die Juden der Stadt richteten.
»Zuerst einmal musste man alle Pelze abgeben«, erinnert sich Nina, »dann alle Radioapparate. Man fing an, die meisten jüdischen Führungskräfte von Fabriken und Unternehmen, die es in Lodz gab, durch Volksdeutsche zu ersetzen, die nun nach der Besetzung von Lodz durch die deutsche Armee wie Pilze aus dem Boden schossen.« Volksdeutsche wurden die Polen genannt, die seit Generationen schon in Lodz lebten, aber zur deutschen Minderheit gehörten. Nina begriff, dass es nur eine Frage der Zeit war, bis ihr Vater seinen Job bei Scheibler & Grohmann verlieren würde.
Am 15. November brannten die Deutschen die Synagoge in der Kosciuszkostraße nieder.
Kurz darauf kehrte Tante Tecia zurück. Allein.

Sie hatte Szymek verloren. Sie waren irgendwo in den tiefen Wäldern nahe der Grenze gewesen. Und sie hatte ihn einfach verloren. Nina verstand nicht alles, was geschehen war, aber sie sah die Füße der schluchzenden Tante. Die Zehen waren mit großen blutigen Blasen übersät, und an manchen Stellen sah sie schwarze Wunden. Die Füße von Tante Tecia waren erfroren. Vielleicht hatte Onkel Szymek sie zurückgelassen, vielleicht hatte sie auf ihren Füßen nicht so schnell laufen können. Vielleicht hatte Onkel Szymek es ja allein geschafft, in die Sowjetunion zu kommen. Vielleicht auch

nicht. Keiner wusste, wo Ninas Onkel war. Und niemand sollte je wieder von ihm hören.
Dies war das erste Mal, dass die Familie Rajmic mit dem Tod als möglicher Folge der neuen Situation konfrontiert wurde.

Lodz wurde dem Deutschen Reich einverleibt, und die Stadt erhielt einen neuen Namen: »Litzmannstadt«. Auch Ninas Straße, die Żeromskiegostraße, bekam einen neuen Namen: »Von-Ludendorff-Straße«. In Lodz zu leben, war also genauso, als würde man in Deutschland leben. In Lodz zu leben bedeutete nun, sich denselben Rassengesetzen zu unterwerfen, wie sie in Deutschland seit einigen Jahren herrschten. In Lodz zu leben würde auch bald bedeuten, dass man gezwungen wurde, in ein Ghetto zu ziehen.

Im Dezember 1939 gingen Artur und Rudek nach Warschau. Die Hauptstadt hatte sich, so wie einige andere zentrale Teile von Polen, eine gewisse Selbstständigkeit bewahren können. Sie gehörten, obschon auch von den Deutschen besetzt, nicht zum *Reich,* dem Deutschen Reich. Diese zentralen Teile wurden das »Generalgouvernement« genannt. Zwar wurde auch dies von den Deutschen verwaltet, der Gouverneur hieß Hans Frank, doch musste es einen Grund dafür geben, dass sie nicht zum Deutschen Reich gehörten. Und deshalb musste dies ein sicherer Ort für Juden sein. So dachte man in der Familie Rajmic.
In Teresas Familie, der Familie Goldman in der Koszykowastraße in Warschau, gab es ein Zimmer. Sie hat-

ten eine große Wohnung, und Familie Goldman hatte nichts dagegen, Familie Rajmic aufzunehmen. Außerdem konnten Teresa und Rudek auf diese Art mehr Zeit miteinander verbringen. Im Laufe des Winters zogen auch die übrigen Verwandten – Großmutter und Großvater, Tante Maryla und ihre Familie, Onkel Jasiek und seine Familie – nach Warschau. Und Tante Tecia. Sie kamen alle bei unterschiedlichen Familien unter.

Doch Fanja und Nina waren nicht dabei.

»Mama wollte ganz einfach unser Zuhause nicht im Stich lassen, und sie hoffte bis zuletzt auf ein Wunder. Vielleicht würde irgendetwas passieren, wenn Frankreich und England Deutschland den Krieg erklärten, vielleicht würde das dem Geschehen ja eine andere Wendung geben.« An der Oberfläche gab es auch immer noch vieles, das wie früher war. Nina ging in die Schule, sie wohnte weiterhin in ihrer Wohnung. Nina hatte immer noch ihre Schulkameraden um sich, aber sie wussten, dass es nur eine Frage der Zeit war, bis sie gezwungen sein würden, aufzubrechen.

Die Schule war über Weihnachten geschlossen, doch Nina und Fanja blieben weiterhin in der Wohnung. Manchmal gingen Fanja oder das Hausmädchen Aniela hinaus und versuchten, Lebensmittel einzukaufen, oder sie saßen da und flickten Kleider oder nähten oder kochten Essen. Doch ansonsten erschien Nina alles so planlos, und schließlich begriff sie, dass Fanja wirklich keine konkreten Pläne hegte.

Am 8. Februar 1940 verfügten die Deutschen, dass alle Juden in Lodz in ein Ghetto ziehen mussten – es war das erste große organisierte Ghetto in Polen.
Die deutschen Behörden hatten als Standort für das Ghetto einen der am meisten heruntergekommenen Stadtteile von Lodz ausgewählt. Von den 32 000 Wohnungen in dieser Gegend, von denen die meisten Einzimmerwohnungen waren, hatten nur 700 fließend Wasser. Jetzt sollten fast 200 000 Juden hier einziehen. Und es sollte schnell geschehen.
Das war der Moment, in dem Fanja einen Entschluss fasste. Plötzlich erschien es ein absurdes Unterfangen, in diesem »Litzmannstadt« an einer Wohnung festhalten zu wollen. Tatsächlich würden die Möglichkeiten, selbstbestimmt zu leben, hier bald gleich null sein. Jetzt gab es nicht mehr den geringsten Grund, weiter in diesem Deutschland auf polnischem Boden zu bleiben. Binnen weniger Tage organisierte Fanja ihre Flucht nach Warschau. Und die würde nicht leicht werden. Es war Juden verboten, im deutschen Teil Polens mit dem Zug zu fahren. So blieb nur Pferd und Wagen. Und sie mussten sich beeilen, wenn sie nicht im Ghetto hängen bleiben wollten.
»So verbrachte ich zum letzten Mal meinen Geburtstag, den 14. Februar 1940, in der inzwischen halb leeren Wohnung«, erinnert sich Nina. »Mama nähte oder kaufte mir ein Kleid zum Geburtstag. Ich probierte es vor dem Spiegel an. Mit Tränen in den Augen verabschiedete ich mich am 15. von Aniela, und dann nahmen Mama und ich ein paar Taschen und bestiegen einen Pferdewagen.«

Fanja hatte alles versucht, um Aniela zu überreden, mit ihnen nach Warschau zu gehen. Aniela war ja keine Jüdin, deshalb lief sie nicht Gefahr, ins Ghetto gesteckt zu werden. Aber sie stand schon fast zehn Jahre im Dienst der Familie Rajmic, und sie lebte von dieser Anstellung. Aniela wohnte in der Küche der Familie. Nina schlief bis zu ihrer Rückkehr aus Amerika im Schlafzimmer ihrer Eltern, danach im Wohnzimmer. Das andere Zimmer bewohnte Rudek. In Polen musste man nicht sonderlich vermögend sein, um sich ein Hausmädchen leisten zu können – der Arbeitsmarkt im Osteuropa der Vorkriegszeit machte es möglich. Das gehörte zum normalen Lebensstil der unteren Mittelschicht, der Ninas Familie angehörte. Für Nina war Aniela ein Teil der Familie.

»Ich liebte sie sehr. Sie war mir liebevoll zugetan und immer bereit, etwas für mich zu tun. Aniela war ein Bauernmädchen, das zwar nicht lesen und schreiben konnte, aber doch von einzigartiger Lebensweisheit und sanfter Lebensklugheit war, zumindest was andere Menschen anging. Es gab nur einen Punkt, in dem sie keinerlei Weisheit an den Tag legte, und das war, wenn es um die Liebe ging. Sie hatte sich in einen Mann verliebt, der Alkoholiker war. Meine Mutter pflegte immer zu ihr zu sagen: ›Aniela, darauf kann man doch nichts aufbauen, das hat doch keine Zukunft.‹ Aber Aniela antwortete eigensinnig: ›Doch, er ist ein guter Junge, und wir werden heiraten. Aber wir können nicht heiraten, solange seine Mutter lebt, wir müssen erst warten, bis sie stirbt.‹ So gab sie ihm alles Geld, das sie von ihrem Lohn absparte, damit er es auf ein Konto tat, um später, wenn sie heirateten, Möbel davon zu kaufen. Am Samstagnachmittag, ihrem freien Nachmittag, stand er immer auf der Treppe. Ich erinnere mich noch, als sei es gestern gewesen, wie er da stand und auf sie wartete. Sie war ihm sehr treu. Es gab jemanden, der versuchte, Aniela mit einem anderen Mann zu verkuppeln, einem Pförtner. Meine Mutter hielt das für eine gute Partie. Pförtner, das war doch ein anständiger und sicherer Beruf. Doch da sagte Aniela: ›Ich kann den Pförtner nicht heiraten, denn der hat ja im Augenblick keine Stelle.‹ ›Er hat keine Stelle?‹, fragte meine Mutter. ›Aber warum das denn?‹ ›Weil er verheiratet sein muss, um eine Stelle zu bekommen‹, antwortete Aniela. Und so blieb es dabei, sie heiratete nicht den Pförtner und traf sich weiterhin mit dem Trinker. Wir waren überzeugt davon, dass alles Geld, das sie ihm gab, für Alkohol draufging.«

Nina konnte nicht begreifen, warum Aniela so dumm war, wenn es um Männer ging. Aber vielleicht war Aniela ja ein Mensch, der für andere lebte und sich selbst nicht das Recht einräumte, etwas für sich zu tun. Wie so viele andere mittellose Frauen.

Sie wollte also nicht mit ihnen nach Warschau kommen. Sie blieb zurück, denn sie musste, wie sie es selbst ausdrückte, bei ihrem Verlobten bleiben. Doch Aniela versicherte ihnen, dass sie sich um die Wohnung der Familie kümmern würde, während sie alle weg waren.

Draußen wartete wie immer Staś mit der Pferdekutsche. Doch diesmal war Familie Rajmic nicht auf dem Weg ins Sommervergnügen. Und diesmal war es auch kein sonniger und warmer Sommertag. Es war Winter,

ein schrecklich kalter Winter, einer der kältesten, die man in Polen je erlebt hatte.
Aniela zog den Schal um Ninas Schultern fest und knöpfte ihren Mantel zu. Dann sagte sie zu dem weinenden Mädchen, dass sie sich bald wiedersehen würden. Es sollte, fast auf den Tag genau, fünf Jahre dauern.

## *Kapitel 9*

Die Kälte in jenem Februar war unerträglich. »Mutters Decke konnte uns nicht vor der beißenden Kälte schützen«, erinnert sich Nina, »und ich weiß noch, dass meine Mutter mich den größten Teil der Reise in ihren Armen hielt.« Und dann fügt sie hinzu: »Soweit ich mich erinnern kann, war das das erste Mal, dass meine Mutter mich umarmte.«

Die Reise von Lodz nach Warschau dauerte drei ganze Tage, obwohl die Strecke nur 120 Kilometer lang war. 120 Kilometer lang durch eine ewig weiße und hart gefrorene Landschaft ruckeln. Alles, was sie tagsüber zu sehen bekamen, waren Felder und kleine Bauernhöfe. Und dann vereinzelte nackte Bäume, die weiß in der toten Landschaft aufragten. Je länger sie reisten, desto mehr hatten sie das Gefühl, ins Nichts geworfen zu sein.

»Wir schliefen bei Bauern auf dem Fußboden«, erinnert sich Nina, »und ich erinnere mich immer noch an diese Kälte und wie Mama versuchte, mich davor zu schützen.« Auch wenn die Reise durch die Gegend

ging, durch die sie während ihrer glücklichen Kindersommer gefahren waren, so ist es jetzt doch vor allem dieses Nichts, an das sich Nina erinnert:
»Ich war erst fünfzehn Jahre alt. Wir haben nicht viel darüber gesprochen, was nun geschehen würde. Aber da waren die Gefühle. Wir wussten nicht, was auf uns zukam, alles war völlig unbekannt. Die normale Welt war eingestürzt, und man hatte noch keine Ahnung davon, wie schrecklich unsere Welt werden würde. Aber so, wie sie sich jetzt darstellte, war sie schon erschreckend genug.«

Die Reise mit Pferd und Wagen sollte bis zur Grenze gehen – zur Grenze des Generalgouvernements, die gleichzeitig eine Hoffnung auf eine wie auch immer geartete Freiheit bedeutete. Ab der Grenze, so erinnert sich Nina, durften sie mit dem Zug fahren, obwohl Hans Frank bekannt gegeben hatte, dass Juden die Eisenbahn auch innerhalb des Generalgouvernements nicht benutzen dürften. Vielleicht trugen sie ihre Armbinden nicht. Auf dem letzten Stück Wegs nach Warschau hinein durften sich Nina und ihre Mutter jedenfalls wieder wie Menschen fühlen.
Frau Goldman nahm sie mit offenen Armen auf. Während der Zugfahrt hatten sie sich ein wenig aufwärmen können. Dennoch waren es immer noch zwei erschöpfte und höchst verwirrte Frauen, die da in der Wohnung in der Koszykowastraße in Warschau ankamen. Sie hatten schließlich alles verloren, oder wenigstens zurückgelassen. Und wer wusste schon, für wie lange? Die Zukunft lag völlig im Dunkeln, und ein Jude in Polen

konnte zu dieser Zeit nicht viel anderes tun, als abwarten, welche Pläne die Deutschen mit ihm hatten. Bestimmt war Fanja verzweifelt, doch das zeigte sie ihrer Tochter nicht.

Nina fand es schön, in die große Wohnung und an den überreichlich gedeckten Tisch zu kommen. Und es war schön, Artur und Rudek wieder zu sehen. Es war wie eine Rückkehr in die Freiheit. Das einzige Zeichen, das darauf hinwies, dass die Juden auch hier einer Sonderbehandlung ausgesetzt waren, war der Stern, den alle auf ihren Kleidern trugen. Doch innerhalb der Wohnung schien alles wie immer zu sein.

Es dauerte eine Weile, bis Nina merkte, wie schweigsam Rudek war. Er half Fanja und Nina mit ihrem Gepäck und sorgte dafür, dass sie warme Kleidung bekamen. Aber er sagte fast nichts. Erst eine ganze Zeit später begriff Nina, dass etwas nicht stimmte.

»Wo ist Teresa?«, fragte sie.

Artur und Rudek waren einige Monate zuvor nach Warschau gereist, damit sie einerseits alles für die Ankunft der Familie vorbereiteten und andererseits, damit Rudek mit seiner Verlobten Teresa Goldman zusammen sein könnte, die mit ihren Eltern in der großen Wohnung wohnte.

Als sie dort ankamen, hatte Teresa sie reisefertig begrüßt. Sie hatte Rudek erklärt, dass sie vorhabe, nach Russland zu gehen. Sie hatte nur noch auf ihn gewartet und gehofft, und vielleicht auch erwartet, dass er mitkommen würde. Rudek hatte Nein gesagt, und Teresa war allein abgereist. Sie waren vier Jahre zusammen gewesen und hatten vorgehabt zu heiraten. Wir wissen nichts davon, welche Gefühle Teresa hatte und welche Gespräche es vor ihrer Abreise zwischen ihr und Rudek gegeben hatte. Doch nun trennten sich ihre Wege auf diese Weise, und Rudek war traurig.

»Ich glaube, dass er unseretwegen geblieben ist«, sagt Nina. »Aber er hat darüber nicht mit uns gesprochen, er hat nur gesagt, dass er bei der Familie bleiben würde. Das war das Einzige. Es war der einzige Kommentar, der eine Erklärung dafür bot, warum er nicht mit Teresa gegangen war. Sein Pflichtgefühl gegenüber der Familie und seine Bindung an die Familie waren unglaublich stark.«

Rudek fühlte sich gezwungen, sich von seiner Liebsten zu trennen. Doch Nina würde ihm für diesen Entschluss ihr ganzes Leben dankbar sein.

Bei Goldmans gab es viel Platz, sie hatten eine große Wohnung mit mehreren Schlafzimmern. »Natürlich war es ungeheuer schockierend, alles zurücklassen und zu fremden Menschen ziehen zu müssen. Aber Goldmans waren sehr, sehr nett zu uns. Und Mama war vom ersten Moment an von einem einzigen Gedanken beherrscht, nämlich dass ich meinen Unterricht nicht abbrechen durfte. Das wollte sie auf keinen Fall.«

Weder Artur noch Rudek konnten in Warschau irgendeine Arbeit finden. Kaufmänner und Juristen brauchte man kaum, und schon gar nicht, wenn sie Juden waren. Das Sparkapital der Familie begann zu schrumpfen.

»Wir hatten damals ziemlich wenig Geld«, erinnert

sich Nina, »denn wir hatten ja nichts angespart. Papa verdiente zwar so, dass er die Familie gut versorgen konnte und dass Rudolf und ich eine Privatschule besuchen konnten, doch hatten sie niemals Kapital angesammelt. Sie lebten von der Hand in den Mund.«

Nina konnte sich am schnellsten wieder ein einigermaßen normales Leben einrichten. Sie traf eine ihrer Klassenkameradinnen wieder, mit der sie in die dritte Klasse der Aba-Schule gegangen war, Lusia, das Mädchen, das als Flüchtling aus Deutschland gekommen war. Lusia erzählte, dass auch einige der Lehrer aus Lodz nach Warschau gekommen waren, die nun über die Stadt verstreut in Privatwohnungen unterrichteten. Fanja ließ nicht zu, dass Nina auch nur einen Moment zögerte: »Als ich mich anfangs ein wenig sträubte, weil ich fand, dass das ja keine richtige Schule sei, da sagte sie zu mir: ›Vergiss nicht, man kann uns alles wegnehmen, aber was wir einmal in unseren Köpfen haben, das kann uns niemand mehr nehmen. Deshalb ist es deine Pflicht und Schuldigkeit, weiter Unterricht zu nehmen.‹ In dieser Sache war sie unglaublich konsequent. Unglaublich, und das die ganze Zeit.«
Nina bemerkte mit Erstaunen und Bewunderung die Veränderung, die ihre Mutter durchgemacht hatte, was die Einschätzung des Unterrichts anging. Noch ein halbes Jahr zuvor hatte sie eine abfällige Bemerkung über das Nachbarsmädchen Mirka gemacht. Mirka hatte gerade Abitur gemacht und beschlossen, Medizin zu studieren.
»Was für eine unsinnige Idee, Medizin studieren zu

wollen«, hatte Fanja gemurmelt. »Ein Mädchen fängt an zu studieren, dann trifft es einen Jungen und bekommt Kinder. Sie wird ihr Medizinstudium niemals abschließen.« Fanja hatte bis auf Weiteres Recht behalten, denn Mirka saß jetzt im Ghetto in Lodz, und dort konnte man nicht Medizin studieren.

Doch offensichtlich hatte Fanja ihre Meinung geändert, oder sie betrachtete jetzt ihre Tochter mit anderen Augen. Nina ging wieder in die Schule, und ihre Mutter bezahlte das Schulgeld von den schrumpfenden Ersparnissen.

Nina fand sich mit erstaunlicher Sorglosigkeit in ihrem neuen Leben zurecht. Meist stand sie morgens pünktlich auf, zog sich an, frühstückte und begab sich von der Koszykowastraße zu der Wohnung, in der in dieser Woche gerade der Unterricht stattfand. Es gab nichts, was ihre Bewegungsfreiheit eingeschränkt hätte, und sie lernte, den aufgezwungenen Stern als einen Teil ihres Mantels anzusehen. Schließlich gab es so viele Juden in Warschau, ungefähr 400 000, sodass sie sich in guter Gesellschaft befand.

Zum Teil war die Gruppe, auf die sie traf, wenn sie das »Klassenzimmer« betrat, ihr wohlbekannt, vor allem, was die Lehrer anging. Da war der Physiklehrer der Aba-Schule, dann der Lateinlehrer Levy, der Mathematiklehrer Wallach und der Religionslehrer Goldberg. Sie betrieben gemeinsam mit einer Reihe neuer Lehrer aus Warschau einen vollwertigen Gymnasialunterricht für die Schüler, die den Weg in ihre provisorische Schule gefunden hatten.

Nina verbrachte jeden Tag fünf Stunden in der Schule. Ein paar Mitschüler kannte sie, wie gesagt, schon aus Lodz, doch die meisten waren ihr unbekannt. Es war ein Mädchen darunter, das Sonja hieß, und Nina, Lusia und Sonja wurden Freundinnen. Dann begannen sie, gemeinsam zu lernen, jeweils bei einer zu Hause. Und so begegnete Nina Leon.
Er stand eines Tages auf der Veranda, als sie gerade von Sonja nach Hause gehen wollte. Er trug ein Paar klobiger Schuhe und eine bauschige Mütze, und seine Wangen waren von der Kälte ganz rot. Leon war Sonjas Bruder. Von dem Tag an sorgte Nina dafür, dass sie so oft wie möglich bei Sonja zu Hause lernten.
»Er war einfach fröhlich«, sagt Nina, »sah sehr gut aus und hatte blondes Haar und blaue Augen. Und ich verliebte mich in ihn.«

Eines Tages nahm Fanja Nina beiseite, als sie von der Schule nach Hause kam. Offensichtlich war sie verlegen. Sie bat ihre Tochter um einen Gefallen. Onkel Jasiek, der Vater von Celinka, schuldete ihnen Geld.
»Mama bezahlte immer treu und brav meine Unterrichtsgebühren«, erzählt Nina, »obwohl wir zu Hause immer weniger Geld hatten. Das Geld würde irgendwann einfach alle sein, und Mama wollte, dass ich zu Onkel Jasiek ging und ihn darum bat, seine Schulden zurückzuzahlen.«
Nina sah ihre Mutter erschrocken an. Was für eine furchtbare Aufgabe. Zu einem erwachsenen Menschen gehen, der dazu noch ihr Onkel war, und ihn um Geld bitten!

Celinka öffnete ihr die Tür. Nina umarmte ihre Cousine rasch und fragte, ob ihr Vater zu Hause sei. Celinka sah sie erstaunt an, ging dann aber und holte ihn. Dann standen sie alle drei da, Nina, Celinka und Jasiek. »Ich erinnere mich noch an das Gefühl der Erniedrigung«, erzählt Nina, »aber schließlich habe ich mein Anliegen vorgebracht.«
Wortlos ging Jasiek ins Nebenzimmer und kam mit einigen Scheinen in der Hand wieder heraus. Nina begriff schnell, dass das nicht die ganze Summe sein konnte, die ihre Mutter ihr genannt hatte, wahrscheinlich war es nur ein Bruchteil. Doch Onkel Jasiek nahm ihre Hand, legte die Scheine hinein und schloss ihre Faust darum. Erst wusste Nina nicht, was sie tun sollte, sie zögerte einen Augenblick, doch dann stammelte sie ein Danke und lief durch die Tür und den ganzen Weg nach Hause.
»Ich erinnere mich noch an den Gesichtsausdruck meiner Mutter, als ich ihr das Geld gab und sie sah, wie wenig es war. In dieser Zeit hatten wir oft Hunger, und ich glaube, dass uns unsere Vermieter, die Goldmans, oft zum Frühstück und Abendessen eingeladen haben, weil sie wussten, wie wenig Geld wir hatten.«

Doch in jenem Frühjahr 1940 war, wie gesagt, alles noch nicht so schlimm, zumindest nicht für Nina. So oft sie konnte, versuchte sie, nach der Schule bei Sonja zu lernen. Und auch Leon schien immer öfter zu Hause zu sein, wenn sie dort waren. Er setzte sich zu ihnen, wenn sie da saßen und lernten, fing an sie zu necken und brachte sie zum Lachen. Und wenn er seinen Freund Staś dabeihatte, dann wurde noch weniger gearbeitet. Nina wusste, dass Lusia ein Auge auf Staś geworfen hatte.

In diesem Frühjahr schloss Nina das dritte Gymnasiumsjahr ab. Sie war jetzt fünfzehn Jahre alt, und es fehlten ihr noch drei Jahre bis zum Abitur. Niemand sprach davon, wie das gehen sollte, doch sie lernten weiter, und im Grunde sprach überhaupt niemand von der Zukunft. Alle nahmen einfach nur an, dass sie im folgenden Jahr genauso weitermachen würden wie in diesem. Man lebte von einem Tag zum anderen, oder zumindest von einem Jahr zum anderen. Nina war jung, und die Möglichkeit, dass sich die Dinge vielleicht doch nicht alle zur Zufriedenheit lösen könnten, kam ihr gar nicht in den Sinn. Und niemals, nicht ein einziges Mal, bereute sie, nicht in Amerika geblieben zu sein.

Eine Woche nach dem letzten Schultag beschlossen die Freunde Lusia, Sonja, Nina, Leon und Staś, einen Ausflug zu unternehmen. Sie wollten an einem Samstag und Sonntag vor den Toren Warschaus zelten. So etwas konnten Juden im Sommer 1940 im Generalgouvernement tatsächlich noch unternehmen. Nina war voller Vorfreunde und ging wie auf Wolken. Sie würde ein ganzes Wochenende mit Leon verbringen können.

»An dem Tag rannte ich nach Hause«, erinnert sich Nina, »und berichtete meiner Mutter freudestrahlend von unseren Zeltplänen.«

Fanja hatte am Spülstein gestanden und Geschirr gespült, als Nina in die Küche kam. Nina hatte den Eindruck, als würde ihre Mutter erstarren, als sie ihr von

der freudigen Neuigkeit mit dem Ausflug erzählte. Aber sie hörte nicht auf, mit dem Geschirr zu hantieren.
»Wer wird zelten?«, fragte Fanja.
Ein paar aus der Klasse, war Ninas Antwort.
Fanja fuhr stur fort, das Geschirr zu spülen, auch als sie das Urteil fällte:
»Mama sagte einfach: ›Nein, das kommt nicht in Frage‹«, erzählt Nina. »›Du wirst nicht wegfahren, und du wirst nirgendwo anders übernachten als zu Hause.‹«
Nun könnte man meinen, dass es der Krieg oder die Situation der Juden war, die Fanja Nein sagen ließen, die allgemeine Gefahr. Doch das war es nicht. Fanja sagte aus demselben Grund Nein, aus dem sie auf dem Ozeandampfer *Batory* Alarm geschlagen hatte, als das Mädchen Wanda allein mit einem Mann von der Besatzung herumspaziert war.
»Ich war ganz schrecklich traurig. Denn ich war so verliebt in Leon. Doch Mama hatte ihre strengen Prinzipien, an denen nicht gerüttelt werden durfte.« Und dann fügt Nina hinzu: »Ich kann sehr gut verstehen, warum, wenn ich bedenke, dass Lusia auf eben diesem Ausflug ihre Unschuld verlor.«
Als sie sich am Montag wieder sahen, erzählte eine kichernde Lusia der schockierten Nina die Neuigkeit. »Das war ein erschreckendes Geschehen für mich«, gesteht Nina, »schließlich war ich mit den puritanischen Moralbegriffen aufgewachsen, die einem Mädchen vorschrieben, sich einem Jungen nicht vor der Hochzeitsnacht hinzugeben. Ich fand Lusias Geschichte schockierend und ich betrachtete sie hinterher mit ganz neuen Augen. Sie war doch erst fünfzehn!«

Aber der Schmerz darüber, nicht mitfahren zu dürfen, hat sich in Ninas Gedächtnis eingegraben. Denn wie sich später herausstellte, wäre das Ninas letzte Chance gewesen, etwas zu erleben, was einem normalen Teenagervergnügen und einem normalen Teenagerflirt gleichgekommen wäre. Dann hätte sie noch ein starkes und freudiges Erlebnis gehabt, ehe die Tür zuschlug.

## *Kapitel 10*

Artur Rajmic hatte einen Cousin in Warschau, oder besser gesagt einen Cousin zweiten Grades – soweit sich Nina erinnern kann, war seine Mutter die Cousine von Arturs Vater. Sein Name war Adam Czerniaków. Sie waren sich nicht besonders oft begegnet, aber er war dennoch ein Verwandter, den man in diesen schweren Zeiten im Gedächtnis behalten sollte, denn Adam Czerniaków war ein Mann von Einfluss. Am 23. September 1939, direkt nach Ausbruch des Krieges, ernannte ihn der Bürgermeister von Warschau zum Sprecher der Jüdischen Gemeinde. Der frühere Sprecher, Maurycy Mayzel, war bei Ausbruch des Krieges geflohen.

»Eine historische Rolle im besetzten Warschau«, schrieb Czerniaków am selben Tag in sein Tagebuch. »Ich werde mich bemühen, ihr gerecht zu werden.«[1] Seinem Tagebuch vertraute Czerniaków in den kommenden schweren drei Jahren alles an. Hier verlieh

1 Czerniaków, Adam, *Im Warschauer Getto. Das Tagebuch des Adam Czerniaków 1939–1942*. Mit einem Vorwort von Israel Gutman. © Yad Vashem, Jerusalem. Für die deutsche Ausgabe: © C.H. Beck'sche Verlagsbuchhandlung (Oscar Beck), München 1986, S. 4. Mit freundlicher Genehmigung der Liepmann AG, Zürich.

er seinen Gewissensnöten und Zweifeln Ausdruck. Manchmal war das Tagebuch der einzige Ort, an dem er offenbarte, was er wusste oder fürchtete. Denn er wurde schon bald, nur anderthalb Wochen nach der ersten Ernennung, von den Deutschen in eine weitere Position eingesetzt – als Sprecher des Warschauer »Judenrates«, wie die Deutschen es nannten. Dies war eine Stellung, die einen ungeheuren Balanceakt bedeutete. Denn wie sollte er die Interessen der Juden am besten vertreten? Indem er in gewisser Weise das Spiel der Deutschen mitspielte? Oder indem er sich weigerte, um unter Umständen dann sofort ersetzt zu werden? Adam Czerniaków sollte für das Schicksal der Warschauer Juden eine entscheidende Rolle spielen. Und bis heute wird darüber diskutiert, ob er an jenem 23. Juli 1942 richtig oder falsch, moralisch oder unmoralisch handelte.

Doch jetzt, zwei Jahre vor diesem Tag, am 11. August 1940, schreibt Adam Czerniaków einen Befehl in sein Tagebuch nieder. Es ist ein Befehl, der vom SS-Brigadeführer Leist erteilt worden war. Es geht dabei um den »Jüdischen Wohnbezirk«. Der Befehl enthält fünf Punkte. Der erste lautet, dass Juden, die nach Warschau kommen, sich nur in dem Teil der Stadt niederlassen dürfen, »der durch die Absperrmauer begrenzt wird«. Punkt zwei besagt, dass wenn ein Jude, der in Warschau wohnt, umziehen möchte, er sich eine Wohnung nur innerhalb der »durch die Absperrmauer eingegrenzten Stadtgebiete« nehmen darf. Punkt drei verordnet, dass sich Nicht-Juden nicht innerhalb des genannten Bezirkes niederlassen dürfen. Punkt vier und fünf handeln von den Strafen bei Zuwiderhandlung gegen diesen Befehl.[2]

Da Ninas Familie nicht vorhatte umzuziehen, hatte dieser Befehl zunächst keine weitere Bedeutung für ihr Leben. Wahrscheinlich hatten sie nicht einmal davon gehört.

Doch den nächsten Befehl, der Anfang Oktober öffentlich proklamiert wurde, konnten sie nicht überhören, denn der betraf alle Juden in Warschau. Und das waren zu diesem Zeitpunkt 450 000.

Rudek war es, der die Neuigkeit mitbrachte. Er hatte es aus einem Lautsprecher auf der Straße gehört, der auf Deutsch verkündete, dass alle Juden in Warschau unmittelbar in einen speziell angegebenen Bezirk umziehen und alle Nicht-Juden diesen Bezirk verlassen mussten. Alle diese Umzüge mussten innerhalb von zwei Wochen abgeschlossen sein, so die Mitteilung.

Frau Goldman musterte verzweifelt ihre Möbel, Bilder und Teppiche. Wie sollten sie das nur schaffen? Da musste Rudek Frau Goldman erklären, dass sie ihre Einrichtung nicht mitnehmen durfte, sondern nur das, was auf einem kleinen Karren Platz fand.

»Es kam einfach ein Befehl«, erzählt Nina, »ein Befehl, dass alle Juden ins Ghetto müssten. Man sollte seine Habe zusammenpacken. Und ich erinnere mich an den kleinen Wagen, auf den wir unsere Taschen legten, und wie wir mit diesem Wagen von der Koszykowa ins Ghetto zogen.«

2 Czerniaków, S. 101

Sie wanderten hinter ihrem Wagen her in das Ghetto, in einem langen Zug von Menschen mit Wagen. Und der einzige gemeinsame Nenner aller dieser Menschen war, dass sie Juden waren. Wie erlebte Nina diesen Augenblick?
»Alle zuvor ausgesprochenen Einschränkungen – dass man alle Besitztümer abgeben musste, dass man nicht Zug fahren durfte und einen Stern tragen musste –, waren ja schon direkt an die jüdische Bevölkerung gerichtet gewesen. Das allein war schon beängstigend gewesen. Aber man meinte doch, dass einem nicht nach dem Leben getrachtet wurde. Nicht einmal jetzt, als man gezwungen wurde, ins Ghetto umzuziehen, war das so. Man glaubte, es gelte nur, die schweren Verhältnisse zu überstehen, die Armut, die Versorgungsschwierigkeiten und die Wohnungsnot. Aber man glaubte immer noch nicht, dass es auf lange Sicht um Tod oder Leben ging. Das glaubte man erst, als dieser Moment schon sehr nah war.«

Ninas Familie war eine Wohnung direkt an der Grenze des Ghettos, neben dem Obersten Gerichtshof an der Ecke Ogrodowa- und Białastraße zugewiesen worden. Von ihrem Fenster aus konnte Nina auf den Teil Warschaus sehen, in dem sie sich noch einen Tag zuvor völlig frei und ohne Einschränkungen hatte bewegen können, wo sie in einem Zustand hatte leben können, der ihr von nun an immer als Freiheit in Erinnerung bleiben würde. Sie konnte hinausschauen, zumindest bis die Mauer errichtet wurde. Danach war die Sicht stark eingeschränkt.

Der Grund dafür, dass man die Grenze so nahe an das Gericht gelegt hatte, war, dass man den Gerichtshof sowohl von der »jüdischen« als auch von der »arischen« Seite aus ereichen können musste, weshalb er zu einer Art Durchgangshaus wurde. Das neue Zuhause der Familie hatte vier Zimmer und war zuvor von einer jüdischen Familie bewohnt worden. Diese Familie war ungefähr eine Woche davor nach Osten gezogen und hatte die Wohnung Verwandten überlassen. Doch diese – ein Mann, eine Frau und eine Tochter – durften jetzt nur ein Zimmer behalten. In die anderen drei sollte die Großfamilie Rajmic einziehen – in ein Zimmer Artur Rajmic und seine Familie, in ein anderes Jasiek Rajmic und seine Familie, und in ein drittes Ninas Großeltern Max und Rosa Rajmic sowie deren Tochter Maryla Wołkowicz und deren Familie. Die kleine Küche mussten sich alle teilen. Tante Tecia hingegen musste in eine andere Wohnung im Ghetto einziehen. Sie hatte es schwer, so allein und mit ihren kranken Füßen. Die anderen versprachen, dass sie ihr helfen würden, so gut sie konnten.
Ein Drittel der Bevölkerung Warschaus zog jetzt in ein Gebiet, das ungefähr zweieinhalb Prozent der Fläche der Stadt ausmachte.

Das Treppenhaus in der Ogrodowastraße 13 war dunkel. Es roch ein wenig feucht. Aber wie Nina feststellte, lag die Wohnung im ersten Stock, sodass es für Großmutter und Großvater nicht zu anstrengend werden würde. Und sie fand, dass der erneute Umzug durchaus kleine Vorteile mit sich brachte: Sie mussten jetzt nicht mehr zur Untermiete wohnen, denn ihnen war eine Wohnung zugeteilt worden, wenn sie auch viel zu klein für ihre Bedürfnisse war. In dieser Wohnung würde die ganze Familie Rajmic zusammen wohnen können. Und das Beste von allem: Sie würde wieder mehr Zeit mit Rysio verbringen können.

Alle zogen innerhalb eines Tages in die neue Wohnung ein. Beim Wiedersehen gab es jedoch keine Freudenszenen, sondern mehr eine wehmütige Freundlichkeit. Großmutter, Großvater, Tante Maryla, Onkel Heniek und Rysio hatten sich natürlich das größte Zimmer genommen, und die »Besitzer« der Wohnung hatten dies auch großzügigerweise zugelassen. Onkel Jasiek, Tante Micia und ihre Kinder Celinka und Alfred hatten das Zimmer neben der Küche bekommen. Das Zimmer, das dann noch übrig war, gehörte Nina und ihren Eltern. Es war zwar ein Durchgangszimmer, aber Nina fand, das machte nichts aus. Sie würden in dieser neuen Wohnung ohnehin nicht viel Privatleben haben. Doch trotz allem gehörte sie ihnen. Hier waren sie nicht nur in der Not aufgenommen worden.

Alle hatten schnell versucht, sich in ihrem neuen kleinen Zuhause einzurichten, und schnell ausgepackt. Einige von ihnen hatten ein paar Möbel verrückt. All das war erstaunlich unspektakulär vor sich gegangen, als ob es ein stilles Übereinkommen gäbe, dass in dieser kleinen Welt kein Raum für Konflikte war.

Die Einzige, die sich nicht zurechtzufinden schien, war Großmutter Rosa. Nina bemerkte schnell, dass sie sich mit einem Blick umschaute, der Nina vollkommen unbekannt war.

## *Kapitel 11*

Erstaunlicherweise mussten sie aber nicht mehr hungern, sobald sie ins Ghetto kamen. Plötzlich waren die Spielregeln ganz andere. Hier ging es nicht mehr darum, sich »Arbeit zu besorgen«. Wenn es draußen auf der arischen Seite wenigstens theoretisch so etwas wie eine ganz gewöhnliche, entlohnte Arbeit gegeben hatte, so waren derlei Möglichkeiten auf der Ghetto-Seite gleich null. Sie befanden sich jetzt in einer neuen Welt. Eine Welt, in der es darauf ankam, ohne jede Arbeit zu überleben. Jetzt musste man andere Möglichkeiten finden, sich zu versorgen.
Rudek war das pflichtbewussteste und gesetzestreueste Mitglied der Familie – er war schließlich Jurist. Doch als die Regeln nicht mehr galten, als alles, woran man sich früher noch hatte halten können, nicht mehr existierte, entpuppte er sich schnell auch als der Flexibelste und Unternehmungslustigste unter ihnen. Rudek bekam sehr schnell heraus, wie sich die meisten innerhalb der Mauern des Ghettos versorgten, jedenfalls diejenigen, die geschickt genug waren, sich überhaupt zu versorgen. Man kaufte und verkaufte Waren. Alle hatten

versucht, irgendwelche Wertsachen mit ins Ghetto zu nehmen. Diese tauschte oder verkaufte man. Und die Ware, um die es dabei eigentlich ging, war immer Essen.

Zwar ließen die Deutschen zu, dass es im Ghetto Suppenküchen gab, von denen die meisten von jüdischen Hilfsorganisationen betrieben wurden. Doch das Essen, das dort ausgeteilt wurde, reichte bei weitem nicht aus, um fast eine halbe Million Menschen zu ernähren, und deshalb war man gezwungen, sich auf anderen Wegen Lebensmittel zu besorgen. Und da es im Ghetto keine Gärten gab, musste man mit der Außenwelt handeln. Zu Anfang war das noch recht leicht. Doch als die Mauer um das Ghetto fertig gestellt und das Ghetto dann Mitte November endgültig abgeriegelt worden war, wurde der Austausch mit der Außenwelt immer schwieriger. Die Juden waren jetzt in einer eigenen kleinen Welt isoliert. Zwar lag diese Welt mitten in der größten Stadt Polens. Aber sie hätte genauso gut auf einem anderen Planeten liegen können.

Rudek wusste, dass ihre Lage im Ghetto, direkt neben dem Gericht, vorteilhaft war. Im Gericht konnten sich nämlich Menschen von der jüdischen und der arischen Seite zu schnellen Treffen begegnen. Schnell und riskant, denn eigentlich waren alle Kontakte verboten. Das Problem für Ninas Familienmitglieder war allerdings, dass sie nur sehr wenige Wertsachen besaßen. Selbst wenn es ihnen gelingen würde, die notwendigen Kontakte zur arischen Seite herzustellen, gab es nicht viel, was sie verkaufen könnten.

In dieser Situation legte sich Rudek einen neuen Beruf

zu: Er wurde Grossist, oder besser gesagt, Vermittler. Er spezialisierte sich darauf, den Verkauf von Brillanten und Schmuck von anderen Bewohnern des Ghettos an die Polen draußen zu vermitteln, und zwar mittels eben dieser schnellen Treffen im Gerichtsgebäude. Von dem Geld, das er im Austausch dafür bekam, konnte er einen kleinen Teil als Provision behalten. Auf diese Weise kam er zu Geld, von dem er Essen für die Familie kaufen konnte. Manchmal war er allerdings gezwungen, für den Schmuck schon zu bezahlen, wenn er ihn erhielt, und dann musste er dafür sorgen, dass er ihn teurer weiterverkaufte.

Rudek war durchaus erfinderisch, doch zu Anfang verliefen seine Schmuckgeschäfte nur sehr schleppend. Er musste einsehen, dass sie bald noch eine weitere Möglichkeit würden finden müssen, um sich zu versorgen. Nun war es Fanja, die eine neue, sehr gute Idee hatte. Im Ghetto gab es zu jener Zeit immer noch Geschäfte, Werkstätten und sogar Restaurants. Natürlich konnten sich nur die gut situierten Menschen es leisten, ihr Geld für etwas derart Luxuriöses wie eine Mahlzeit im Restaurant zu verwenden. Doch es gab sie. Und um das Gerichtsgebäude herum gab es viele Geschäfte, in denen auch Fanja einkaufte, wenn sie es sich leisten konnte. Ganz zu Beginn ihrer Ghettozeit hatte Fanja das Glück, Herrn Goldblum kennen zu lernen. Sie waren im Kolonialwarengeschäft, wahrscheinlich auf der Ogrodowa Nr. 24, zufällig ins Gespräch gekommen. Während dieses Gesprächs, aus einem Grund, den Nina nicht kannte, hatte Fanja ihre Verwandten in Amerika erwähnt.

Herr Goldblum hatte sie angestarrt. Dann hatte er plötzlich ihren Arm gepackt und sie auf die Straße hinaus geführt.
Herr Goldblum war ein sehr vermögender Mann. Und er hatte eine große Menge Juwelen ins Ghetto mitgebracht. Doch er hatte ein großes Problem oder mehr als das: Es war ein Unglück. Es plagte ihn eine große Sorge, und es ging dabei nicht um ihn selbst:
Herr Goldblum hatte eine Frau, doch die war nicht hier bei ihm. Denn genau zum Zeitpunkt des Kriegsausbruchs war sie in New York auf der großen Weltausstellung gewesen, deren Motto ironischerweise *The World of Tomorrow* gewesen war. Die Rückreise hatte sie nicht mehr antreten können.
Herrn Goldblums Frau hatte lediglich ihre Reisekasse bei sich gehabt, und jetzt, ein Jahr später, hatte sie überhaupt kein Geld mehr. Sie hatte nichts, womit sie sich dort drüben in New York versorgen konnte, und auch keine Verwandten, die sie hätte um Hilfe bitten können. Ihre Situation war verzweifelt. Herr Goldblum erklärte Fanja, dass er ihr aus dem Ghetto heraus überhaupt kein Geld schicken konnte. Welche gutherzige Seele auf der anderen Seite der Mauer würde schon das Risiko eingehen, Geld oder Juwelen von jemandem im Gerichtsgebäude entgegenzunehmen, um sie dann einfach in die USA weiterzuschicken?
Deshalb fragte Herr Goldblum nun, ob Fanja sich nicht vorstellen könnte, irgendein Arrangement mit ihm zu treffen ….
»Mama stellte irgendwie Kontakt zu Onkel Irvin her«, erzählt Nina. »Sie sorgte dafür, dass er Herrn Gold-

blums Ehefrau in New York versorgte. Im Ausgleich dazu versorgte Herr Goldblum uns im Warschauer Ghetto.« Das war ein ausgezeichnetes Arrangement, und es funktionierte so reibungslos, wie es eine solche Notsituation erfordert.

Verglichen mit vielen anderen war Ninas Familie nun recht gut gestellt. »Ich kann mich nicht erinnern, dass ich in dieser Zeit, in der wir in der Ogrodowastraße wohnten, irgendwann einmal hungrig war«, sagt sie. Doch nicht alle waren so erfinderisch oder hatten so viel Kraft oder besaßen so viel eigenes Kapital, das sie ins Ghetto hatten mitnehmen können. Und es dauerte nicht mehr lange, bis Nina morgens, wenn sie das Haus verließ, Leichen auf der Straße fand.

Es hat sich ein kleiner Filmabschnitt aus dem Ghetto erhalten, auf dem man eine große Menschenmenge auf einer Straße gehen sieht – es war ja eng im Ghetto. Im Vordergrund ist ein Geschäft, und auf einem Schild davor steht *Lody,* »Eis«. Warum auch nicht? Das Warschauer Ghetto sollte ja ein Wohnbezirk wie jeder andere sein, mit dem einzigen Unterschied, dass dieser Bezirk von einer Mauer umgeben war und dass die Bevölkerung zu 100 Prozent aus Juden bestand. Also war klar, dass man dort auch, wie überall in Polen, Eisdielen hatte. Doch gleich neben dem Glasschild, und mitten in der vorwärts wogenden Menschenmasse, steht eine Frau, die bettelt und gleichzeitig verzweifelt versucht, ein mageres Mädchen aufrecht zu halten, das dabei ist, zusammenzubrechen.

Sehr schnell trennten sich die »Überlebensfähigen« von denen, die es nicht schafften, »sich zu versorgen«.

Wäre Artur Rajmic nicht mit einer Ehefrau wie Fanja verheiratet gewesen, und hätte er nicht einen Sohn wie Rudek gehabt, dann hätte er wahrscheinlich auch zu denen gehört, die schnell auf der Straße landeten. Artur war diese spontane und den immer neuen Situationen angepasste Methode seiner Frau und seines Sohnes, die Familie zu versorgen, völlig fremd. Natürlich verurteilte er sie nicht, aber er konnte einfach seinen Platz in dieser Welt nicht finden. Artur würde niemals auf die Idee kommen, sich in ein Gerichtsgebäude zu schleichen. Oder jemandem schnell einen Umschlag in die Hand zu schieben.

»Es kam überhaupt nicht infrage, dass er mitgehen und Rudolf und Mama helfen könnte, Kontakte herzustellen, obwohl es ein harter Job war, sich auf diese Weise zu versorgen«, berichtet Nina. »Er war ein Schreibtischmensch, dem es ungeheuer schwer fiel, sich solchen Krisensituationen anzupassen. Es war für ihn eine völlige Katastrophe.«

Artur war der starke Mann in der Familie gewesen, allerdings nur in Friedenszeiten, nicht im Krieg.

Die einzige Arbeit, die Artur sich jetzt vorstellen konnte, war die als Freiwilliger in einer der Suppenküchen. Da stand er nun tagein, tagaus und schöpfte den ausgehungerten Menschen Suppe in die Teller. Dafür bekam er zwar keinen Lohn, aber es war eine ehrenwerte Arbeit, die ihm etwas zu tun gab und seinem Tag eine gewisse Routine verlieh. Aber Artur Rajmic war nicht länger der Versorger der Familie. Nina empfand, dass ihr Vater in dieser neuen Situation verloren wirkte.

Es wurde niemals erwogen, dass Nina Geld herbeischaffen könnte. Schon vom ersten Tag an entschied Fanja, dass man alles tun werde, um eine Möglichkeit zu finden, ihre Tochter weiter zur Schule zu schicken.
»Ihre Verbitterung darüber, dass sie ihr eigenes Studium nicht abgeschlossen hatte, war wie weggeblasen«, erzählt Nina. Und tatsächlich sollte es nur noch ein paar Wochen dauern, bis das Problem von Ninas weiterem Schulbesuch gelöst war. Nicht länger.

Das Dasein in der Wohnung an der Ogrodowa wurde bald recht unwirklich. Jede Familie lebte in ihrem Zimmer. Der einzige gemeinsame Raum, den man hatte, war die kleine Küche. Und die benutzte man abwechselnd. Für Nina war es eine große Freude, dass Celinka da war. Bisher war Celinka eine Cousine und Schulkameradin gewesen, die nicht direkt in ihrer Nähe gewohnt und aufgrund des Altersunterschieds von zweieinhalb Jahren auch nicht zu Ninas unmittelbarem Freundeskreis gehört hatte. Doch jetzt wurde sie zu ihrer besten Freundin.
Celinka war ein schüchternes, aber sehr freundliches Mädchen. Die meisten fanden, dass sie Ruhe und innere Harmonie ausstrahlte. Doch auf der anderen Seite ist es ja auch nicht so leicht, ins Innere eines scheuen Menschen zu schauen.
Es war für die beiden Teenagermädchen in der Wohnung klar, dass sie sich zusammentun mussten. Nina war mehr nach außen gewandt, hatte vielleicht auch mehr erlebt – schließlich hatte sie ein Jahr lang in Amerika gewohnt. So oft sie konnten, wann immer ein Zim-

mer in der Wohnung leer war, setzten sie sich zusammen und redeten. Die Freundschaft zu Celinka wurde für Nina zum Symbol dafür, dass ihre Teenagerzeit nun doch weiterging, sodass ihre neuen Gefühle und die aufkeimende Freiheit doch nicht völlig von der neuen Situation unterdrückt werden konnten.
Von Rysio hingegen bemerkte Nina viel weniger: »Er lebte ein Kinderleben in der Nähe seiner Eltern, und ich war in der Pubertät. Ich glaube nicht, dass wir noch viel Zeit zusammen verbrachten. Ich kann mich nicht erinnern, im Ghetto mit Rysio zusammengesessen und mit ihm geredet zu haben.« Damals dachte Nina nicht viel darüber nach, doch später im Leben sollte sie das quälen.

## *Kapitel 12*

Die Lehrer der Aba-Schule, die ebenfalls nach Warschau gekommen waren, brauchten nicht lange, um sich wieder zu organisieren. Doch musste das ganz im Geheimen geschehen, denn im Warschauer Ghetto durfte man keinen Unterricht erteilen. Diejenigen, die mit den Lehrern von der Aba die dritte Klasse der Oberstufe absolviert hatten, fanden einander bald wieder, und für alle, die es wagten, wurde der Unterricht wieder aufgenommen.

»Wir trafen uns jeden Tag woanders«, erinnert sich Nina, »um kein Misstrauen zu erregen. Wir arbeiteten hart, denn es war uns plötzlich bewusst, wie wertvoll Wissen war. Ich erlebte diese Monate auf gewisse Weise wie ›normal‹ – trotz der Leichen, trotz der hungrigen Blicke, die mir jeden Tag auf der Straße begegneten, trotz der Mauern, die sich um uns herum erhoben. Trotz des Hungers, der Krankheiten und des Elends, das uns umgab, erinnere ich mich dennoch an diese Monate –, verglichen mit dem, was danach kommen würde, waren sie eine Oase der Ruhe.«

Die meisten Lehrer vom Vorjahr waren immer noch da, ebenso eine Reihe von Schülern. Unter Ninas alten Freundinnen aus Lodz war jetzt auch ihre Verwandte Sarenka Rubinstein, die Tochter des einzigen Cousins, den Fanja in Lodz gehabt hatte. Sarenka war ein Jahr älter als Nina, doch sie landeten beide in derselben Klasse. Eine andere Schülerin aus Lodz war Irenka Katznelson, die Tochter des Direktors der Aba-Schule. Diese drei Mädchen wurden jetzt enge Freundinnen. Lusia ging auch zum Unterricht, doch Nina war nicht mehr so viel mit ihr zusammen. Wir wissen nicht, ob das daran lag, dass Nina, wie gesagt, Lusia jetzt »mit ganz neuen Augen« betrachtete, oder ob sie sich ganz einfach voneinander entfernt hatten. Ninas allerbeste Freundin war jetzt freilich ihre Cousine Celinka, doch Celinka ging nicht mit zum Unterricht.

»Meine Mutter hatte eine ganz andere Einstellung als die Ehefrau von Jasiek, Tante Micia«, sagt Nina. »Meine Mutter bestand darauf, dass ich weiter Unterricht nahm. Und sie sagte auch zu Micia: ›Sorge dafür, dass Celinka auch mit zum Unterricht geht.‹ Aber Micia antwortete ihr: ›Sie muss mir helfen, ich schaffe den Haushalt nicht allein.‹ Und sie ließ sie nicht weiter zum Unterricht gehen. Meine Mutter kritisierte das scharf – ›es gibt nichts Wichtigeres, als seinen Kindern eine Ausbildung zu geben‹, sagte sie. Aber Micia war nicht umzustimmen. Und Celinka fügte sich.«

Unter denen, die nicht mehr zum Unterricht kamen, war auch Leon. Nina sah ihn nie, denn für Leon war das Leben jetzt ganz anders. Ebenso wie Celinka, hatte er schnell erwachsen werden müssen. Nina aber lebte

mithilfe ihrer Mutter immer noch ein wenig in dem Kokon einer Halbwüchsigen.
Sie vermisste Leon, versuchte aber, nicht an ihn zu denken. Sie würden sich noch einmal wieder begegnen, doch dann würde keiner von ihnen mehr so unschuldig sein. Und keiner von ihnen würde sich noch irgendwelchen Illusionen darüber hingeben, warum sie in das große Ghetto in Warschau gebracht worden waren.

Ungefähr einen Monat, nachdem sie angekommen waren, hörte Nina zum ersten Mal die Schüsse. Zwei, drei, immer direkt hintereinander. Dann Stille. Nina drehte sich im Bett um und schaute ins Zimmer. Es war immer noch ganz dunkel, aber sie konnte die anderen drei Betten und die Silhouetten ihrer Eltern und ihres Bruders erkennen. Scheinbar war keiner von den anderen wach geworden, jedenfalls rührten sie sich nicht. Die Gewehrschüsse waren ganz in der Nähe abgegeben worden. Nina stand vorsichtig auf und ging zum Fenster. Die Morgendämmerung hatte schon begonnen, sich über dem Ghetto und über der Mauer, die vor ihr lag, auszubreiten. Es war erstaunlich still und ruhig. Nina schaute hinaus, um zu sehen, ob sie irgendetwas erkennen konnte, das die Schüsse erklärte. Erst sah sie nichts Ungewöhnliches. Aber dann schaute sie nach unten, auf die Ogrodowastraße direkt unterhalb des Fensters.
»Ich erinnere mich an den Anblick eines kleinen Jungen, der vor unserem Fenster lag. Er hielt krampfhaft einen Sack fest, aus dem Kartoffeln gefallen waren, die nun um ihn herum verstreut lagen. An dieser Stelle

schloss die Mauer nicht direkt mit dem Bürgersteig ab, sondern dazwischen war eine kleine Lücke, die groß genug war, dass die kleinen Jungen sich hindurchzwängen konnten.« Nina wusste, dass es Kinder gab, die Essen ins Ghetto schmuggelten. Das waren die Kinder aus Familien, die weder Schmuck besaßen, den sie verkaufen konnten, noch Verwandte, die mit ihnen teilen konnten. Sie sah den Jungen an. Er war vielleicht zehn Jahre alt gewesen.
»Und dann wurde es geradezu eine Zwangshandlung für mich, jeden Morgen aufzustehen und zur Mauer zu schauen, um zu sehen, ob wieder Kinderleichen dort lagen.«

Schon bald hatten sie noch ein anderes Problem: Herrn Goldblum. Im Frühjahr 1941 fiel es Herrn Goldblum zunehmend schwerer, zwei Familien zu versorgen. Der größte Fehler, den die vermögenden Leute machten, wenn sie ins Ghetto kamen, war, zu glauben, dass sie weiterhin so leben könnten, wie sie es immer getan hatten. Sie meinten, dass sie immer noch ohne weiteres ihr Geld in den Restaurants mit den unverschämten Preisen und den Geschäften mit den immer knapperen und begehrteren Waren ausgeben könnten. Herr Goldblum konnte es sich nun nicht mehr leisten, Familie Rajmic zu versorgen.
Jetzt hing alles an Rudek und seiner Tätigkeit als »Grossist«. Rudek kaufte Schmuck und Juwelen ein und verkaufte sie weiter. Er hatte sich sowohl innerhalb als auch außerhalb des Ghettos ein Netzwerk aufgebaut. Einer seiner wertvollsten Kontakte war eine polnische

Frau namens Marysia, die aus Kielce stammte. Sie trafen sich ungefähr einmal die Woche im Gerichtsgebäude. Marysia war selbst nur Vermittlerin und hatte ihrerseits draußen Kunden, für die sie den Kauf anbahnte. Während des Krieges mussten sowohl Juden als auch Polen erfindungsreich sein.
Dieser Schmuckhandel würde nun ihre einzige Versorgungsquelle sein. Und Fanja begann, Rudek zu helfen. »Sie schuftete und half ihm bei seinen Geschäften«, erzählt Nina. »Sie kaufte ein, kochte, putzte und wusch, während ich ein Leben führen konnte, das mich mit so viel Wissen und Ausbildung wie möglich versah.«
Nina wusste nicht so recht, wie die anderen im Haushalt klarkamen. Wahrscheinlich auf ähnliche Weise. Wenn es erforderlich war, halfen sich alle gegenseitig, und alle kümmerten sich um die Großeltern.

Für die Großmutter war der Umzug sehr schwer gewesen. Nina hatte sie in der ersten Zeit in Warschau nicht häufig gesehen, doch als sie zusammen ins Ghetto kamen, wurde sehr bald klar, dass Großmutter Rose langsam senil wurde. »Sie verstand kaum, was um sie herum geschah«, erzählt Nina. »Sie ging wie ein kleines Kind in der Wohnung umher, und wenn sie eine Zuckerdose auf dem Tisch sah, dann nahm sie sich ein Zuckerstück und kaute darauf.«
Es war schnell gegangen. Vielleicht wollte Großmutter Rosa auch nicht mehr richtig dabei sein. Und sie wirkte in ihrem neuen verwirrten Zustand auch nicht traurig.
»Großvater war unglaublich geduldig und freundlich

mit ihr«, erinnert sich Nina. »Ich werde nie vergessen, wie er mich einmal bat, Großmutter ein Brot zu machen.« Nina hatte in der kleinen Küche gesessen, als Großvater Max mit seinem Anliegen hereinkam. Sie nahm sogleich Brot und Käse heraus und schmierte das Brot. »Dann gab ich es ihr direkt in die Hand. Großvater starrte mich an: ›Bist du zu blöd, es auf einen Teller zu legen?‹, fragte er mit harter Stimme. ›Das hier ist deine Großmutter, behandle sie gefälligst mit Respekt!‹ Ich schämte mich so.«

Doch ansonsten schämte sie sich vor allem gegenüber ihren Freunden. Sie wusste nicht, was wirklich mit Großmutter los war. Aber irgendetwas stimmte nicht mit ihr, und ihre Freunde sahen verwundert auf die dünne und gebeugte alte Dame, die Zuckerstückchen kauend umherging und irgendetwas vor sich hin murmelte. Sie wirkte so seltsam fröhlich.

Ninas beste Freundinnen außerhalb der Schule waren neben Celinka die Schwestern Elusia und Lilka, die in der Wohnung über ihnen wohnten. Irgendetwas war seltsam an Elusia und Lilka, denn sie waren weder mit ihrem Vater noch mit ihrer Mutter im Ghetto, und dennoch war ihre ganze Wohnung voller Verwandter.

»Ich weiß nicht, wie viele sie am Ende waren«, sagt Nina, »aber es rankte sich ein Geheimnis um die Mutter der Mädchen. Man sprach nie von ihr, aber viel später erfuhr ich, dass sie durchaus lebte. Zusammen mit einem ihrer Brüder lebte sie außerhalb des Ghettos mit falscher Identität als Nicht-Jüdin, und indem sie arbeiteten, konnten sie die ganze große Familie im Ghetto versorgen.«

Nina, Celinka, Elusia und Lilka bildeten den Jugendclub des Hauses. Sie organisierten kleine Treffen und Kulturabende für die Jüngeren im Haus. Für die kleinen Kinder bauten sie ein Kinderhaus auf, eine Art Tagesstätte für die Kleinsten. Da durften die Kinder spielen und erhielten auch ein wenig Unterricht.
Das machte Nina hauptsächlich für Rysio. Sie fand, dass er da oben in der Wohnung so einsam war.

## *Kapitel 13*

Nina kam ins Centnerszwer-Gymnasium. Jetzt sollte sie Abitur machen, und das verlieh ihrem absurden Dasein einen Anschein von Normalität.

Sie waren fast ein halbes Jahr im Ghetto, als Fanja im Spätwinter 1941 von der Schule von Mieczysław Centnerszwer hörte. Professor Centnerszwer war ein bekannter polnisch-jüdischer Chemiker, der im Warschauer Ghetto gelandet war. Und als die Deutschen in jenem Winter beschlossen, verschiedene Berufsschulen im Ghetto zuzulassen, beschloss Professor Centnerszwer, die Gelegenheit zu ergreifen und ein Gymnasium für das letzte Jahr vor dem Abitur zu gründen. Da er Chemiker war, musste es ein Gymnasium mit Schwerpunkt Chemie sein, aber natürlich nannte er es eine Berufsschule für Chemie, um dieser Schule einen Deckmantel zu verleihen, aber der war dünn. Wahrscheinlich war er aber der Grund dafür, dass Nina im Gymnasium von Professor Centnerszwer lernte, wie man Schuhcreme macht. Das sollte sich später einmal als höchst praktische Fähigkeit erweisen.

Plötzlich gab es im Warschauer Ghetto die Möglichkeit, Gymnasialunterricht auf hohem Niveau abzuhalten. Und es konnte in einem richtigen Schulgebäude geschehen, mit richtigen Lehrern, und – soweit man sie bekommen konnte – mit richtigen Büchern.
»Der Unterricht fand in einem alten Gymnasium auf der Ogrodowa statt«, erinnert sich Nina, »und dort gab es alle Laborausrüstung, die wir brauchten. Allerdings gab es in jenem kalten Winter keine Heizmöglichkeit. Ich erinnere mich, wie wir in Mänteln und Mützen in den Bänken saßen und auf alle möglichen Arten versuchten, uns gegen die Kälte zu schützen.« Die geheimen Schulklassen, die Nina zuvor besucht hatte, hatten ihren Unterricht so intensiviert, dass die Schüler im letzten Jahr bereit sein sollten, auf dem Centnerszwer-Gymnasium anzufangen, sobald es seine Tore öffnete. Nina war bereit für das Gymnasium.
Wenn die Leichen auf den Straßen nicht gewesen wären, das nicht immer ganz frische Essen und die Enge in der Wohnung auf der Ogrodowastraße, dann wäre Nina ihr Leben fast normal vorgekommen. Doch sie verstand sich darauf, in allem das Gute zu finden. Oder vielleicht auch eher vom Schmerzhaften abzusehen. Es war kein Zufall, dass die Geschichte von »Polyanna«, dem Waisenmädchen, das »immer etwas findet, worüber es sich freuen kann« ihr Lieblingsbuch war. Um sie herum im Haus herrschte Stille. Ganz sicher keine Fröhlichkeit, aber auch keine Depression. Eher Stille. Es war, als würden alle ihre Energie für sich behalten, um überleben zu können. Gewiss half man einander, doch geschah es nicht im Zeichen freudiger Gastfreund-

schaft, sondern eher aus menschlicher Notwendigkeit. Wusste doch jeder, wer ihm am nächsten stand: Erst kam die eigene Familie, dann die eigene Verwandtschaft. Und dann, aber auch nur in gewissen Grenzen, die Hunderttausende Juden, die um einen herum wohnten und die die ganze Welt in diesem jüdischen Warschau ausmachten.

Sein Überleben sicherte man unter anderem auch dadurch, dass man versuchte, die Wohnungen und sich selbst sauber zu halten.

»Die Verhältnisse waren ungeheuer eng«, erzählt Nina. »Wir hatten eine kleine Küche. Und dann hatten wir Zimmer, in denen jeweils vier oder fünf Menschen lebten. Außerdem gab es Ungeziefer. Wir mussten gegen Läuse und alle möglichen Insekten kämpfen, die es dort gab. Man musste einen richtigen Krieg ausfechten, um alles möglichst sauber zu halten.«

Die Sauberkeit wurde schon bald zu einer Frage von Leben und Tod, denn im Frühjahr 1941 kam die Typhusepidemie ins Ghetto. Und diese Krankheit verbreitet sich über Flöhe und Läuse. Die Krankenhäuser waren schon bald überfüllt, es lagen zwei oder drei Kranke in jedem Bett – und wurden herausgeworfen, sowie sie ihren letzten Atemzug getan hatten. Die Totengräber kamen nicht mehr hinterher, obwohl sie für die Typhustoten Massengräber aushoben. Gegen Ende des Jahres 1941 sollten über 40 000 Juden, zehn Prozent der Einwohner des Ghettos, an dieser Krankheit gestorben sein. Und eines Tages suchte die Krankheit auch Ninas Familie heim.

Fieber und Schüttelfrost waren normalerweise nichts, worüber sich ein ansonsten gesunder Mann mittleren Alters Sorgen machen musste. Doch im Warschauer Ghetto war es ein schlimmes Zeichen, und als Artur Rajmic eines Tages plötzlich Fieber bekam, machte sich in der Wohnung schnell Besorgnis breit. Als Ninas Vater nach einem weiteren Tag noch Muskelschmerzen bekam, begriffen alle, was da gerade geschah. Die Situation war ungeheuer prekär: Einerseits hing Arturs Leben an einem seidenen Faden – unbehandelter Typhus verlief meistens immer noch tödlich, und für die geschwächten Menschen im Warschauer Ghetto war eine solche Diagnose fast ein Todesurteil. Auf der anderen Seite bedrohte Arturs Zustand plötzlich alle anderen in der kleinen Wohnung. Aber sie konnten ihn ja nicht hinauswerfen.

»Es ging das Gerücht, dass es das Ende bedeutete, wenn man ins Krankenhaus kam«, sagt Nina. »Da kam man nie wieder lebend raus. Flecktyphus ist ja eine ungeheuer ansteckende Krankheit.«

Fanja handelte blitzschnell. Hinter dem größten Zimmer der Wohnung, in dem Maryla, Heniek, Rysio, Großvater und Großmutter wohnten, gab es einen kleinen Flur, eine Art Vorraum. Fanja ließ sich dabei helfen, ein Bett in den kleinen Raum zu stellen, in das sie Artur bettete. Neben das Bett stellte sie einen Stuhl. Dann schloss sie die Tür.

So lebten Fanja und Artur in dem kleinen Flur hinter dem Zimmer von Großmutter und Großvater. Da es

dort nur für ein Bett Platz gab, schlief Fanja auf dem Stuhl. Jedenfalls nahm Nina das an. Essen und andere Notwendigkeiten wurden an die Tür gebracht, doch es durfte niemand sonst in den kleinen Raum kommen.
Nina musste jetzt Essen kochen und putzen und alles machen, was sonst Fanja getan hatte, während ihre Tochter in die Schule gegangen war. Erstaunlicherweise dachte Nina überhaupt nicht daran, dass sie vielleicht bald ihren Vater verlieren würde. Sie dachte überhaupt nicht nach. Und was die anderen dachten, das erfuhr sie nicht. Wahrscheinlich dachten auch sie nicht darüber nach – wie man im Ghetto überhaupt versuchte, nicht zu viel zu denken.

Die Tage vergingen, und niemand wusste, was in dem kleinen Flur vor sich ging. Nina versuchte sich durch die Tür zu erkundigen, wie es um ihren Vater bestellt war, doch sie erhielt keine klare Antwort.
Eine Woche verging, und noch eine Woche. Dann kam Fanja heraus und sagte, dass sie einen Arzt rufen müssten.
»Er hatte einen Abszess am Arm bekommen«, erinnert sich Nina, »und wir waren gezwungen, einen Arzt zu holen, der ihn aufschneiden musste. Sie machten einen Tisch fertig und legten Papa dorthin. Der Arzt öffnete den Abzess, und nur Mama durfte ihm dabei assistieren.« Trotz der scheinbar akuten Situation stießen alle in der Wohnung einen Seufzer der Erleichterung aus, auch Nina. Sie wusste, dass alle vom Typhus Genesenden diese Phase durchmachten. Ihr Vater würde also nicht sterben.

»Und niemand steckte sich an. Mama hatte uns alle geschützt, und sie rettete Papa und sich selbst wie durch ein Wunder.«
Nina hatte ihren Vater nur zwei Wochen lang nicht gesehen, aber es hätten genauso gut zwei Jahre sein können. »Papa war so mager, dass ich ihn kaum wiedererkannte, als er nach seiner Krankheit aus dem kleinen Flur kam. Doch ansonsten war er ganz der Alte.«

Nach einer kurzen Zeit war alles wie immer. Artur kehrte zu seiner Arbeit in der Suppenküche zurück. Fanja fing wieder an, Rudek beim Schmuckverkauf zu helfen. Und Nina ging wieder zur Schule. Und niemand dachte wirklich an das, was gewesen war.

## *Kapitel 14*

Für Fanja und Rudek brachte der Schmuckverkauf weiterhin das Geld und die nötigen Mittel ein, mit denen sich die Familie versorgte, aber man merkte doch, dass alles schwieriger wurde. Es gab immer weniger Schmuck, der verkauft werden konnte. Was nur innerhalb des Ghettos zirkulierte, war natürlich da, aber was durch das Gerichtsgebäude verschwand, auf die andere Seite hinüber, das war auch dem Warenkreislauf entzogen. Der Schmuck wurde gegen Essen getauscht, denn im Ghetto, wo man nichts anbauen konnte, waren Nahrungsmittel kein nachwachsender Rohstoff.

Es wurde erzählt, wie man sich versorgte, wenn man keine Tauschwaren mehr besaß. Unter anderem hieß es, dass eine Rolle Tuch vier Familien versorgen könne. Man verkaufte die Rolle weiter an die nächste Familie und nahm jedes Mal etwas mehr Geld. Und so drehte sie eine Runde nach der anderen zwischen den vier Familien. Doch wenn ein Pyramidenspiel nicht auf Dauer funktioniert, wenn Tausende von Menschen beteiligt sind, dann funktioniert es erst recht nicht mit vier Familien. Tatsache war, dass viele bald von Luft hätten leben müssen – hätten sie nicht Arturs Suppenküche gehabt. Eine Zeit lang versorgte diese Suppenküche fast zwei Drittel der Ghettobevölkerung, wobei die Rationen schrecklich klein waren. Dass dennoch so viele Menschen bei so wenig überlebten, muss man der Infrastruktur zuschreiben, die der Leiter des Judenrates, Adam Czerniaków, im Ghetto aufrechterhalten konnte. Man übernahm nicht nur die Verantwortung für die Zuteilung der Wohnungen – mit durchschnittlich neun Menschen pro Zimmer –, sondern auch für den Unterhalt von Krankenhäusern und Kinderheimen. Eines der bekanntesten Kinderheime wurde von dem berühmten Pädagogen und Kinderarzt Janusz Korczak betrieben. Er war bekannt für seine radikalen Ideen, die unter anderem darin bestanden, dass die Kinder in seinem Kinderheim ihre Umgebung selbst gestalten, sich zum Teil selbst verwalten und ihre eigenen Zeitungen veröffentlichen durften. Man bot Korczak, der bei der Einrichtung des Ghettos mit einem seiner Kinderheime dorthin zog, mehrmals an, ihn auf die arische Seite zu schmuggeln. Er und seine engste Mitarbeiterin Stefanie Wilczyńskaja weigerten sich jedoch, weil sie bei den Kindern bleiben wollten. Jetzt war ihr Kinderheim eine der sozialen Institutionen im Ghetto, die dem Judenrat unterstellt waren.

Im Laufe der Zeit sollten auf den Judenrat immer schrecklichere Aufgaben zukommen. Doch bis jetzt unterstützte er die Juden in Warschau, so gut er es vermochte.

Fanja und Rudek mussten immer erfinderischer werden. Das Problem waren nicht nur die schwindenden Wertsachen, sondern auch, dass die Deutschen die Aktivitäten im Gerichtsgebäude immer genauer beobachteten. Um das Risiko zu verringern, begannen die jüdischen Verkäufer, sich zusammenzuschließen. Man schuf eine Art Grossistensystem unter den Grossisten – ein Verkäufer sammelte die Wertsachen von den anderen Verkäufern ein, verkaufte sie im Gerichtsgebäude an die Polen und kam dann mit dem Geld zu den anderen zurück. Manchmal war Rudek derjenige, der verkaufen musste, und er verkaufte dann oft an seine neue Freundin Marysia. Manchmal gaben er und Fanja stattdessen »ihre« Wertsachen an einen anderen Grossisten. Einer von denen hieß Herr Rosenberg.

Doch wenn man sich auf die anderen Grossisten verließ, wurde in diesem Geschäft, das an sich schon sehr viel Vertrauen erforderte, die Gefahr, betrogen zu werden, nochmals größer.

An einem Sonntagmorgen im Mai kam Fanja zur Tür hereingestürzt. Sie sah zu Tode erschrocken aus. Und wenn Ninas Mutter Anzeichen von Panik zeigte, dann war Nina außer sich vor Angst. Doch Fanja schien ihre Tochter gar nicht zu sehen. Sie rief laut nach Rudek, der in den Flur kam. Fanja stieß in unzusammenhängenden Sätzen hervor, dass sie gerade Rosenberg getroffen hatte, der schreckliche Neuigkeiten zu erzählen hatte. Die Polen hatten ihre Brillanten gestohlen.

Rudek schwieg erst einmal. Das Geld, von dem sie Brillanten kauften, umfasste oft ihr ganzes Sparkapital, das sie dann ja mit einem kleinen Zugewinn zurückerhielten, wenn sie die Brillanten weiterverkauft hatten.

Das Geld, das sie ausgelegt hatten, nicht zurückzubekommen, war eine Katastrophe.

»Rudek dachte lange nach«, erinnert sich Nina. »Dann sagte er zu Mama: ›Rosenberg ist ein ehrlicher Mann. Wir müssen einander vertrauen können.‹« Aber Fanja ließ nicht locker. Sie blieb stur dabei, dass sie Rosenberg nicht traute. Sie sagte, sie würde spüren, dass er log. Und sie verlangte, dass Rudek mit ihr zurückging, um Rosenberg darauf anzusprechen.

Es war ein waghalsiges Unternehmen, am Eingang zum Gerichtsgebäude einen Streit zu provozieren, aber Fanja glaubte offenbar, dass sie nichts zu verlieren hatte. Rudek ging mit ihr.

Eine Stunde später kamen sie zurück. Rudek war hochrot im Gesicht. Fanja ging sofort in ihr Zimmer.

»Wir haben gefragt, wie es gelaufen ist«, erzählt Nina. »Rudek berichtete, dass Mama Rosenberg die Sache auf den Kopf zugesagt habe und dass dieser unbeweglich an seiner Geschichte festgehalten habe. Rudek hatte schon weggehen wollen, aber Mama habe insistiert und die Stimme erhoben. Da habe Rosenberg es mit der Angst bekommen und alles gestanden.«

Fanja hatte einen Teil der Brillanten zurückbekommen – die, die Rosenberg noch hatte.

Rudek ging ins Zimmer, um nach seiner Mutter zu sehen. Nina blieb stehen und schaute ehrfürchtig auf die geschlossene Tür. Vielleicht sollte sie schreckliche Angst haben, aber sie war stolz.

Nina erinnert sich nicht mehr, ob es in diesem Sommer oder später war, als Elusia und Lilka verschwanden.

Sie erinnert sich nur noch daran, dass Elusia eines Tages herunterkam und sich verabschiedete. Nina fragte, was die Freundin denn damit meine, bekam aber keine Antwort. Am nächsten Tag war Elusia fort, ebenso wie Lilka und alle anderen Verwandten von ihnen, die in der Wohnung über ihnen gewohnt hatten. Viel später würde Nina erfahren, dass sie mithilfe von Elusias Mutter und deren Bruder, die auf der arischen Seite wohnten, aus dem Ghetto geschmuggelt worden waren.
Nina erinnert sich nicht, wann Elusia und Lilka verschwanden. Doch in diesem Sommer, dem Sommer 1941, waren noch mehr in ihrer Nähe, die diesen gewagten Schritt unternahmen. Der Schritt aus dem eingesperrten, aber legalen Dasein zu einer vollkommen lebensgefährlichen Existenz da draußen in der »Freiheit«.

## *Kapitel 15*

Onkel Jasiek und Tante Micia hatten sich in der letzten Zeit immer ein wenig abseits gehalten. Sogar Celinka hatte sich nicht so viel bei Nina blicken lassen, die nicht so recht verstand, warum. Sie würde bald eine Antwort darauf bekommen.

Eines Morgens Ende August 1941 bat Jasiek alle Mitbewohner außer der vierten Familie, die ja nicht mit ihnen verwandt war, in das Zimmer seiner Familie zu kommen.

Man ließ sich auf den verschiedenen Betten im Raum nieder. Jasiek und seine Familie setzten sich zusammen auf ein Bett, Celinka saß neben ihrem Vater. Sie wich Ninas Blick aus. Dann ergriff Onkel Jasiek das Wort:

»Wir haben uns entschlossen, das Ghetto zu verlassen.« Er sagte das einfach so. Es wurde ganz still. Nina spürte plötzlich, dass sie fror. Sie sah zu Celinka, die auf ihre Hände herunterschaute.

Wie alle wussten, hatte Onkel Jasiek einen Bekannten, der in Lublin lebte. Doch es sei keineswegs so, dass dieser ihn und seine Familie überredet habe, dorthin

zu kommen. Jasiek erzählte jetzt, er habe gehört, in Lublin seien die Verhältnisse wesentlich besser. Dort war das Ghetto nicht in derselben Weise abgeriegelt wie in Warschau. Zwar hatten die Juden keinen freien Zugang auf die »arischen« Straßen, doch es war leicht, sich ins Ghetto und wieder hinaus zu begeben, und man konnte sich leichter Essen beschaffen. Jasiek fügte etwas schuldbewusst hinzu, dass es inzwischen zu schwer geworden sei, sich in Warschau zu versorgen.
»Ich hatte keine Ahnung, wie Jasiek, Micia und die Kinder aus dem Warschauer Ghetto heraus und nach Lublin gebracht werden sollten«, sagt Nina. »Aber es war klar, dass man zu dem Zeitpunkt immer noch mit relativ wenig Anstrengung aus dem Ghetto herauskommen konnte und mit etwas Glück auch nicht erwischt wurde.«

Nach dem Zusammentreffen ging Celinka sofort mit ihrer Mutter hinaus, um einzukaufen. Nina hatte keine Gelegenheit, mit ihr zu sprechen. Sie war verzweifelt. Wenn Celinka nun auch aus ihrem Leben verschwand, wer würde dann noch bei ihnen sein? Hier, wo die Menschen auf den Straßen wie die Fliegen starben?
Am stärksten war bei Nina ohne Frage das Gefühl, allein gelassen zu werden. Sie würde Celinka schrecklich vermissen, Celinka, die doch ihre engste Freundin geworden war, ihre einzige richtige Vertraute in dieser Wohnung. Zwar waren die Menschen hier im Zimmer diejenigen, die ihnen am nächsten standen. Aber die anderen sagten so wenig, offenbarten keine Gefühle und sprachen nur über praktische Dinge. Nur mit Celinka

hatte sie Freude und Angst, Fantasien und Befürchtungen teilen können.
Doch sie konnte nicht leugnen, dass die Abreise von Celinka ihr auch ein anderes unangenehmes Gefühl vermittelte: Es ließ sie ihre eigene »Wahl« infrage stellen. War es denn gut, wenn sie selbst hier blieben, in dieser Welt des Todes? Was war ein Abitur hier schon wert? Wann würde sie je etwas daraus machen können? Celinka ging weiter, sie tat etwas. Nina blieb einfach nur da.

Es gab nur ein kurzes Zusammentreffen mit Celinka, die sich weiterhin fernhielt. Vielleicht empfand auch sie Schmerz. Oder sie hatte das Gefühl, Nina zu betrügen. Es war nun ganz deutlich, dass es nicht hieß »einer für alle, alle für einen«. Hier war sich jede Familie selbst am nächsten.
Zwei Stunden später waren sie verschwunden. Nina hörte keine Schüsse von der Mauer. Sie wusste nicht, ob sie durch das Gerichtsgebäude hinaus wollten oder an einer anderen Stelle. Aber sie nahm an, dass sie es geschafft hatten. Auf jeden Fall erreichten sie keine schlechten Nachrichten. Aber der Schmerz in der Magengrube wollte nicht schwinden.
»Sie hinterließ bei mir eine große Sehnsucht, als sie nach Lublin fuhr. Ich vermisste sie ganz schrecklich.«

Im Warschauer Ghetto wurde keine Fläche ungenutzt gelassen. Schon bald zog eine neue Familie, eine Mutter mit ihrem Sohn, in das Zimmer von Onkel Jasieks Familie ein. Sie waren entfernte Bekannte von Jasiek, aber Nina und den anderen in der Wohnung doch unbekannt. »Der Sohn sah aus wie ein Adonis«, sagt Nina, »aber er war viel zu alt, als dass ich irgendein Interesse an ihm hätte haben können. Er war mindestens 30. Seine Mutter war sehr aufdringlich, und meine Mutter mochte sie nicht. Jetzt gab es zum ersten Mal Streit in der Küche.«

Nach außen verlief das Leben in der Wohnung unverändert. Man nahm seine Mahlzeiten oft zu verschiedenen Zeiten ein. Die Stimmung war beherrscht. Nur selten war Lachen oder Fröhlichkeit von den Erwachsenen zu hören. Und jetzt, da Celinka nicht mehr da war, gab es auch für Nina in der Wohnung keinen Grund mehr zu lachen.

Wie immer konzentrierte sich Nina also auf das, was sie tun konnte. Im Moment hieß das, zu lernen und zu versuchen, ihr Abitur zu machen.

Der 17. August war ein ungewöhnlich heißer Tag. Nina hatte den Morgen über die Chemieprüfung geschrieben, auf die sie in der vergangenen Woche so intensiv gelernt hatte. Als sie die Ogrodowastraße hinunterspazierte, hatte sie richtig gute Laune. Irenka und sie waren sogar in eine der noch existierenden Bäckereien gegangen, um sich zur Feier des Tages einen Kuchen zu kaufen. Vor der Tür der Ogrodowastraße 13 trennten sie sich, und Nina lief die Treppe hinauf, um Fanja die gute Nachricht zu überbringen, dass die Prüfung gut verlaufen war. Wie immer riss sie die Tür auf und rief laut und deutlich, dass sie zu Hause war. Diesmal erhielt sie keine Antwort.

Ein Schluchzen, vielmehr ein hysterisches Weinen, drang bis in den Flur, obwohl es zwei Zimmer entfernt war. Sie erschauderte. Zögernd ging sie zur Küche und dann zur Tür des Zimmers von Maryla, Heniek, Rysio, Großvater und Großmutter. Sie klopfte, niemand öffnete. Dann machte sie vorsichtig die Tür auf und sah hinein.

Es war Großvater, der da weinte. Es war ein herzzerreißendes Schluchzen, ein hilfloses, verzweifeltes und überwältigendes Schluchzen. Im Bett lag, ganz still, Großmutter Rosa. Außerdem waren noch Fanja und Micia im Zimmer. Fanja ging zu ihrer Tochter, die wie versteinert in der Tür stand.

»Ich erinnere mich genau daran, dass er so heftig weinte«, sagt Nina. »Und ich selbst dachte: ›Sie war doch gar nicht mehr bei uns, sie war doch schon so senil.‹ Aber für ihn hatte es offenbar keine Bedeutung, dass sie senil gewesen war. Er vermisste sie so sehr.«

Großmutter wurde nur einen Tag später begraben. Es war ein seltsames Gefühl, hinter der Karre mit Großmutter Rosas Leiche herzugehen, genauso, wie Nina in diesen Straßen schon so viele Karren mit Toten darauf gesehen hatte. Doch dies hier war eine Friedhofsprozession für eine Frau, die eines natürlichen Todes gestorben war, an Alter und Senilität, und das in dieser Hölle auf Erden. Man konnte sich fragen, ob Großmutter Rosa zu irgendeinem Zeitpunkt gewusst hatte, wo sie sich befand, und ob sie begriffen hatte, warum fast alle ihre Kinder und alle ihre Enkelkinder unter ein und demselben Dach versammelt waren. Vielleicht war Großmut-

ter Rosa ja sogar recht glücklich gewesen, dort in der Ogrodowastraße im Warschauer Ghetto.
Wenn der Friedhof auch an das Ghetto angrenzte, so konnte man doch nicht ungehindert dorthin kommen, man brauchte eine Sondergenehmigung. Und die erhielt man, wenn man einen Angehörigen begraben wollte. Die Deutschen waren ja nicht unvernünftig – so konnte es zumindest jemandem vorkommen, der in diesem Ghetto eingesperrt war. Sie ließen die Juden essen, wenn auch nur ein paar hundert Kalorien am Tag. Aber sie ließen sie essen. Sie ließen die Juden lernen, wenn auch nur an Berufsschulen. Aber sie ließen sie eine Ausbildung machen. Er war, als hätten sie einen Plan. Einen widerlichen Plan, aber nicht ganz unmenschlich. Vielleicht war es gar nicht so erstaunlich, dass sich die Warschauer Juden in ihr Schicksal fügten. Denn eins war sicher: Wenn man Widerstand leistete, wurde man hart bestraft. Mit dem Tod.
Und jetzt lebte man immerhin.

Es war ein trauriges Erlebnis, die Gęsiastraße hinunterzugehen, über die alle Leichenzüge verliefen. Einen kurzen Moment lang konnte Nina an Celinka denken. Celinka und Alfred wussten natürlich nicht, dass ihre Großmutter gestorben war. Wie seltsam, ihnen eine solche Sache nicht erzählen zu können.
Schließlich bewegte sich die Gesellschaft über die Okopowastraße und dann in den Friedhof hinein. Nina war noch niemals dort gewesen, denn ihre Eltern waren der Meinung, dass ein jüdisches Kind keinen Friedhof besuchen sollte, solange seine nächsten

Verwandten noch am Leben waren. Jetzt hatte Nina ihre Großmutter verloren, deshalb durfte sie mit den Trauernden gehen.
Der Leichenzug ging weit in den Friedhof hinein, auf immer kleineren und kleineren Wegen. Der Friedhof, auf dem sie sich befanden, war riesig, dort standen sicherlich ein paar hunderttausend Steine, von denen einige sehr groß waren – diese zeigten, dass hier ein Mensch ruhte, der eine wichtige Position im jüdischen Leben Warschaus innegehabt hatte. Die meisten Steine waren schmal und zwischen einem halben und einem Meter hoch. Das ganze 19. Jahrhundert lang schienen hier Menschen begraben worden zu sein. Nina konnte nicht umhin zu denken, dass hier alle Juden in Frieden ruhen durften.
Es dauerte sicher zehn Minuten, bis sie bei dem Platz angekommen waren, wo die Großmutter begraben werden sollte. Ein Rabbiner sprach ein paar Worte und sie lasen das Kaddisch über Rosa. Dann legten sie sie in die Erde.
Familie Rajmic saß nur einen Tag Shiva über Großmutter Rosa. Sie war trotz allem eine sehr assimilierte Jüdin gewesen, und man konnte es sich einfach nicht leisten, eine Woche lang still auf den Stühlen zu sitzen. Im Warschauer Ghetto kam niemand, um trauernden Juden Essen zu bringen.

»Großvater konnte sich nach Großmutters Tod nicht mehr zurechtfinden«, erinnert sich Nina. »Er wusste einfach nicht mehr, was er mit seiner Zeit anfangen sollte, die er zuvor darauf verwendet hatte, Großmut-

ter zu pflegen. Und es dauert nicht lange, höchstens drei Monate, da kam ich von meinem Unterricht nach Hause und verspürte eine seltsame Atmosphäre, als ich die Tür aufmachte. Ich glaube, ich habe laut gerufen: ›Hallo, wo seid ihr alle?‹ Und dann kam jemand zu mir und sagte: ›Sei still, Großvater ist gestorben.‹«
Großvater Max wurde neben seiner geliebten Rosa auf dem Friedhof von Warschau begraben.
»Wir haben es nicht geschafft, für einen von ihnen einen Stein zu errichten«, sagt Nina.

Hier trügt Ninas Erinnerung. Tief drinnen auf Warschaus jüdischem Friedhof, der nunmehr ein Dschungel aus Büschen und überwucherten Gräbern ist, findet man, wenn man mit dem Fuß scharrt, einen kleinen aus Zement gegossenen Grabstein, der eben auf der Erde liegt. Darauf steht: »Rajzla Rajmic, geborene Fuks. Gestorben am 17. August 1941, 75 Jahre alt.« Unterhalb des polnischen Textes steht ihr Name in hebräischen Buchstaben. Rechts von dem Stein kann man ein anderes Grab erahnen. Es hat keinen Stein.

Doch eine andere Erinnerung von Nina war sicher korrekt, und zwar die Erleichterung, die sie später empfand, wenn sie daran dachte, welch ein ungeheures Glück es war, dass Großmutter und Großvater zu dieser Zeit gestorben waren. Und dass sie die nächsten paar Monate nicht mehr erlebt haben.

## *Kapitel 16*

Jetzt wohnten von den ursprünglichen Rajmics nur noch die Familien von Artur und Maryla in der Wohnung in der Ogrodowastraße. Maryla, Heniek und Rysio hatten plötzlich mehr Platz in ihrem großen Zimmer, aber niemand verlangte, dass man tauschte.
Im Herbst hatte Onkel Heniek in einer der Fabriken im Ghetto, bei Schultz & Co in der Nowolipiestraße, Arbeit gefunden. Dafür bekam er einen kleinen Lohn und konnte Essen für die Familie kaufen. Firma Schultz hatte, wie die meisten Firmen im Ghetto, eine zivile, wenn auch deutsche Leitung. Fritz Emil Schultz hatte schon seit langem in Danzig eine Fabrik für Pelzkonfektion gehabt, doch nach Beginn des Krieges sollte er seine Produktion umstellen, um den Notwendigkeiten des Krieges Rechnung zu tragen. Jetzt bestimmte die deutsche Armee, was seine Fabrik herstellte. Das Unternehmen sollte sich außerdem vergrößern, und man hatte Herrn Schultz zugesagt, dass man einen passenden Ort für den neuen Betrieb finden würde. Da er schon seit langem in Warschau Geschäfte mit Juden betrieben hatte, fand Schultz selbst, dass eine der früheren Fabri-

ken, die jetzt im Ghettobezirk lagen, ein Betrieb, der seinem Geschäftskollegen Abraham Hendel gehörte, passend wäre. Fritz Emil Schultz übernahm die Fabrik von Hendel und begann im September 1941 mit dem neuen Unternehmen. Schultz & Co. befasste sich zunächst mit der Herstellung und Reparatur von Winterkleidung. Die deutsche Armee benötigte alle Winterkleidung, die sie bekommen konnte. In jenem Sommer hatten die Deutschen nämlich ihren früheren Verbündeten, die Sowjetunion überfallen. Und der russische Winter war bekannt für seine vernichtende Wirkung auf angreifende Armeen.

Zudem wurde dieser Winter schrecklich kalt. Wieder einmal musste Nina in Wintersachen in den kalten Räumen des Centnerszwer-Gymnasiums sitzen. Aber keiner der Schüler, nicht ein einziger von ihnen, blieb wegen der Kälte dem Unterricht fern. Und die Lehrer blieben auch nicht zu Hause.

»Die Lehrer, Professor Centnerszwer allen voran, waren ausgezeichnet«, sagt Nina. »Sie nahmen uns mit ihrem pädagogischen Können gefangen. Und wir fühlten uns privilegiert in diesem Elend aus Armut und Krankheit und fast täglichem Morden.« Diese Schüler spürten, dass sie die Zukunftsträume des ganzen Ghettos darstellten, die Weigerung des ganzen Judentums, sich einfach vernichten zu lassen. Das war vielleicht eine Illusion, aber sie funktionierte.

Nina selbst fand, dass sie es, verglichen mit so vielen anderen, doch sehr gut hatte. Sie hatte zahlreiche Freunde, und manchmal konnten sie es sich zusammen richtig schön machen. Lusia, ihre Freundin aus der Zeit vor dem Ghetto, entschied, dass sie am Silvesterabend 1941/42 alle ein Fest feiern sollten. Und dieses Fest würde bei ihr zu Hause stattfinden. Niemand lehnte die Einladung ab.

»Ich durfte bei ihr übernachten und tanzen und flirten«, erinnert sich Nina. »Das war so anders als die anderen Tage.« Lusia hatte ein Grammofon und Schallplatten besorgt. Und alle hatten das Essen mitgebracht, das ihre Familien entbehren konnten. Sie tanzten bis vier Uhr früh. Leon war natürlich nicht da, aber es gab andere junge Männer, die sich um Nina bemühten. In dieser Nacht war sie richtig glücklich.

Am nächsten Morgen traf sie die Wirklichkeit wieder wie ein Peitschenschlag. Zuvor mochte diese Wirklichkeit ihr ja erträglich vorgekommen sein, aber im Kontrast zu dem, was sie gerade erlebt hatte – ein paar Stunden absoluter Freiheit, ein paar Stunden echter Jugendzeit – war sie eine Qual. Nina empfand das Aufwachen als unerträglich. »Niemals werde ich diese Sehnsucht vergessen, die ich empfand, als die Nacht vorüber war und ich nach Hause gehen musste.«

Hunger und Typhus wüteten weiter. Man konnte nicht mehr auf der Ogrodowastraße laufen, ohne buchstäblich über Leichen gehen zu müssen. Trotzdem gab es im Ghetto immer noch sowohl Theater als auch Konzerte, und bis zur Ausgangssperre um zehn Uhr abends waren die Straßen immer noch voller Menschen. Man musste sich irgendwie von Tod und Leiden abschirmen. Fast schien es, als würden die Menschen manisch versuchen Vergnügungen zu finden, um sich selbst daran zu erinnern, dass sie immer noch lebten.

Im Februar wurde Nina Rajmic siebzehn Jahre alt. Zu Beginn des Krieges war sie vierzehn gewesen, auf dem Weg in die aufregenden Grenzgebiete zwischen Kindheit und Erwachsenendasein. Doch diese Reise hatte ein jähes Ende genommen. Nina hatte so gut sie konnte versucht, sich ein paar Körnchen einer normalen Jugend zu sichern, aber das wurde immer schwerer. Jetzt war sie bald am Ende ihrer Teenagerzeit angelangt. Sie beschloss, ebenfalls ein Fest zu veranstalten. Vielleicht nicht ein so großes wie Lusia, aber doch ein normales Geburtstagsfest. Vielleicht konnte man sich ja noch einmal eine Auszeit vom erdrückenden Ghettoalltag erkämpfen.

Schon eine Woche vorher erzählte sie Fanja von ihren Plänen, und die Mutter ermunterte sie von ganzem Herzen. Sie ging sofort aus, um Essen für das Fest zu besorgen. Fanja tat alles, um ihrer Tochter ein Gefühl der Normalität zu ermöglichen. In dieser Hinsicht war sie trotz allem eine typische Mutter. Zwar waren es natürlich oft die Kinder, die für den Schmuggel ins Ghetto zuständig waren, aber das waren dann die ärmeren Kinder, die aus Familien stammten, die keine anderen Möglichkeiten hatten, sich mit Essen zu versorgen. Die meisten Familien versuchten dagegen mit aller Macht, eine möglichst normale Familienstruktur aufrechtzuerhalten, auch wenn die Versorgungsmethoden völlig unnormal waren und die Kalorienrationen weit unter dem normalen Maß lagen. Man wusste, dass das psychische Überleben genauso wichtig war wie das physische.

Fanja kehrte mit Kuchen und anderen schwer erhältlichen Leckereien zurück. Nina fragte nicht, was sie dafür hatte bezahlen müssen.
Ihre ganze Klasse hatte versprochen zu kommen, und sie hatte es sogar geschafft, sich für das Fest ein Kleid zu besorgen. Die Feier sollte schon um sechs Uhr beginnen, damit diejenigen, die das wollten, es zum Ausgangsverbot wieder nach Hause schaffen würden. Die anderen sollten bei Nina übernachten.
Sie deckte gerade den Tisch, als es anfing. Zuerst hörte man nur ein paar vereinzelte Schüsse. Dann wurden es immer mehr. Es war schwer festzustellen, woher sie kamen, aber es waren auf jeden Fall Schüsse. Das Geräusch kannte man inzwischen. An diesem Tag gingen die Deutschen wie die Berserker durch das Ghetto. Hinterher hieß es, es wären mehrere hundert Juden scheinbar ohne Unterschied zusammengeschossen worden. Vielleicht war dieser Abend nichts Besonderes, vielleicht hatten die Deutschen ja schon vorher wild um sich geschossen. Aber Nina sollte sich immer an genau diesen Abend erinnern.
Zu ihrem Geburtstagsfest zum siebzehnten Geburtstag kam nur ein Gast, ein junger Mann.
»Er besaß eine Art Immunität – einen fremden Pass aus irgendeinem südamerikanischen Land, glaube ich. Seinen Eltern gehörte 4711, die berühmte Parfümfabrik, und alle Mitglieder der Familie hatten jetzt verschiedene exotische Staatsbürgerschaften erhalten. Er war der Einzige, der zu meinem Geburtstag erschien, weil sich niemand anders auf die Straße traute.«
Diesen Samstagabend im Februar 1942 verbrachte Nina

Rajmic in ihrer Wohnung mit dem Erben einer Parfümfabrik.
»Wir saßen zusammen und unterhielten uns und aßen alle Süßigkeiten auf.«
Eine Viertelstunde vor der Ausgangssperre ging er nach Hause. Nina war siebzehn Jahre alt.

Es gab immer weniger Grund zur Freude in ihrem Leben. Doch die Freude, die es gab, die plötzlich wie aus dem Nichts auftauchte, wusste man zu genießen. In einem gewöhnlichen Dasein hätte man sie wahrscheinlich kaum bemerkt.
Nina hatte in diesem Winter auch einen solchen Moment. Er kam wie aus dem Nichts. Und im Unterschied zu dem Silvesterfest erforderte er keine weiteren Vorbereitungen.
Irgendwo war Nina einem Mädchen aus Lodz begegnet, die wie sie aus ihrer Heimatstadt nach Warschau gekommen war, weil sie hoffte, ihr Schicksal dadurch beeinflussen zu können. Das Mädchen, das Chana hieß, war so alt wie sie, aber sie kannten sich nicht von früher. Chana war später aus Lodz gekommen als Nina, und sie wusste viel mehr von den schrecklichen Zuständen und dem Hunger, der dort herrschte. Durch sie erfuhr Nina, wie schlecht es ihren alten Klassenkameraden und den Verwandten gehen musste, die nicht mit nach Warschau gekommen waren.
Eines schönen Tages, irgendwann in der Übergangszeit zwischen Winter und Frühling, gingen Nina und Chana zusammen auf das Dach eines der Häuser im Ghetto.

»Wir entdeckten eine kleine Dachterrasse mit einem einzigen Baum«, erinnert sich Nina. »Ich weiß nicht, ob der Baum in einem Kübel wuchs oder ob er ›natürlich‹ gewachsen war, aber ich erinnere mich an das Gefühl der Freiheit, allein dort oben auf dem Dach, von allem abgeschieden. Wir erzählten uns nicht nur von unseren Erlebnissen, sondern auch von unseren Zukunftsträumen. Wir saßen an die Hauswand gelehnt und sahen in die einzige Baumkrone und in den Himmel hinauf und träumten von den glücklichen Tagen der Jugend. Wir waren frei. In diesem kurzen Moment waren wir frei.«

Es war derselbe Frühlingsbeginn, vielleicht schon Februar, vielleicht auch erst im März, als es plötzlich an der Wohnungstür in der Ogrodowastraße klopfte. Das war eigentlich nichts Ungewöhnliches. Die Nachbarn klopften oft, wenn sie Hilfe bei irgendetwas brauchten, denn es gab ja keine andere Möglichkeit zu kommunizieren als von Angesicht zu Angesicht. Deshalb war Artur nicht sonderlich erstaunt oder beunruhigt, als er zur Tür ging und öffnete. Aber der Ausruf, den er dann tat, ließ alle anderen Bewohner herbeistürmen.
Nina traute ihren Augen nicht und wusste nicht, ob sie glücklich oder bestürzt sein sollte. Da standen sie, nicht wie Geister, nicht halb tot, aber doch scheinbar völlig ohne Leben. Ihre beste Freundin Celinka, ihr Onkel … Sie mussten Schreckliches erlebt haben, das begriff Nina sofort, als sie ihre Gesichter sah.
»Die Flucht nach Lublin war völlig misslungen«, erzählt Nina. »Sie hatten es ganz schlimm getroffen und

hatten all ihr Geld verloren. Und sie hatten keine andere Wahl, als nach Warschau zurückzukehren.« Es war schon so weit gekommen, dass für die Juden der sicherste Ort in Polen ein Gefängnis war, in dem ihre schlimmsten Feinde die Gefängniswärter abgaben.

»Sie konnten nicht einmal wieder in unsere Wohnung ziehen, denn ihr Zimmer war jetzt besetzt. Ich erinnere mich, dass sie ziemlich weit von uns entfernt, in der Nowolipiestraße, eine kleine dunkle Wohnung auf irgendeinem Dachboden bekamen. Ich versuchte, so gut es ging den Kontakt zu Celinka zu pflegen. Und ich erinnere mich, wie bedrückt ich war, wenn ich sie besuchen ging. Es war deutlich, dass sie ihren gesamten Besitz verloren hatten, und ich merkte, wie wenig sie zu essen hatten. Ich erzählte das meiner Mutter, und die schlug daraufhin vor, dass ich hingehen und Tante Micia bitten sollte, dass sie kommen und ihre Mahlzeiten bei uns einnehmen sollten. Aber Tante Micia antwortete nur: ›Wir kommen schon zurecht, wir kommen schon zurecht. Ihr müsst euch um uns keine Sorgen machen.‹ Sie wollte nicht, das war ganz deutlich. Sie wollte nicht abhängig sein oder nicht als jemand dastehen, dem es schlechter ging. Das Ganze endete nur darin, dass Celinka manchmal zu uns kam und bei uns aß. Die anderen blieben zu Hause. Ich versuchte, die Beziehung, die ich zu Celinka gehabt hatte, wieder herzustellen, aber das war nicht möglich. Die Sorgen lasteten schwer auf ihr, denn sie musste noch mehr im Haushalt arbeiten als vorher – wenn das überhaupt möglich war. Ich versuchte, sie zu uns und in die Gruppe zu locken, die wir hatten, aber das gelang nur manchmal.

Und es machte mich so traurig, dass Celinka zurückgekommen war und ich die Beziehung zu ihr nicht wieder aufbauen konnte, die wir vorher gehabt hatten. Ich glaube, sie war ein anderer Mensch geworden, sie wollte einfach nicht mehr.«

## *Kapitel 17*

In diesem Frühjahr wurde Rudek Polizist. Je mehr die Juden in Warschau isoliert wurden, desto mehr Aufgaben erhielt der Judenrat unter Adam Czerniaków. Meist hatte man 25 Unterabteilungen, mit 6000 Angestellten. Dabei ging es nicht nur um Gesundheitswesen, Immobilien und Essen. Man musste auch für Ordnung sorgen. So wurde sehr früh eine jüdische Polizei eingerichtet. Und obwohl das alles auf Betreiben der Deutschen geschah, sollte sie zumindest offiziell dem Judenrat unterstellt werden. Diese jüdische Polizei sollte auf den Straßen patrouillieren, die Eingänge zum Ghetto kontrollieren und Arbeitsgruppen begleiten, die außerhalb der Mauern des Ghettos arbeiteten. Und vom März 1942 an wurden die Polizisten sogar bezahlt.
Rudek hatte keine größeren Probleme, Polizist zu werden. Und für seine Familie bedeutete dieser Dienst einen Sicherheitsfaktor. Man beschloss, fürs Erste darüber hinwegzusehen, dass die jüdischen Polizisten unter den anderen Bewohnern des Ghettos keinen sonderlich guten Ruf hatten.

Gleichzeitig gab es Gerüchte, es würde sich im Warschauer Ghetto eine Widerstandsorganisation bilden. »Ein Junge, der gegenüber von uns wohnte, war in irgendeine Untergrundbewegung eingetreten«, erzählt Nina. »Mir wollte allerdings nicht in den Kopf, wie man gegen die Deutschen und ihre enorme Maschinerie, die uns im Griff hatte, Widerstand leisten könnte. Aber man verspürte schon damals die undefinierbare Bedrohung und das so lange unterdrückte Bedürfnis, in Würde zu leben. In dem abgeschlossenen Warschauer Ghetto wohnten jetzt eine halbe Million Menschen, die zum Teil aus allen umliegenden Kleinstädten dorthin getrieben worden waren. Die Armut war ungeheuer und es wüteten Krankheiten. Trotzdem hofften wir immer noch, dass dies das Schlimmste war, was wir würden erleben müssen. Wenn wir diese schwierige Zeit überstanden hätten, würde der Krieg eines schönen Tages zu Ende sein und die Deutschen würden verschwinden. Und das, obwohl die Deutschen im Frühjahr und Sommer 1942 ihre allergrößten Siege feierten.«

Im Juli machte Nina Abitur. Das Abitur- und Abschlusszeugnis von Nina Rajmic kam von einem Gymnasium im Warschauer Ghetto, das sicherlich höchst kompetente Lehrer hatte, aber einen Lehrplan, der den lokalen Behörden vollkommen verborgen war. Es gab nichts an Ninas Gymnasium, das offiziell war, wenn man einmal davon absieht, dass die Lehrer ausgebildete Gymnasial- und Universitätslehrer waren und dass der Lehrplan sich an dem für eine normale polnische Oberschule orientierte. Doch eines Tages sollte dieser Abschluss und dieses Abiturzeugnis von Nina tatsächlich vom polnischen Bildungsministerium anerkannt werden und ihr die Berechtigung zum Studium an einer Universität verschaffen – als die vielleicht einzige Überlebende mit einem Examen vom Centnerszwer-Gymnasium, dem Gymnasium mit Schwerpunkt Chemie im jüdischen Ghetto von Warschau.

»Der letzte Schultag war von Wehmut geprägt«, erinnert sich Nina. »Man wurde von seinen neuen Freunden getrennt und hatte doch keinerlei Zukunftsvisionen. Das Leben war, wie es war, und man konnte überhaupt keine Pläne machen.«

Nina war erst siebzehn Jahre alt, und im Gymnasium in der Ogrodowastraße hatte man den Unterrichtsstoff ungeheuer schnell bewältigt. Warum das so war, ist im Nachhinein schwer zu sagen. Vielleicht hatte man geahnt, dass nicht mehr viel Zeit blieb. Eine andere vernünftige Erklärung gibt es nicht. Und in jenem Juli 1942 kursierten viele Gerüchte.

Doch konnte man unmöglich wissen, dass man nur noch eine Woche hatte.

## *Kapitel 18*

Es war ein heißer Tag, der 22 Juli, und Nina war ausgegangen, um sich mit einer Freundin zu treffen. Jetzt, da die Schule vorbei war, hatte sie mehr Zeit. So ging sie etwas ziellos die Ogrodowastraße hinunter.
Sie war kaum einen Häuserblock weit gekommen, als sie den ersten Anschlag sah. Er war nicht zu übersehen. Und als sie sich umschaute, entdeckte sie an jeder Straßenecke dasselbe Plakat. Mit großen Buchstaben stand ganz oben auf Deutsch: »Bekanntmachung«. Der Text darunter war auf Polnisch. Nina ging hin und begann mit wachsender Unruhe zu lesen:

1. *Auf Befehl der Deutschen Behörde werden alle jüdischen Personen, gleichgültig welchen Alters und Geschlechts, die in Warschau wohnen, nach dem Osten umgesiedelt.*
2. *Ausgenommen von der Umsiedlung sind:*
   a. *alle jüdische Personen, die bei der Deutschen Behörde oder Betriebsstelle beschäftigt sind und den Nachweis hierüber erbringen können,*

*b. alle jüdische Personen, die dem Judenrat angehören und Angestellte des Judenrates sind (Stichtag ist der Tag der Veröffentlichung der Anordnung),*

*c. alle jüdische Personen, die bei reichsdeutschen Firmen beschäftigt sind und den Nachweis hierüber erbringen können,*

*d. alle arbeitsfähige Juden, die bisher nicht in den Arbeitsprozess eingereiht sind. Diese sind im jüdischen Wohnbezirk zu kasernieren,*

*e. alle jüdische Personen, die dem jüdischen Ordnungsdienst angehören,*

*f. alle jüdische Personen, die zum Personal der jüdischen Krankenhäuser gehören; ebenso die Angehörigen des jüdischen Desinfektionstrupps,*

*g. alle jüdische Personen, die engste Familienangehörige der unter a bis f aufgeführten Personen sind. Familienangehörige sind ausschliesslich Ehefrauen und Kinder,*

*h. alle jüdische Personen, die am ersten Tag der Umsiedlung in einem der jüdischen Krankenhäuser liegen und nicht entlassungsfähig sind. Die Entlassungsunfähigkeit wird von einem von dem Judenrat zu bestimmenden Arzt festgestellt.*

*3. Jeder jüdische Umsiedler darf von seinem Eigentum 15 kg als Reisegepäck mitnehmen. Gepäck mit mehr als 15 kg wird beschlagnahmt. Es können sämtliche Wertsachen, Geld, Schmuck,*

*Gold usw. mitgenommen werden. Verpflegung ist für 3 Tage mitzunehmen.*

4. *Beginn der Umsiedlung am 22.7.42 um 11 Uhr.*[3]

Darunter stand, welche Strafe man zu erwarten hatte, wenn man sich diesem Befehl widersetzte. Und ganz unten auf dem Plakat: »Der Judenrat in Warschau«.

Nina eilte nach Hause, um von den Plakaten zu erzählen. Rudek war bereits dort, als sie ankam, und natürlich wusste er als jüdischer Polizist schon Bescheid. Tatsächlich erfuhren alle ungefähr innerhalb einer Stunde davon. Die Neuigkeit verbreitete sich wie ein Lauffeuer. Nina fragte ihren Bruder, warum man denn umgesiedelt werden sollte. Rudek wusste es nicht. Er konnte nur auf das verweisen, was auf den Plakaten stand.

Fanja schlug vor, man solle mit Adam Czerniaków sprechen, dem Vorsitzenden des Judenrates, der schließlich ein entfernter Verwandter von Artur war. Und dann sagte sie noch etwas, nämlich dass sie versuchen sollten, weiterhin im Ghetto zu bleiben.

»Mama war ganz entschieden dafür, dass wir um jeden Preis im Ghetto bleiben sollten«, erinnert sich Nina. »Das hieß aber nicht, dass wir ahnten oder wussten, was der eigentliche Grund für die Transporte nach Os-

3 Grabitz, Helge/Scheffler, Wolfgang: *Letzte Spuren. Fotos und Dokumente über Opfer des Endlösungswahns im Spiegel der historischen Ereignisse.* Edition Hentrich, Berlin 1993, S. 153. (Anm. d. Übersetzers: Rechtschreib- und Grammatikfehler wurden aus dem Originalquellentext übernommen.)

ten war. Ich glaube, Mama handelte aus Intuition heraus.«

Am nächsten Abend gegen sieben Uhr kehrt Adam Czerniaków nach dem Abendessen in sein Büro beim Judenrat zurück. Er empfängt jemanden von der SS. Als das Treffen beendet ist und Czerniaków in seinem Zimmer wieder allein ist, bittet er einen Angestellten um ein Glas Wasser. Dann schließt er die Tür. Eine Stunde später klingelt das Telefon in Czerniakóws Büro. Niemand hebt ab. Als es eine Weile weiter geklingelt hat, geht einer der Angestellten zur Tür. Er macht sie vorsichtig auf und schaut hinein. Dort drinnen liegt Adam Czerniaków, den Kopf auf dem Schreibtisch. Er ist tot. Vor ihm liegen zwei Briefe. Einer von ihnen lautet:

> *»[...] Ich bin machtlos, mir bricht das Herz vor Trauer und Mitleid, länger kann ich das nicht ertragen. Meine Tat wird alle die Wahrheit erkennen lassen und vielleicht auf den rechten Weg des Handelns bringen. [...]«*[4]

Doch Adam Czerniaków erzählte den Warschauer Juden nicht, was sie seinen Befürchtungen nach erwartete. Er hoffte einfach nur, dass sie es begreifen würden, wenn sie von seinem Selbstmord erfuhren.
Das Problem ist, dass ein Mensch, wenn er die Wahl hat, ob er das Schlimmste glauben oder sich auf die Hoffnung verlegen soll, meist Letzteres wählt.

4 Czerniaków, S. 285

»Ich erinnere mich, dass es eine schockierende Nachricht war«, sagt Nina, »doch bei uns zu Hause nahm sie niemand für das, was sie eigentlich hätte sein sollen. Eine Warnung. Man verstand einfach nicht, warum er sich umgebracht hatte. Und es sollte noch einige Wochen dauern, bis man die Bedeutung seines Selbstmordes ahnte.«

An jenem Tag befanden sich ungefähr noch 380 000 Juden im Warschauer Ghetto. Sie nährten weiterhin die Hoffnung, ja, die Überzeugung, dass dieser Krieg bald vorüber sein würde und sie dann zu einem normalen Leben würden zurückkehren können. Ohne diese Überzeugung hätten sie nicht weiterexistieren können. Und bis dahin hatten sie eigentlich keine direkten Hinweise darauf bekommen, dass sie etwas anderes erwartete. Sicherlich setzten die Deutschen sie unverständlichen Beschwernissen aus, aber sie erlaubten ihnen dennoch zu existieren und – in den meisten Fällen – auch zu überleben. Wahrscheinlich war das der Grund dafür, warum so viele, vielleicht sogar die meisten, trotzdem nicht misstrauisch waren, als sie aufgerufen wurden, sich zu den Zügen zu begeben.
Sechs Wochen später waren 85 Prozent von ihnen tot.

## *Kapitel 19*

Die Deutschen merken wahrscheinlich, dass es nicht leicht werden wird, ihre Quote von 6000 Juden pro Tag zusammenzubekommen. Also wenden sie Tricks an. Sie wenden den ultimativen Trick in diesem Ghetto aus Hunger und Not an: Sie bieten Lebensmittel an. Drei Kilo Brot und ein Kilo Marmelade für jeden, der freiwillig zum »Umschlagplatz« kommt, dem Platz, von dem aus die Züge nach Osten fahren. Diese Bekanntmachung hängt am 29. Juli 1942 an den Wänden und ist mit »Der Leiter des Jüdischen Ordnungsdienstes« – soll heißen: die Polizei – unterzeichnet.[5]

Es war die jüdische Polizei, die das Zusammentreiben der Menschen besorgen sollte. Sie waren es, die – im Ausgleich dafür, dass sie selbst und ihre Familien nicht deportiert wurden – den Auftrag erhielten, in die verschiedenen Gebäude zu gehen und zu versuchen, die Menschen einzusammeln. Wenn erforderlich mit Drohungen und Gewalt. Hierfür die jüdischen Polizisten einzusetzen, ist ein raffinierter Einfall der Deutschen.

5 Grabitz/Scheffler, S. 156

Und dies wird auch in den kommenden zwei Jahren immer wieder so funktionieren: Die Deutschen werden jüdische Arbeitskräfte damit beauftragen, ihre schmutzige Arbeit zu verrichten. Im Austausch für die vergebliche Hoffnung zu überleben.
Nina erinnert sich, wie ihre Wohnung sich allmählich leerte:
»Die Familie, die in derselben Wohnung wohnte und nicht mit uns, aber mit den Besitzern der Wohnung verwandt war, kam vielleicht am zweiten Tag der Aktion zu uns. Sie kamen in unser Zimmer, Mama war da, ich war da, und die Frau sagte: ›Wir haben beschlossen, uns freiwillig zu melden.‹ Mama antwortete erschrocken: ›Aber warum? Warum tun Sie das?‹ Da sagte die Frau: ›Weil sie jedem von uns zwei Laib Brot und ein Glas Marmelade geben.‹ Ich glaube, meine Mutter war völlig irritiert, und sie versuchte, etwas zu sagen, aber es gab doch nichts, was man hätte sagen können. Im Grunde hatten wir keine Argumente. Wir glaubten damals noch, dass man wirklich in Arbeitslager geschickt wurde. Und so gingen sie. Sie, ihr Mann und ihre Tochter gingen freiwillig zum Umschlagplatz und meldeten sich zum Abtransport.«
Damit waren nur noch drei Familien in der Wohnung. Nina fand, dass das Haus plötzlich leer wirkte, obwohl sie vielleicht ja hätte froh sein können, dass sie nun mehr Platz hatten. Aber genau wie damals, als Elusia und Lilka das Ghetto verlassen hatten und als Celinka und ihre Familie das Ghetto verließen, blieb sie mit dem Gefühl zurück, dass die anderen eine Entscheidung getroffen hatten, die ihre Familie nur ver-

mied. Und dahinter stand immer die Frage: Wer hatte die richtige Wahl getroffen?

Die Deutschen hatten sich die Sache 180 000 Kilo Brot und 36 000 Kilo Marmelade kosten lassen. Und sie hatten eine ansehnliche Anzahl für ihre Züge zusammenbekommen. Aber es waren noch nicht genug.
»Als es keine Freiwilligen mehr gab, fing man an, Menschen zu holen«, erinnert sich Nina. »Erst die aus den Krankenhäusern, Kinderheimen und Altersheimen.«

Sich auf die Verwandtschaft mit Adam Czerniaków zu verlassen, um einer Deportation zu entgehen, war jetzt nicht einmal mehr eine theoretische Möglichkeit – wenn es überhaupt je eine gewesen war. Welche Möglichkeiten blieben ihnen noch? Es hatte ja auf den Plakaten gestanden, dass die Juden, die »engste Verwandte« der jüdischen Polizisten waren, »von der Umsiedlung ausgenommen« waren. Rudek war ja jüdischer Polizist. Aber »engste Verwandte« wurde mit »Ehefrauen und Kinder« definiert. Rudek war nicht verheiratet und hatte keine Kinder. Vielleicht, so meinte Fanja, konnte seine Arbeit bei der Polizei ihnen aber doch einen gewissen Schutz verleihen.

## *Kapitel 20*

Dr. Janusz Korczak hatte von Adam Czerniaków das Versprechen erhalten, dass die Kinder in seinem Kinderheim bleiben dürften, wo sie waren, und zwar unter Korczaks Schutz. Czerniaków selbst war am 18. Juli vom deutschen Kommissar versichert worden, dass es, entgegen der sich hartnäckig haltenden Gerüchte, überhaupt keine Deportationen aus dem Ghetto geben würde.

Jetzt war Czerniaków tot, und die Deportationen begannen mit einer schrecklichen Intensität. Janusz Korczak hatte überdies mit wachsender Sorge bemerken müssen, wie gerade die Kinder, und vor allem die Waisenkinder, ganz hoch oben auf den Listen der Deutschen landeten. Warum, so konnte man sich fragen, warum waren gerade diese elternlosen Kinder als Arbeitskräfte dort im Osten so begehrt?

Der 5. August begann für Janusz Korczak wie ein gewöhnlicher Tag. Er stand früh auf, um die Blumen am Fenster des Waisenhauses zu gießen. Unten auf der Straße fiel sein Blick an diesem Morgen auf einen deut-

schen Wachmann, der an der Ecke zur Siennastraße an eine Wand gelehnt stand. Der Deutsche, der bewaffnet war, beobachtete ihn.
»Vielleicht war er im zivilen Leben ein Dorfschullehrer«, überlegt Korczak an diesem Morgen in seinem Tagebuch, »oder ein Notar, ein Straßenkehrer in Leipzig, ein Wirt in Köln. Was würde er tun, wenn ich ihm zunicken würde?«

Exakt um sieben Uhr versammelt sich Korczak mit den anderen Lehrern und mit allen 192 Kindern zum Frühstück im großen Schlafsaal. Die Betten sind zur Seite geschoben worden, und wie immer hat man große Holztische mitten im Zimmer aufgestellt.
Korczak ist soeben aufgestanden, um den Tisch abzuräumen, als sie den gellenden Pfiff hören, zweimal. Dann die Rufe:
»Alle rauskommen!« – »Alle nach draußen!«
An diesem Morgen wird nicht nur das Waisenhaus von Korczak gestürmt. Die meisten Kinderheime in diesem Teil des Ghettos haben Besuch bekommen.
Korczak und seine engste Mitarbeiterin, Stefania Wilczyńska, handeln schnell. Wilczyńska bittet die Lehrer, schnell die Sachen der Kinder zusammenzusuchen, während Korczak auf den Hof hinuntergeht und um ein wenig Zeit bittet, damit die Kinder packen können. Man gewährt ihm fünfzehn Minuten.
Korczak weist die Kinder jetzt an, sich in Reihen aufzustellen, immer vier nebeneinander. Stefania Wilczyńska erzählt den Kindern, dass sie einen Ausflug machen werden und dass sie Wälder und Äcker und Blumen

sehen werden, all die Dinge, nach denen sie sich schon so lange gesehnt haben. Die Kinder freuen sich. Weder sie noch ihre Lehrer wissen, dass sie tatsächlich Wälder und Äcker sehen werden. Aber sie werden niemals davon erzählen können.

Etwas später gehen sie völlig still durch die Straße. Janusz Korczak hat seine Kinder fantastisch gut erzogen. Auf einem Arm hat er die fünfjährige Romcia, ein anderes Kind hat er an der Hand. Weiter hinten kommt Wilczyńska mit den etwas älteren Kindern.

Während dieser kleine Zug mit den Kindern und Lehrern, 200 Menschen sind es insgesamt, die Sliskastraße heruntermarschiert, stimmt einer der Lehrer ein Wanderlied an. Alle stimmen ein. Der Weg zum Umschlagplatz ist lang, mehrere Kilometer lang. Die Gruppe muss den ganzen Weg vom südlichen Teil des Ghettos bis ganz in den Norden zurücklegen. Die ganze Zeit ist eine Gruppe von Männern dabei, die sie auf dem richtigen Weg halten und aufpassen, dass sie nicht abbiegen. Das sind die jüdischen Polizisten.

Etwas später am selben Morgen kommt Rudek in die Wohnung gestürmt. Er sagt nichts, sondern läuft einfach nur in ihr Zimmer.

Fanja geht zu ihrem Sohn, und Nina folgt nach. Sie bleibt in der Tür stehen. Ihr Bruder sitzt auf der Bettkante. Er murmelt und schluchzt etwas Unhörbares. Fanja sitzt neben ihm, kreideweiß im Gesicht. Es dauert eine Weile, bis Nina versteht und begreift, was ihr Bruder getan hat.

Die jüdische Polizei war nie beliebt. Während im Ghetto massenhaft Menschen vor Hunger und Krankheiten starben, gingen die jüdischen Polizisten scheinbar wohlhabend umher und wurden allgemein als Kollaborateure betrachtet. Viele wurden für bestechlich gehalten. Aber die Arbeit, zu der sie gezwungen wurden, hatte sich bisher hauptsächlich auf Patrouillen und Wachdienste beschränkt. Und sie waren vom Judenrat angestellt, und nicht direkt von den Deutschen.
Doch mit dem Beginn der Deportationen veränderte sich die Arbeitsbeschreibung der jüdischen Polizei radikal.
Man versprach den ungefähr 2000 Polizisten Immunität im Ausgleich dafür, dass sie an der so genannten »Aktion« teilnahmen. Sie und ihre Familien würden im Ghetto bleiben können. Und als zusätzliches Druckmittel: Wenn jeder Polizist nicht jeden Tag mindestens fünf Personen auf den Umschlagplatz brachte, dann würde er gezwungen werden, seine eigenen Verwandten zu schicken, um die Quote zu erfüllen.
Die meisten gehorchten.

»Er war abkommandiert worden, um bei den Wagen zu helfen, als Korczak und seine Kinder hineingepfercht wurden«, erzählt Nina. »Und er ging hin. Ich erinnere mich, wie Rudek auf seinem Bett saß und zu Mama sagte: ›Ich bin hingegangen und habe meine Polizistenmütze zurückgegeben.‹ Mama erschrak zu Tode: ›Aber Rudolf, was hast du getan? Jetzt sind wir völlig ohne Schutz!‹ Rudek antwortete: ›Ich hatte keine andere Wahl. Mein Gewissen erlaubt mir nicht, bei dem mitzumachen, was da geschieht.‹ Und dann legte er sich auf das Bett und lag einfach nur da. Mama sagte kein Wort mehr.«

Jetzt gab es keinen Strohhalm mehr, an den sie sich hätten klammern können. Wenn es ihn überhaupt je gegeben hatte. Es gab keinen einflussreichen Verwandten mehr, den sie hätten ansprechen können, um von der Deportation ausgenommen zu werden. Und jetzt konnte Ninas Familie sich nicht einmal mehr einbilden, vielleicht zu einer der Ausnahmekategorien zu gehören, die auf den Plakaten aufgelistet waren. Jetzt waren sie plötzlich völlig ausgeliefert.
Dennoch hielt Fanja immer noch an dem Beschluss fest, dass sie alles tun müssten, um im Ghetto zu bleiben. Wenn Rudek nicht mehr Polizist war, gab es doch zumindest theoretisch noch ein paar andere Möglichkeiten. Eine bestand darin, sich zu verstecken. Gefangen zu sein, in Mauern leben zu müssen, war schon schlimm genug. Dann aber auch noch seine Existenzberechtigung innerhalb dieser Mauern zu verlieren, war mehr als unerträglich. Das konnte nur ein letzter Ausweg sein.
Es gab noch eine Möglichkeit, eine, die auf den Plakaten vom 22. Juli aufgeführt war. Aber natürlich waren sie nicht die Einzigen, die daran dachten. Es hatte dort gestanden, dass »alle jüdische Personen, die bei reichsdeutschen Firmen beschäftigt sind und den Nachweis hierüber erbringen können« von der Umsiedlung ausgenommen wären. Es gab zwar einige in deutschem Besitz befindliche Firmen im Ghetto, doch die beschäftigten insgesamt vielleicht 20 000 Menschen. 20 000 von

380 000 … Wenn diese Fabriken jetzt plötzlich mehr Arbeitskräfte brauchten, mit wie vielen anderen würde Fanja und ihre Familie sich streiten müssen, um einen dieser Plätze zu bekommen? Um sieben oder zehn oder zwölf von diesen Plätzen zu bekommen?
Ihre schwache Hoffnung war, dass sie einen Kontakt dorthin besaßen. Und zwar in ihrer eigenen Wohnung. Schon im Herbst zuvor hatte der Mann von Tante Maryla, Heniek, der sich weder aufs Schmuggeln noch aufs Geschäftemachen verstand, Arbeit als Wachmann bei der Kleiderfabrik Schultz & Co auf der Nowolipiestraße gefunden. Dadurch, dass Heniek bei Schultz arbeitete, wurden nun nicht nur er, sondern auch seine Ehefrau und sein Sohn von der Deportation ausgenommen. Die Voraussetzung dafür war, dass sie die Wohnung in der Ogrodowastraße verließen und in eine andere Wohnung direkt bei der Fabrik zogen.
Das Ghetto sollte nämlich geräumt werden.

Nur zwei Tage bevor Heniek, Maryla und Rysio umziehen sollten, konnten Heniek und Rudek die Sache schließlich einfädeln: eine Anstellung für zwei Frauen in der Strickereiabteilung der Firma Schultz. Zwei Frauen, das würden Fanja und Nina sein. Henieks eigene Frau, Maryla, würde ja ebenso wie sein Sohn durch die Verordnung geschützt sein.
Vielleicht würde das genügen. Die Verordnung sagte zwar nichts davon, dass ein »Ehemann« von der Deportation ausgenommen sein würde. Doch bis auf weiteres würden sie sich daran halten können. Aber sie mussten sofort umziehen.

»Und Celinka?«, fragte Nina. Heniek antwortete, dass Jasieks Familie bereits in der Umgebung der Fabrik wohnte und dass diese Wohnungen wahrscheinlich nicht geräumt werden würden.

Bis zu diesem Zeitpunkt war das Warschauer Ghetto ein Ort gewesen, an dem die Menschen zuallererst gezwungen waren, sich um ihre Versorgung zu kümmern. Jeder musste erst einmal dafür sorgen, dass er selbst und seine Familie etwas zu essen hatte. Doch wenigstens hatte das nicht auf Kosten anderer geschehen müssen. Damit war es jetzt jedoch vorbei. Sie waren jetzt in der Situation, dass Juden mit anderen Juden konkurrieren mussten, auch wenn niemand richtig wusste, worum man denn in Konkurrenz trat.

Sie hatten also zwei Tage Zeit, um zu packen und sich vorzubereiten. Es war schwer, in dem Bezirk, in dem die Fabriken lagen, eine Unterkunft zu finden. Die einzige Wohnung, die sie finden konnten, war eine, in der Verwandte von Heniek wohnten und in der bereits viele Menschen lebten. Aber das musste fürs Erste genügen.

Für Nina war die Umstellung größer als für die anderen, denn sie hatte ein größeres Netz an Kontakten gehabt. Sie hatte Schulkameraden und war bei deren Familien ein und aus gegangen. Jetzt merkte sie, wie immer mehr von diesen Freunden mit den Zügen nach Osten verschwanden. Außerdem wurde ihr jetzt klar, dass ihre Zeit als Schülerin vorbei war, und damit auch ihre Träume von einer persönlichen Entwicklung, einer

besseren Zukunft. Nina Rajmic würde eine Sklavin im Dienst des Deutschen Reiches werden.
Als sie gerade ihre letzten Kleider einpackte, hörte sie ein Klopfen an der Tür. Ein hartes, brüskes Klopfen. Das war wohl kaum ein Nachbar, der kam, um Auf Wiedersehen zu sagen. Alle erstarrten. Nina schlug das Herz bis zum Hals hinauf, als Rudek schließlich hinging und öffnete.

Einen Moment lang verspürte sie Erleichterung, ja Freude, als sie sah, wer gekommen war. Es war nicht die Polizei, die kam, um sie zu holen. Es war Celinka. Doch die Freude währte nur einen Augenblick.
»Die Deutschen haben sie geholt«, keuchte die Cousine. »Wir müssen sie finden!«
Celinka stand in ihrer Diele und rang nach Atem. In unzusammenhängenden Worten stieß sie hervor, dass ihre Mutter und ihr Bruder zum Transport gebracht worden seien. Sie waren einfach auf der Straße aufgelesen worden. Und jetzt, erzählte die aufgeregte Celinka, mussten sie und ihr Vater versuchen, hinter ihnen herzukommen. Sie würden sich freiwillig melden, damit sie alle zusammen sein könnten. Celinka stand schon mit einem Bein wieder draußen, sie hatte es eilig. Sie sagte, sie sei nur schnell gekommen, um sich zu verabschieden.
Alle starrten die junge Frau an. Am Ende brach Fanja das Schweigen. »Meine Mutter, immer vorausschauend, fragte, ob es denn so klug sei, sich freiwillig zu melden«, erinnert sich Nina. »Welche Garantie hatten sie denn, dass sie die anderen finden würden? Vielleicht

würden sie an völlig unterschiedliche Orte verbracht? Wäre es nicht besser, hier in Warschau abzuwarten? Celinka und ihr Vater könnten bei uns bleiben.« Nina glaubte, bei Celinka einen Moment des Zögerns bemerkt zu haben. Doch dann schüttelte die Cousine heftig den Kopf. Sie warf Nina einen schnellen Blick zu, murmelte ein Auf Wiedersehen und wandte sich um. Celinka wollte nicht einmal darüber diskutieren. »Sie rannte raus, um nicht zu spät zu kommen …«

Niemand sagt etwas, niemand tut etwas. Ein paar Sekunden lang hören sie noch das Echo von Celinkas Schritten, wie sie die Treppe hinunterläuft. Dann wird alles still. Nina sieht ihre Mutter an, sieht ihren verzweifelten Gesichtsausdruck. Und in dem Moment bricht es in ihr los. Nina rennt zur Tür und bemerkt nur halb, dass die anderen hinter ihr herrufen. Sie reißt die Tür auf und rennt hinaus, hinter Celinka her.

Der Hof ist leer. Noch ein paar Wochen zuvor hätte es hier von Menschen nur so gewimmelt. Doch entweder waren sie alle abtransportiert worden, oder sie hielten sich in den Häusern. In diesen Zeiten begab sich niemand auf die Straße oder auch nur auf den Hof, wenn er nicht ein sehr wichtiges Anliegen hatte oder sich freiwillig zum Transport melden wollte.
Die Gefahr, aufgegriffen zu werden, war viel zu groß.

Als Nina auf die Straße hinaus kommt, kann sie Celinka zunächst fast gar nicht sehen. Sie erahnt sie nur, schon fast an der Ecke zur Żelaznastraße. Nina schaut sich auf der leeren Straße um. Dann rennt sie hinter Celinka her. Den ganzen Weg die Ogrodowa hinunter. Es dauert eine Weile, bis sie bei ihrer Cousine ist, die mit schnellen Schritten geht. Nina wird langsamer und geht hinter ihr. Celinkas ganze Körperhaltung drückt Ablehnung aus: Die Schultern sind verspannt, sie ist insgesamt angespannt, und obwohl sie weiß, dass Nina hinter ihr herläuft, tut sie so, als wäre die Cousine gar nicht da. Nina wagt nicht, neben ihr zu gehen. Aber sie bleibt hinter ihr und geht im gleichen Schritt. Und fängt an zu reden.

»Ich bin ein ganzes Stück hinter ihr hergegangen«, erinnert sich Nina. »Und ich flehte sie an, zurückzukommen. Aber sie ging einfach weiter.«

Sie gehen gemeinsam weiter, in derselben Geschwindigkeit, aber mit ein paar Metern Abstand. Sie sind schon fast an der Leznostraße, als Celinka schließlich stehen bleibt. Sie dreht sich um. Und dann faucht sie:

»Hör auf, hinter mir herzurennen!«

»Ich habe versucht, sie aufzuhalten«, sagt Nina. »Ich habe es versucht. Aber sie war eigentlich wütend auf mich, weil ich versucht habe, sie daran zu hindern, wieder mit ihrer Mutter und ihrem Bruder zusammenzukommen.«

Und dann fügt Nina hinzu: »Dann verschwanden sie einfach. Ich habe sie nie wieder gesehen.«

## *Kapitel 21*

Von der Ogrodowastraße wegzuziehen war dennoch so, als würde man ein Zuhause verlassen. Auch wenn die Möbel dort nicht ihnen gehört und sie sich die Wohnung nicht selbst ausgesucht hatten. Trotzdem hatten sie fast zwei Jahre dort gewohnt. Und sie waren fast alle zusammen gewesen.

Jetzt waren Großmutter und Großvater nicht mehr bei ihnen. Jetzt war Celinka mit ihrer Familie nicht mehr dabei. Nun gehörte ihnen die Wohnung nicht, und sie würden nicht einmal dorthin gehen können, denn sie gehörte zu dem Teil des Ghettos, der verschwinden sollte. Allerdings war es nicht so, dass Polen dorthin zogen und damit neues Leben in diese verlassenen Straßen einkehrte. Ohne die jüdische Bevölkerung blieben Häuser und Wohnungen einfach völlig leer, bis auf den Großteil der Möbel, Töpfe und Bücher. Wenn ein Archäologe tausend Jahre später vielleicht all diese Alltagsgegenstände ausgraben würde, würde er bei deren Anblick zu dem Schluss kommen, dass hier ein Orkan durchgezogen war oder ein Krieg gedroht hatte, denn hier hatten es die Menschen anscheindend so eilig ge-

habt zu fliehen, dass sie es nicht einmal geschafft haben, ihre Sachen mitzunehmen und ihr Leben zu ordnen. Woher würden spätere Generationen das wissen können? Wie würden sie das ahnen können?
Nina erinnert sich nicht, was mit Tante Tecia geschehen ist, sondern nur, dass sie wie so viele andere verschwand. Sie nahm an, dass sie wohl nach Osten gereist war und dort Arbeit gefunden hatte. Etwas anderes mochte sie sich unmöglich vorstellen.

Sie kamen in eine Wohnung, die beim besten Willen nicht bewohnbar genannt werden konnte. Da alle Arbeiter genötigt wurden, direkt bei den Fabriken zu wohnen, gab es nicht so viele Straßen, zwischen denen man wählen konnte.
»Wir müssen in der kleinen Wohnung ungefähr 50 Personen gewesen sein«, erinnert sich Nina. »Ich glaube nicht, dass wir die Möglichkeit hatten, uns irgendwo hinzusetzen. Und noch weniger zu liegen. Wir verbrachten einen Tag dort. Und ich erinnere mich, dass in dieser Wohnung ein Rabbiner lebte, der ganz sorgfältig darauf achtete, die rituelle Waschung der Hände vorzunehmen und ein Gebet zu sprechen, ehe er aß. Das war ein Bild, das sich in mein Gedächtnis eingegraben hat, dass man trotz dieses Elends so sorgsam darauf achtete, vor den Mahlzeiten die Hände zu waschen. Seltsam, wie sich ein Bild so ins Gedächtnis einbrennen kann.«
Man sah nicht mehr viele religiöse Menschen im Ghetto. Sie waren als Erste an Krankheiten gestorben oder hatten sich deportieren lassen. Vielleicht hatten sie die

größere Flexibilität, die man in diesen Zeiten brauchte, nicht aufbringen können oder wollen. Oder vielleicht hatten sie auch einfach nicht genug Schmuck und andere Wertsachen mit ins Ghetto nehmen können, die man gegen Essen hatte eintauschen können. Aber dieser Mann war offenbar bis jetzt zurechtgekommen.
Am nächsten Tag fanden Heniek und Rudek eine andere Wohnung, zwei Zimmer mit Küche. Ein Zimmer für die Familie Rajmic – Nina, Rudek, Fanja und Artur – und eines für Familie Wołkowicz – Heniek, Maryla und Rysio. Das war fast wie ein neues Zuhause.

Ende Juli hatten alle Fabriken im Ghetto, die nicht für die Rüstungsindustrie produzierten, geschlossen werden müssen. Von diesem Tag an gab es nur noch sechzehn Arbeitgeber im Warschauer Ghetto. Einer von ihnen war die Firma Schultz & Co in der Nowolipiestraße 44/46. Dieses Arbeitsverhältnis eine Anstellung zu nennen, wäre gelogen gewesen, denn es war ja Sklavenarbeit. Aber es brachte sie in den Besitz eines Papiers, und dieses Papier würde so viel wert sein wie das Leben.
Aufgrund der Papiere über ihre Anstellung bei Schultz, die Nina und Fanja nun bekamen, würde niemand mehr versuchen, sie zu deportieren, jedenfalls nicht im Augenblick. Rudek schaffte es innerhalb eines Tages, Arbeit als Wachmann in der anderen großen Fabrik, Többens, die gleich nebenan in der Lesznostraße lag, zu bekommen. Und Artur, ja, Artur bekam irgendeine Arbeit außerhalb des Ghettos. Wahrscheinlich hatte Rudek die für ihn besorgt. Jeden Morgen wurden Ar-

tur und seine Arbeitskolonne in einem langen Zug unter Bewachung aus dem Ghetto geleitet. Jeden Abend kamen sie nach Hause. Nina konnte sich nichts Unpassenderes für ihren Vater denken als harte körperliche Arbeit. Ihr Vater, der so gern diskutierte und sich intellektuell betätigte. Ihr Vater, dessen größtes Vergnügen es war, auf der Bettkante bei seiner Tochter zu sitzen und ihr mathematische Rätsel aufzugeben. Ihr Vater, der kleine korpulente Mann, der am liebsten von neun bis fünf hinter einem Schreibtisch saß. Er schleppte jetzt Ziegelsteine. Aber er tat es, ohne zu klagen. Er tat, was sie ihm sagten. Er tat immer alles, was man ihm sagte. Denn es war nicht mehr Artur, der in dieser Familie das Sagen hatte. Artur besaß nicht die Begabung zum Überleben, die man in diesen Zeiten brauchte. Und das wusste er.

Am 16. Juli hatte die Firma Schultz & Co 4476 Angestellte gehabt. Am 10. August hatte die Fabrik 13 850 Arbeiter zu ihrer Verfügung. Der Chef des Betriebes, der Danziger Rudolf Neumann, hatte nur ein einziges Interesse, nämlich so viel wie möglich zu produzieren, um den Gewinn des Betriebes zu maximieren. Also ließ er so viele von den verzweifelt nach Arbeit suchenden Juden anstellen, wie man in den Räumen unterbringen konnte. Es wurden fast 14 000. Zwar gab es allen Grund, Sorge zu haben, was wohl das SS-Oberkommando dazu sagen würde. Doch daran wollte man erst einmal nicht denken.

## *Kapitel 22*

Das Erste, was Nina bemerkte, war das Surren. Es war schwer zu sagen, ob es hauptsächlich von den Lampen, den Maschinen oder den Ventilatoren herrührte. Aber es war ein dauerhaftes Geräusch, das nur manchmal von den Stimmen der Arbeiterinnen übertönt wurde, die sich während der Arbeit leise unterhielten. Der Saal, in dem Nina und Fanja arbeiten sollten, war riesig. Er wurde von langen Holztischen durchzogen, vor denen niedrige Hocker standen, manche von ihnen mit Rückenlehne, die meisten ohne. Sie befanden sich in einer der Strickereiwerkstätten bei Schultz & Co.

»In der Fabrik arbeiteten natürlich ausschließlich Juden«, sagt Nina. »Die einzige Bezahlung waren die Suppe und das Brot, die mittags ausgegeben wurden. Mit der Übersiedlung zu Schultz verschwanden die meisten Menschen aus unserem früheren Umgang von unserem Horizont. Ich wusste nicht, wo Elusia und Lilka und ihre ganze große Verwandtschaft hin waren. Ich wusste nicht, wo sich meine Schulkameraden jetzt befanden oder was mit meinen Nachbarn aus der Ogrodowastraße geschehen war. Man sah keine altbekannten Gesichter mehr, nur neue Brüder und Schwestern in der Erniedrigung.«

Sie sollten Pullover reparieren für die Soldaten an der Ostfront. In anderen Sälen bei Schultz produzierte oder reparierte man Wintermäntel und Stiefel. Aber hier waren es Pullover. »Einige der Pullover, die wir flicken sollten, hatten Blutflecken«, erinnert sich Nina. »Sie waren schlecht gewaschen worden.«

Dieser Tag war der erste in einer neuen Phase von Ninas Leben, eines Lebens, das aus gedankenloser Routinearbeit bestand, aus einer Arbeit, die nie abgeschlossen wurde, aus einem Stapel, der nie kleiner wurde. Aber sie wusste, dass sie dankbar sein musste. Warum, das konnte sie eigentlich nicht erklären, sie hatte einfach Fanjas und Rudeks Sicht der Dinge angenommen. Hier konnte sie bleiben und darauf warten, dass der Krieg zu Ende ging. Denn das würde er, davon zeugten nicht zuletzt all die blutigen Pullover.

In der Stille wurden Kontakte geknüpft:

»Hier lernte ich Jiddisch. Es arbeiteten alle möglichen Leute zusammen. Solche, die in ihrem ganzen Leben in ihrer hohen Position nie etwas anderes als Polnisch gesprochen hatten – Professoren, Ärzte, Juristen, Fabrikbesitzer –, und Arbeiter, die außer Jiddisch eigentlich keine andere Sprache wirklich beherrschten. All diese Menschen waren in den großen Fabrikhallen zusammengedrängt.«

Nina selbst nahm alles eher mit Abstand wahr und sah sich außerstande, neue, engere Freundschaftsbande zu knüpfen. »Man hatte kurze Bekanntschaften, aber man hatte weder Zeit noch Ruhe, beständigere Beziehungen zu pflegen. Man hatte dort keinen normalen Kontakt, es war ja Zwang, man war gezwungen zu arbeiten und gezwungen zu versuchen, sein Leben so gut es ging zu retten. Aber manchmal sah man selbst in diesen Fabrikhallen einen Funken menschlicher Freude. Eine Frau an meinem Tisch, Krystyna, verliebte sich in einen Mann namens Józek. Mit wie viel Neid beobachtete man diese beiden, die sich um nichts anderes zu scheren schienen als um sich selbst.«

Abends ging Nina mit ihrer Mutter nach Hause. Zur selben Zeit kamen meist auch Artur, Rudek und Heniek.

»Ich frage mich, was Rysio gemacht hat«, sagt Nina heute. »Und Tante Maryla. Vielleicht hielt sich Maryla mit Rysio, der damals elf Jahre alt war, zu Hause auf. Ich frage mich, was ein Elfjähriger wohl den ganzen Tag so machte. Keine Schule, keine Freunde, kein Sport ...«

Wenn sie nach Hause kam, war Nina oft so müde, dass sie sich nicht mehr viel um Rysio kümmern konnte. Außerdem musste sie ihrer Mutter helfen, Essen zu machen. Nina fragte nicht einmal, wie sie das Essen zusammenbekamen, aber sie litt keinen Hunger.

Es wurde noch stiller um den Esstisch als vorher, wenn das überhaupt möglich war. Man hatte nicht mehr viel zu besprechen, denn man hatte ja keine Gewalt mehr über sein eigenes Leben. Vielleicht konnte man manchmal Beschlüsse fassen, doch zumeist hatte man keine Ahnung, welche Konsequenzen sie mit sich brachten. Man musste raten.

»Soll ich dir helfen?« Nina wandte sich um, während sie versuchte, die zwei Teller und die zwei Tassen auf ihren Händen zu balancieren. Hinter ihr in der Schlange stand ein Junge in ihrem Alter. Nina lächelte den jungen Mann an. Er sah nett aus, dunkle Locken, vielleicht siebzehn oder achtzehn Jahre alt. Er stellte sich vor: Szymon. Und er bot an, ihr beim Tragen zu helfen. Nina nahm dankbar an, und sie gingen gemeinsam zu Ninas und Fanjas Platz, um ihr karges Mittagessen einzunehmen. Es stellte sich heraus, dass Szymon schon früher in ihrer Nähe gewohnt hatte und dass jetzt seine ganze Familie, seine Eltern und seine Schwester, in den Fabriken Arbeit gefunden hatten. Szymon behauptete, Nina schon früher einmal auf irgendeinem Fest oder dergleichen begegnet zu sein, doch Nina war sich da nicht so sicher.

Dennoch war sie an diesem Tag etwas fröhlicher, denn sie hatte jemanden in ihrem eigenen Alter getroffen, der sie ein wenig daran erinnern konnte, wie es in einem normalen Leben gewesen wäre, und nicht in diesem völlig anderen, das doch erst ein paar Wochen andauerte.

## *Kapitel 23*

Es schien, als würde ihnen diese neue Arbeit Ruhe oder zumindest eine Atempause von der Angst vor der Deportation bescheren. Wenn man »angestellt« wurde, dann geschah das doch wohl, weil man gebraucht wurde. Und dann, so konnte man annehmen, würde man bleiben können. Letztendlich waren doch sogar für die Deutschen die Wirtschaft und die Notwendigkeiten des Krieges der bestimmende Faktor. Nina und ihre Familie atmeten ein wenig auf.
Doch da nahte schon die nächste Bedrohung.

Das Fieber überfiel sie ganz plötzlich. Dann begann Fanja zu stöhnen. Alles kam ganz schnell, auch das Gefühl des Entsetzens, das Nina packte. Sie wussten nicht, was sie tun sollten, denn Fanja konnte ganz offensichtlich nicht in die Fabrik gehen, man konnte sie nicht einmal aus dem Bett bekommen. Es war Spätsommer, und die Sonne schien in die kleine Wohnung. Doch Fanja zitterte nur so vor Kälte. Es war nicht schwer zu sehen, was ihr fehlte. Ihre Augäpfel waren ganz gelb, ihre Haut war gelb. Fanja hatte Gelbsucht bekommen.

In der kleinen Wohnung an der Nowolipie brach Panik aus. Wenn Fanja nicht arbeitete, dann war sie nicht vor der Deportation geschützt. Und wenn derjenige, der bei ihr blieb – und es musste sie jemand pflegen –, nicht arbeitete, dann war diese Person auch nicht vor der Deportation geschützt.
»Am Ende entschieden wir, dass ich zu Hause bleiben und sie pflegen sollte«, erzählt Nina. »Und so kam es auch. Da es lebensgefährlich war, zu Hause zu bleiben, lief ich zwischendurch immer wieder in die Fabrik, um mich dort zu zeigen. Dann eilte ich wieder nach Hause zurück, um bei Mama zu sein. Ich hoffte, dass uns niemand auf die Schliche kam. Es ging Mama sehr schlecht, sie stöhnte viel. Ich wusste nur, dass ich ihr viel Tee kochen und ihr Zucker geben musste, jedoch nichts Fetthaltiges.«
Es war eine einsame, verzweifelte Zeit, die Nina da oben in der Wohnung mit ihrer Mutter verbrachte. Sie konnte sich nur auf sich selbst verlassen. Die Tage gingen dahin, aber bei Fanja trat keine Besserung ein. Manchmal wachte sie auf und murmelte etwas davon, dass Nina in die Fabrik gehen müsse. Doch die meiste Zeit schlief oder stöhnte sie. Wenn Artur abends nach Hause kam, übernahm er oft die Pflege. Aber Nina spürte dennoch, dass die ganze Verantwortung auf ihr lastete.
»Ich kann mich nicht mehr erinnern, wo Maryla und Rysio waren«, sagt sie. »Aber ich weiß, dass sie, als Mama krank war, tagsüber nicht in der Wohnung waren. Da war nur ich.«
Sie befanden sich zwischen Scylla und Charybdis – zwischen dem Risiko, deportiert zu werden, weil sie nicht

arbeiteten, und der Gefahr, dass Fanja an der Krankheit sterben würde, weil sich das Blatt einfach nicht wenden wollte. Nina gab ihrer Mutter weiterhin Tee und Zucker. Tee und Zucker. Es war hoffnungslos. Fanja lebte, aber ihr Zustand verbesserte sich nicht.

Am 19. August hörten die Deportationen aus dem Warschauer Ghetto plötzlich von einem Tag auf den anderen auf. Plötzlich sah man nur noch wenige SS-Männer. Das Gerücht verbreitete sich schnell. Vielleicht war die Aktion beendet ... Vielleicht konnten die 120 000 Juden, die noch im Ghetto waren, darauf rechnen zu bleiben. Vielleicht galt das sogar für die, die es nicht geschafft hatten, sich eine der begehrten Stellen in einer der Fabriken zu besorgen.

Zwei Tage später waren alle SS-Männer wieder da. Und die Jagd auf den Straßen, das Durchsuchen der Wohnungen und die kontinuierlichen Transporte von menschlicher Ladung zum Umschlagplatz wurden mit ihrer stetigen Effektivität wieder aufgenommen. Was man im Ghetto nicht wusste, war, dass die SS-Leute keine Pause gemacht hatten. Sie waren nur zwischendurch in die kleinen Dörfer und Städte in Warschaus Umgebung dirigiert worden. Welchen Weg die deutschen Eisenbahnbeamten und Ingenieure als den effektivsten errechneten hatten, um ihren Auftrag zu erfüllen, blieb im Dunkeln.

Der Zulauf zu den Fabriken und die Bewerbung um die begehrten »Anstellungspapiere« ging wieder los. Es war nur eine Frage der Zeit, bis Nina und Fanja ihre Plätze verlieren würden.

»Da bemerkte ich eines Tages eine kleine Verbesserung«, erzählt Nina. »Das Blatt hatte sich gewendet. Von nun an ging es ihr jeden Tag ein wenig besser. Uns wurde klar, dass Mama es geschafft hatte. Aber die Krankheit hatte sie viel gekostet. Sie war schwach und antriebslos.«
Jetzt musste schnell gehandelt werden. Fanja musste so bald wie möglich wieder in die Fabrik. Das Fieber ging schnell herunter. Nina gab einen Seufzer der Erleichterung von sich und bereitete sich darauf vor, mit ihrer Mutter zusammen zur Arbeit zurückzukehren. Doch da geschah etwas, was Nina noch nie bei ihrer Mutter gesehen hatte und was sie auch nie erwartet hätte. »Sie wurde völlig apathisch und wollte nicht aus dem Bett aufstehen. Und ich wusste, dass wir, wenn es zu lange dauern würde, ehe sie aus dem Bett kam, am Ende unseren Platz in der Fabrik und damit unsere Existenzberechtigung verloren.«

Nina erkannte ihre Mutter, die immer so kraftvoll, tatkräftig und dominant gewesen war, nicht wieder. Es war, als wäre alle Lebenskraft aus ihr gewichen. Es dauerte einen Tag, zwei Tage, drei Tage, ohne dass sich etwas zu verändern schien. Fanja wollte nicht essen, sie wollte nicht reden, sie wollte nicht sitzen. Sie hatte aufgegeben. Nichts von dem, was Nina tat, keine Tricks, kein Drängen, kein Betteln half. Fanja kümmerte das alles nicht mehr. Alles war ihr egal, scheinbar sogar ihre Tochter.
»Ich erinnere mich, dass ich mich eines Tages in unser Zimmer stellte und schrie. Zum ersten Mal in meinem

Leben schrie ich meine Mutter an: ›Als du auf den Tod krank warst, mit hohem Fieber und bewusstlos, da hast du doch auch um dein Leben gekämpft. Und jetzt, wo es nur darum geht, wieder etwas zu Kräften zu kommen, da gibst du auf! Jetzt steht endlich auf. Wir müssen in die Fabrik und arbeiten!‹«

Nina starrte ihre Mutter wütend an, die sie zum ersten Mal mit etwas ansah, das einem festen Blick ähnelte. Vielleicht war es der Schock über das Benehmen ihrer Tochter, der Fanja aufgerüttelt hatte. Vielleicht aber war es auch das plötzliche Bewusstsein, dass Nina keinen Schutz mehr bei ihr suchte und sie vielleicht nicht einmal mehr respektierte.

»Aber es wirkte«, sagt Nina. »Ich kriegte sie aus dem Bett. Und schon bald ging sie wieder mit mir in die Werkstatt und fing wieder an zu arbeiten. Es ist mir nach wie vor ein Rätsel, wie wir ihre Krankheit überstanden haben, ganz zu schweigen davon, wie ich meine Vorarbeiter überlisten und zu Hause bleiben und sie pflegen konnte. Ich weiß auch nicht, wie wir es ohne die tägliche Essensration schafften, aber da müssen wohl Rudek und Papa mit ihren Zuteilungen beigetragen haben.«

## *Kapitel 24*

Nina und Szymon wurden Freunde. Während der Krankheit von Fanja hatten sie einander kaum gesehen, doch jetzt, da Nina zurück war, besuchte Szymon sie oft. Er bat sie, während der Mittagspausen bei ihm zu sitzen, und versuchte manchmal auch bei anderen Gelegenheiten, in Kontakt mit ihr zu kommen. Nina mochte Szymon. Nicht so, wie Krystyna Józek mochte, oder wie sie selbst Leon gemocht hatte. Aber er wurde ihr Freund, ihr einziger Freund. Sie wurden Freunde in einem Dasein, das absurd wirkte, ihnen aber dennoch ein trügerisches Gefühl der Sicherheit verlieh. Trügerisch, weil das, was ihnen als ein wasserdichter Schutz zwischen den Fabrikwänden und den Waggons vorkam, keineswegs ein solcher war. Es sollte noch einen Monat dauern, einen knappen Monat scheinbarer Ruhe in der neuen Fabrikumgebung. Dann geschah etwas.

*»Die Zahl der in den Firmen Schultz & Co. und Többens weiterzubeschäftigenden jüdischen Arbeitskräfte werden auf insgesamt 16 000 festgelegt«*[6]

---

6 Grabitz/Scheffler, S. 169

So stand es in einer Aufzeichnung des Rüstungskommandos im Warschauer Ghetto vom 28. August 1942. Zu diesem Zeitpunkt waren allein bei Schultz schon 13 850 Juden beschäftigt.

Die Plakate kamen am 5. September, und die Arbeiter begriffen, dass sich etwas zusammenbraute. Auch diesmal begannen die Aufrufe mit dem Wort »Bekanntmachung«, und auch diesmal lautete die Unterschrift »Der Judenrat in Warschau«. Nina entdeckte sie, sowie sie an diesem Morgen an der Fabrik ankam:

*Bekanntmachung*

*Auf Anordnung des Herrn Beauftragten für die Umsiedlung gibt der Judenrat in Warschau folgendes hierdurch bekannt:*

1. *Bis Sonntag, den 6. September 1942, 10 Uhr vormittags haben sich ausnahmslos sämtliche im Bereich des großen Ghettos befindliche Juden in dem mit Straßen begrenzten Gebiet: Smoca, Gesia, Zamenhofa, Szszesliwa, Parysowski-Platz zur Registrierung zu versammeln.*
2. *Der Aufmarsch der Juden während der Nacht vom 5. zum 6. September ist ebenfalls genehmigt.*
3. *Es sind Lebensmittel für 2 Tage und Trinkgefäße mit sich zu nehmen.*
4. *Die Wohnungen dürfen nicht geschlossen werden.*

*5. Wer diese Anordnungen nicht befolgt und ab Sonntag, den 6.9.1942, 10 Uhr vormittags im Ghetto (außerhalb des oben bezeichneten Gebietes) angetroffen wird, wird erschossen.*

*Der Judenrat in Warschau*[7]

An diesem Tag wurden in der Fabrik Zettel ausgeteilt. Die meisten bekamen grüne Zettel, aber Nina sah, dass auch grellgelbe ausgeteilt wurden. Das Einzige, was man den Arbeitern mitteilte, war, dass sie die Zettel mitnehmen müssten, wenn sie zur Miłastraße gingen – denn das besagten die Straßenangaben auf dem Plakat; direkt durch das Gebiet, das auf dem Aushang angegeben war, verlief die große Miłastraße.

Alle in der Fabrik hofften, dass die Zettel ihnen das Recht geben würden, zu arbeiten. Sie konnten es nicht wissen, keiner konnte es wissen. Aber alle hielten an ihrem Zettel fest, als wäre er gleichbedeutend mit Leben.

»Diesen Abend werde ich nie vergessen«, sagt Nina. »Wir saßen alle um den runden Tisch in Marylas Zimmer. Alle hatten ernste Gesichter, und vielleicht merkte ich zum ersten Mal, dass alle Angst hatten. Alle außer Rysio, der zu jung war, um das alles zu verstehen.«

Rudek war es, der darum bat, die Zettel von allen sehen zu dürfen. Sie waren alle grün.

Nina wachte früh am nächsten Morgen auf. Als sie die Augen öffnete, es war immer noch dunkel, es konnte

---

7 Grabitz/Scheffler, S. 170

also nicht später als vier oder fünf Uhr sein. Sie sah sich im Zimmer um. Rudek schlief im Bett direkt am Fenster. Dann konnte sie ihre Mutter im morgendlichen Dämmerlicht erkennen. Fanja war auch wach. Sie sah sie an.

»Ich hatte große Angst«, erinnert sich Nina. »Mama sah es, und da sagte sie zu mir: ›Hab keine Angst, Nina, ich hatte heute Nacht einen Traum. Ich habe geträumt, dass du in einem rosa Kleid auf einem großen Ball getanzt hast. Du wirst also zurückkommen. Du wirst schon sehen, alles wird gut. Denn in meinem Traum hast du in einem rosa Kleid getanzt.‹«

Aber die Angst wollte nicht so recht weichen.

Die Miłastraße lag am anderen Ende des Ghettos. Sie hatten einen langen Weg zu gehen.

»Mama packte ein kleines Paket mit Kleidern und einem Stück Brot zusammen, und wir machten uns alle auf den Weg. Die ganze Nowolipiestraße, in der wir wohnten, war schließlich von den Menschen bewohnt, die bei Schultz oder Többens arbeiteten. Aber wenn man die Nowolipiestraße verließ, ging man wie durch eine Geisterstadt. Die Menschen waren weg. Und wo sie waren, wussten wir nicht.

Es war fast, als würde man durch eine Mondlandschaft wandern. In der Morgendämmerung sahen die verlassenen Straßen richtig gespenstisch aus. Die Arbeiter von Schultz gingen in Viererreihen zusammen. Tausende von Menschen waren es, die durch die verlassenen Straßen marschierten. Trotzdem war es fast still. Rudek, der bei Többens arbeitete, ging in einer anderen

Gruppe, und wo Heniek, Maryla und Rysio waren, wusste Nina nicht, oder jedenfalls erinnerte sie sich sechzig Jahre später nicht mehr daran. Heniek war ja Wachmann bei Schultz, vielleicht durfte er als solcher zurückbleiben, und seine Familie mit ihm? Nina hielt die Hand ihres Vaters. Die Smoczastraße hatte sie seit anderthalb Monaten nicht mehr gesehen. Damals hatten auf der Straße Leben und Trubel geherrscht. Jetzt war alles totenstill und verlassen.

Als sie in der Miłastraße ankamen, war es sieben Uhr morgens. An jenem Tag versammelten sich alle überlebenden Juden des Warschauer Ghettos. Diejenigen, die sich im Ghetto versteckt hatten, nicht mitgezählt.
Plötzlich waren sie von Polizisten und Soldaten umringt. Man befahl ihnen, in ein Haus zu gehen und dort auf weitere Anweisungen zu warten. Doch Artur wurde sogleich herausgegriffen. »Papa durfte sich seiner Gruppe anschließen, und wie zuvor durfte er das Ghetto verlassen, um zu seiner Arbeit zu gehen.«

»Man musste in Wohnungen gehen, in denen überhaupt keine Menschen mehr waren«, erinnert sich Nina. »Da waren Möbel, ich weiß nicht mehr, ob es auch noch andere Besitztümer gab, aber es waren keine Menschen mehr da.«
Die Wohnung, in die sie gewiesen wurden, war nicht groß, vielleicht drei Zimmer und eine Küche. Doch jetzt drängten sich dort mindestens 30 Menschen, und die meisten würden auch dort übernachten müssen – »Lebensmittel für 2 Tage« hatte es geheißen. Es gab ein

paar Betten in der Wohnung, die Übrigen mussten auf dem Fußboden schlafen.
Nina sah sich um, die meisten Gesichter waren ihr mehr oder weniger bekannt. Sie entdeckte an einem Tisch einen Stuhl und setzte sich.

»Hallo, Nina!« Sie erkannte die Stimme, konnte aber unter all den Menschen nicht ausmachen, wer gerufen hatte. »Nina! Hier!« Jetzt sah Nina, wer sie da rief: eine ihrer Nachbarinnen von der Nowolipiestraße. Das Mädchen hieß Jula und war ein paar Jahre jünger als Nina. Nina grüßte zurück. Dann sah sie, dass die Mutter des Mädchens auch da war. Nina, Fanja, Jula und Julas Mutter setzten sich zusammen und aßen ein karges Frühstück. Nina wurde langsam ungeduldig. Sie ging zum Fenster und sah auf die Miłastraße hinunter. Dort bewegten sich langsam, sehr langsam, die Menschen in langen Zügen. Tausende von Menschen, vielleicht zehntausend auf einmal. Wohin waren sie alle unterwegs? Worauf lief diese »Registrierung« eigentlich hinaus? Plötzlich hatte Nina eine Eingebung. Eine Eingebung, die sie für den Rest ihres Lebens bereuen würde.

Fanja hatte großen Respekt vor ihrer Tochter. Vielleicht ging sie deshalb trotz allem auf Ninas Vorschlag ein. Oder vielleicht wollte sie auch selbst mehr wissen. »Ich schlug meiner Mutter vor, dass ich auf die Straße hinuntergehen und versuchen würde, herauszubekommen, was da vor sich ging. Ich wollte sehen, ob ich nicht ein paar Neuigkeiten oder Informationen bekommen konnte, die erklärten, was da geschah.«

»Mutter dachte nach«, sagt Nina. »Dann sagte sie: ›Du darfst rausgehen, aber unter der Bedingung, dass du sehr vorsichtig bist.‹ Ich war sehr stolz über das Vertrauen. Und ich ging zur Tür.«
Da sprang Jula vom Tisch auf.
»Dann komme ich mit«, sagte sie.

Julas Mutter sah erschrocken drein. Sofort sagte sie zu ihrer Tochter: »Du gehst auf keinen Fall!«
»Jula sah mich flehend an«, erinnert sich Nina. »Vielleicht hätte ich selbst davon Abstand nehmen sollen zu gehen. Aber meine Mutter hatte mir vertraut und mir erlaubt zu gehen. Also sagte ich nur: ›Ich gehe allein.‹ Dann ging ich wieder zur Tür. Da hörte ich Jula noch einmal rufen: ›Ich komme mit!‹ Und plötzlich hatte sie mich eingeholt.«

Unten auf der Straße waren massenhaft Leute, und alle gingen in ordentlichen Reihen. Die langen Reihen bestanden aus den verschiedenen Werkstätten der Fabriken. Ganz vorn in jeder Gruppe ging jemand mit einem Schild, auf dem der Name der Fabrik und der Werkstatt geschrieben stand. Doch wohin waren sie unterwegs? Es dauerte eine Weile, bis Nina es sah:
»Die Menschen gingen auf dem Fahrweg, und ganz hinten war mitten im Fahrweg ein Tor. Das durchschritten sie. Dann konnte ich sie nicht mehr sehen. Ich fragte jemanden und erfuhr, dass diese Gruppen eine deutsche Kontrolle passierten. Diejenigen, die zu den arbeitenden Einheiten gehörten, würden wieder in ihre Fabriken kommen. Diejenigen, die zu keiner Fabrik

gehörten, wurden aussortiert und nach Osten deportiert. Ich erfuhr auch, dass meine Werkstatt am nächsten Tag gehen sollte.«

Nina hatte sich darauf konzentriert, Informationen zu erhalten, sodass sie für einen Moment Jula vergessen hatte, die ihr noch immer folgte. Als sie sich jetzt umschaute, konnte sie das Mädchen zunächst nicht sehen. Sie entdeckte sie erst, als sie sich halb auf dem Fahrweg befand:
»Sie rief nur: ›Das sind meine! Das sind meine!‹«, sagt Nina. »Und dann stürzte sie hinaus und in die Gruppe, um mit ihr weiterzuwandern. Ich versuchte sie aufzuhalten. Ich rief: ›Nein, tu das nicht!‹ Sie ignorierte mich. Ich rief wütend: ›Denk doch an deine Mutter, die auf dich wartet!‹ Ich lief hinterher, ich tat alles, was ich konnte. Aber Jula wollte nicht hören. Sie marschierte mit ihren Kameraden weiter. Und ich musste in die Wohnung zurückkehren und ihrer Mutter berichten, dass ihre Tochter mit ihrer Werkstatt davongezogen war.«
Nina erinnert sich nicht an die Reaktion von Julas Mutter. Vielleicht hat sie sie verdrängt. Aber sie erinnert sich an ihre eigene: »Jula kam niemals zurück. Ich kann mir das nicht verzeihen. Bis heute kann ich nicht anders als denken, dass es vielleicht meine Sturheit war, die Jula dazu brachte, auf die Straße zu gehen, anstatt bei ihrer Mutter zu bleiben.«

Es dauerte trotzdem noch eine Weile, bis man begriff, was es bedeutete, »nach Osten« deportiert zu werden. Oder zumindest, bis man diese Information als wahr annehmen konnte. Denn schon am nächsten Tag, dem 7. September 1942, sollten die auf der Miłastraße versammelten Juden ein neues Wort hören. Das Wort lautete »Treblinka«.

Bis dahin hatte noch niemand von diesem Ort Treblinka gehört, denn im Grunde genommen war das nur eine Waldlichtung gewesen. Doch dorthin, so hieß es, seien 200 000 bis 300 000 Menschen aus dem Warschauer Ghetto gebracht worden, alle, die »nach Osten« fahren sollten. Und dort waren sie alle ermordet worden.

»Es war das erste Mal, dass wir von den Gaskammern hörten«, erzählt Nina. »Es war das erste Mal, dass jemand zu uns sagte, dass hier Massenmorde geschahen. Da war ein Mann, der aus Treblinka geflohen und in die Miłastraße gekommen war. Und ich kann mich so gut erinnern, dass meine Mutter, als dies in der Wohnung voller Menschen erzählt wurde, sagte: ›Das ist nicht möglich. Das ist eine Lüge. Glaub das bloß nicht.‹«

## *Kapitel 25*

Es war der Zettel oder vielmehr die Farbe des Zettels, die darüber entschied, in welche Richtung man nach dem Tor, an dem all die Deutschen standen, abbiegen musste. Das war allen klar.

»Es hieß, der grüne Zettel würde als Passierschein bei der Selektion dienen«, sagt Nina. »Dennoch war man misstrauisch, ob die Deutschen, wenn der Transport nach Osten nicht voll wurde, etwas später am Tag nicht doch jeden nehmen würden, ganz unabhängig von der Farbe des Zettels. Also beschlossen wir, zu versuchen, so weit wie möglich vorn in der Schlange zu gehen.«

Es war der 7. September 1942, und es kam die Reihe an Ninas Werkstatt, den langen Weg die Miłastraße entlangzuwandern. Den langen, angstvollen, ohnmächtigen Gang zum Tor. Ein Gang, bei dem es um Leben und Tod ging, wie man nun ahnte.

Nach Ninas Erinnerung sollte auch die Firma Többens an diesem Tag gehen. Rudek würde jedoch nicht zusammen mit seiner Schwester und seiner Mutter gehen.

»Mama hatte sich gekämmt und geschminkt und alles

getan, um möglichst jung und kräftig auszusehen«, erinnert sich Nina. Für Nina hingegen kam es darauf an, erwachsen auszusehen, deshalb hatte Fanja sie auch geschminkt. Die Menschen zwischen zwanzig und vierzig wurden als die wertvollsten Arbeitskräfte angesehen.

»Der Kessel an der Miła«, sollte dieses Finale der großen Säuberungsaktion im Warschauer Ghetto und der Deportation der Ghettobewohner in die Gaskammern von Treblinka später genannt werden. Am Morgen des 6. September wurden zwischen 80 000 und 100 000 Menschen im nördlichen Teil des Warschauer Ghettos auf der Miłastraße versammelt. Nur 30 000 würden in die Fabriken zurückkehren. Doch Nina und ihre Mutter wussten nichts davon, als sie sich zu dem langen Marsch durch das Tor versammeln mussten, an dem SS-Oberscharführer Hantke stand und darüber entschied, wer in die Fabrik zurückkehren durfte – wer leben und wer sterben sollte. Es wird von einem der Betriebsleiter bei Schultz berichtet, einem Mann namens Willi Lehmann, der an jenem Morgen selbst gezwungen war, in der Schlange zu stehen, als die Arbeiter der Fabrik Schultz durch das Tor in der Miłastraße gehen sollten. Lehmann war so genannter »Halbjude« – zwar hatte er eine hohe Stellung in der Fabrik inne, war aber zum Teil jüdischer Herkunft und mit einer Jüdin verheiratet. Also war auch Lehmann gezwungen, sich in die Reihe zu stellen. Doch musste er dort nicht lange bleiben, denn der Geschäftsführer der Fabrik Schultz, Rudolf Neumann, schaffte es ohne Schwierigkeiten, ihn mit Hinweis auf Lehmanns Bedeutung für die Firma heraus-

zubekommen. Schlechter stand es für Lehmanns zwei Töchter, die zehnjährige Renate und die zwölfjährige Helga. Hier konnte man kaum mit ihrer Bedeutung für die Firma argumentieren. Also nahm Geschäftsführer Neumann einfach an jede Hand eins der Mädchen und führte sie zu dem Tor, wo der allmächtige Oberscharführer Hantke stand. Er bat den SS-Mann darum, dass die Mädchen bleiben dürften. Hantke dachte einen Augenblick nach. Dann zuckte er mit den Achseln und sagte nur: »Köpfchen ist Köpfchen.«[8] Es gab immer noch andere, die Lehmanns Mädchen im Zug nach Treblinka ersetzen konnten.
Es ist kaum vorstellbar, dass Heniek und Maryla Wołkowicz ihren Sohn Rysio an diesem Tag mit zur Miłastraße genommen haben. Und es ist auch kaum vorstellbar, dass Oberscharführer Hantke ihm eine Bedeutung als Fabrikarbeiter zuerkannt hätte, wo doch so viele andere selektiert wurden. Doch gibt es niemanden mehr, der erzählen kann, wo sich Rysio an diesem Tag befand.

»Plötzlich verlor ich Mama in diesem Meer von Menschen. Das war schrecklich. So sehr ich auch suchte, ich konnte sie nicht wiederfinden.« Nina und Fanja waren schnell von der Menschenmenge verschluckt worden, die an diesem Morgen auf der Straße weiter einen langen Zug formte. Mutter und Tochter wollten zusammen gehen. Nina wollte auf keinen Fall dasselbe erleben wie Jula und den Kontakt zu ihrer Mutter ver-

8 Grabitz/Scheffler, S. 24

lieren. Denn was auch immer ihnen jetzt widerfahren würde, sie wollte es nicht allein erleben müssen.

»Ich wurde von Panik erfasst. Ich suchte und suchte, aber meine Mutter war nirgends zu finden. Da war plötzlich eine Bekannte, Halina, bei mir. Auch sie hatte ihre Mutter verloren und suchte ebenso verzweifelt wie ich. Und sie fragte mich: ›Nina, wohin soll man gehen? Wohin soll man sich stellen?‹ Und ich sagte in meiner Verzweiflung darüber, meine Mutter verloren zu haben, einfach: ›Ich weiß nicht, ich weiß nicht!‹ und lief weiter.«

Plötzlich entdeckt Nina ihre Mutter, weit entfernt. Fanja sucht ebenso verzweifelt wie sie. Nina drängt sich nach vorn und ruft. Es gelingt ihr, Fanjas Aufmerksamkeit zu erregen, und am Ende treffen sie wieder zusammen. Dann gehen sie gemeinsam ganz nach vorn in den Zug. Jetzt beginnt sich die große Menschenmenge langsam vorwärts zu bewegen. Zu beiden Seiten des Zuges stehen Wachleute und Soldaten. In einigen erkennt Nina jüdische Polizisten, andere sind polnische Polizisten in ihren typischen blauen Uniformen. Dann sind da die Männer, die man im Ghetto voller Angst die »Ukrainer« nennt, oder auch »Trawniki«, nach dem Lager, in dem sie trainiert wurden. Diese Trawniki sind SS-Männer aus anderen Ländern als Deutschland, oft auch Balten oder Ukrainer, und man kann sie an ihren besonderen Uniformen erkennen: lange schwarze Mäntel bis zu den Waden, mit jeweils einer langen Reihe glänzender Knöpfe auf jeder Seite. Auf dem Kopf tragen sie schwarze Käppis. Das Einzige, was an den Trawniki nicht schwarz ist, sind die Knöpfe, das

Koppel und die hellen Kragen. Und die Stöcke, die sie so fleißig anwenden.
Nina und ihre Mutter gehen langsam mit dem sich dahinschleppenden Zug. Kann man das Gefühl höchster Angst mehrere Stunden lang ertragen? Kann man an etwas anderes denken? Nina weiß, dass sie während des langen Marsches zum Tor an etwas anderes denken wird. Sie wird daran denken, dass sie Halina nicht sehen konnte, das Mädchen, dass zu ihr gekommen war und sie gefragt hatte, wohin sie sich stellen sollten, das Mädchen, das sie gestört hatte, als sie voller Panik umherlief und nach Fanja suchte. Und jetzt plötzlich erinnert sie sich, was Halina gefragt hat. Und was Nina nicht geantwortet hat. Sechzig Jahre später erinnert sich Nina immer noch, was sie nicht geantwortet hat: »Ich habe vergessen, ihr zu sagen, dass sie sich an den Anfang des Zuges stellen sollte.«

In ihrem Zug standen sicher tausend Menschen, alle aus ihrer Werkstatt oder aus den angrenzenden. Die Menschen drängten aus allen Richtungen herbei, die meisten mit kleinen Bündeln in den Händen.
Ganz weit hinten sahen sie das Tor, die Schlagbäume. Nina sah, wie sich der Zug dahinter in zwei Teile teilte. Einige gingen nach rechts, andere nach links. Sie konnte nicht erkennen, welcher Teil in die Fabrik zurückführte.
Die Menschen um sie herum waren still, erstaunlich still dafür, dass es so viele waren. Man wagte nicht, einen Klagegesang anzustimmen, denn dann sprachen sie einem bestimmt die Eignung für die Fabrikarbeit an.

Man musste dort im Zug so stark, gesund und frisch wie möglich aussehen, obwohl man nichts anderes als Angst fühlte. Vor Nina ging ein Mann mit einem Rucksack. Nach einer Weile konnte Nina nur noch auf diesen Rucksack starren, vielleicht, um etwas anderes zu sehen, als immer nur die Schlagbäume dort hinten. Doch mit dem Rucksack hatte es noch etwas anderes auf sich. Es hatte geheißen, dass sie Essen und Kleider für zwei Tage mitnehmen sollten. Selbst wenn man Essen und Kleider für eine ganze Familie mitnahm, würde das Paket doch nicht sonderlich groß oder schwer sein. Nicht, wenn es nur um zwei Tage ging, von denen ja anderthalb bereits vergangen waren. Irgendetwas war seltsam mit dem Rucksack. Er war viel zu groß. Und viel zu schwer. Manchmal zog der Mann seine Schultern hoch, um den Rucksack höher auf die Achseln zu bringen. Und dann führte er manchmal die Hand hinter den Rücken und befühlte den Inhalt. Er war vielleicht 35 und ging allein. Rechnete er damit, nach Osten reisen zu müssen? Vielleicht wollte er mehr von seinem Hab und Gut mitnehmen.

Jetzt waren sie fast am Tor. Die Reihen der »Ukrainer« und der Deutschen wurden immer dichter. Fanja holte schnell noch einmal ihren Kamm heraus und kämmte sich. Dann schaute sie Nina an und glättete ihr noch ein paar Haarsträhnen.

Jetzt waren es nur noch fünf Reihen vor ihnen. »Rechts, links, links, links, rechts ...« Die eintönigen Laute drangen jetzt deutlich und klar zu ihnen. Es war eine Stimme, ein Mann, der bestimmte. Seine deutsche Aussprache war perfekt. »Links, links ...« Nina begann zu ahnen, wofür »links« stand. Nach dem Mann mit der eintönigen Stimme gingen die Reihen mit den Soldaten weiter. Aber auf der linken Seite war der Zug viel dichter und die Juden wurden gründlicher geordnet. Links, das bedeutete nach Norden. Der Umschlagplatz lag im Norden. Die Gleise lagen im Norden und die hungrigen Züge, die niemals zu lange stillstehen durften. Rechts, das hieß nach Süden. Dort lag die Fabrik.

»Wir näherten uns dem Tor«, erinnert sich Nina. »Auf beiden Seiten der Straße standen Deutsche und beobachteten uns. Plötzlich kam einer von ihnen zu uns. Er sah den Mann vor mir an, den mit dem Rucksack. Dann brachte er den ganzen Zug zum Stehen. Und öffnete den Rucksack.«

Natürlich wusste Nina nicht, wer SS-Oberscharführer Hantke war. Wir können nur annehmen, dass er es war, der zu dem Mann vor ihr kam. Aber wir wissen es nicht. Auf jeden Fall hatte er genügend Macht, um den ganzen Zug anzuhalten. Er wusste, was in dem Rucksack war.

»Er zog einen kleinen Jungen heraus. Einen kleinen Jungen, vielleicht zwei Jahre alt. Dann warf er den Jungen dem Mann in den Arm und sagte ihm, er sollte nach links gehen. Natürlich machte er sich überhaupt nicht die Mühe, auf den Zettel des Mannes zu schauen.«

Nina und ihre Mutter durften nach rechts gehen. Sie hatten die richtige Farbe auf ihrem Zettel. Sie standen an der richtigen Stelle im Zug.

»Alle mit den grellgelben Zetteln mussten nach links gehen«, sagt Nina. »Alle am Ende des Schultz-Zuges mussten nach links gehen. Links bedeutete Treblinka

und die Gaskammern. Aber das wussten wir damals noch nicht wirklich.«
Eine von denen, die nach links gingen, war Halina.
»Ich habe sie nie wieder gesehen. War es meine Schuld? Ich war so verzweifelt darüber, meine Mutter in diesem Meer von Menschen nicht zu finden, dass ich überhaupt nicht daran gedacht hatte, ihr zu sagen, sie solle ganz nach vorn gehen. Und ich litt große Gewissensqualen, weil keines der beiden Mädchen Jula und Halina zurückkam. Ich hatte das Gefühl, das sei meine Schuld gewesen.«

Ungefähr eine Stunde später waren sie wieder in der Fabrik. Es waren nur noch ungefähr die Hälfte der Arbeiter von Schultz übrig. 8000 von 14 000. Alle, wirklich alle aus Ninas Familie waren noch da: Nina, Rudek, Fanja, Artur. Und Maryla, Heniek und der kleine Rysio. Die hatten es alle auf dem erlaubten Weg geschafft, bleiben zu können.
»Wir kamen zurück, unsere kleine Familie, alle kamen zurück in die Nowolipiestraße. Uns wurde noch ein klein wenig mehr Zeit zusammen gegönnt.«

Plötzlich erschien die kleine Wohnung wie das Paradies, wie ein Rückzugsgebiet vor dem Bösen.
»Alles ging wieder seinen gewohnten Gang«, erinnert sich Nina. »Wir durften noch ein wenig länger leben. Aber die Gerüchte über die Vernichtung verbreiteten sich immer weiter. Immer öfter hörte man die Namen Treblinka, Chełmno und Majdanek. In Chełmno wurden die Menschen in Gasbussen getötet, in Treblinka

in Gaskammern, und wie sie in Majdanek getötet wurden, wusste man nicht genau. Ich glaube, in diesem Zusammenhang brachte meine Mutter eine Ansicht zum Ausdruck, gegen die ich mich nicht auflehnte, die ich aber doch falsch fand. Sie sagte, alle Juden hätten während der spanischen Inquisition konvertieren sollen. Denn dann wäre einem dieser Schrecken erspart geblieben.«

Man ahnte, dass die 85 oder 90 Prozent der ursprünglichen Ghettoeinwohner, die deportiert worden waren, jetzt tot waren. Und dass es eigentlich keinen sinnvollen Grund gab, warum ausgerechnet das eigene Leben verschont worden war. Das machte das Überleben zu einer Frage der Zeit. Dennoch wurde das Dasein fortgesetzt, man ließ die Routine den Tag bestimmen, man besorgte Essen, man arbeitete, man schlief. Und wenn man etwas fühlte, versuchte man, es für sich zu behalten.

»Die meisten empfanden vor allem Furcht«, sagt Nina. »Man hatte Angst, schreckliche Angst. Aber man sprach nicht viel.«

Für Nina stellte Szymon weiterhin die Verbindung zu einem irgendwie normalen Leben und Geisteszustand dar. Sie trafen sich weiterhin jeden Tag in der Fabrik, sie sprachen ein wenig miteinander und versuchten manchmal, etwas von früheren Zeiten wiederherzustellen, aus den Tagen vor den Deportationen.

»Er lud mich nach Hause ein, er wollte, dass ich seine Schwester und seine Familie traf. Vielleicht war Szymon die einzige Bekanntschaft, die ich während der

Zeit bei Schultz machte. Zumindest, was Gleichaltrige betraf. Andere Gleichaltrige gab es da nicht. Alle meine Freunde waren ja weg, deportiert. Szymon hängte sich an mich. Ich hatte kein Bedürfnis danach, irgendwelche Bekanntschaften zu vertiefen, ich dachte überhaupt nicht daran, aber es entspannte mich ein wenig, ihn unter den Umständen zu treffen, in denen wir uns befanden. Aber es waren keine tiefen Gefühle ... Von seiner Seite vielleicht, aber von meiner nicht, denn wir lebten ja unter so extrem schwierigen Verhältnissen. Man reagierte nicht mehr wie ein Teenager, was ich noch getan hatte, solange das Ghetto existierte. Da hatte ich immer noch das Leben eines Teenagers geführt. Doch später nicht mehr, nicht nachdem die Vernichtung begonnen hatte und nur so eine kleine Gruppe übrig blieb, und als wir in eine Fabrik gesperrt wurden. Da verschwand der Rest meiner Jugendjahre, da war sozusagen Schluss. Es war ja alles nur Zwang. Und das habe ich in dieser Situation dann wohl doch begriffen, dass mehr oder weniger ein Wunder geschehen müsste, wenn wir das überleben sollten.«

Es war an Jom Kippur, dem höchsten Feiertag im jüdischen Kalender, der an diesem Tag auf den 21. September fiel. An diesem Tag forderte die große Säuberungsaktion ihren letzten Tribut. Im Warschauer Ghetto hatte es mehr als 2000 für den Jüdischen Ordnungsdienst tätige Polizisten gegeben. Offiziell stellten sie den polizeilichen Zweig des Judenrates in Warschau dar, doch natürlich glaubte niemand, dass irgendjemand anders als die Deutschen sie steuerte. Als die jüdischen Polizisten

schließlich eingesetzt wurden, um – manchmal mit Gewalt – Menschen für die Deportation einzusammeln, wurden sie von der jüdischen Bevölkerung mit grenzenlosem Hass betrachtet. »Ich habe eine Frau und drei Kinder«, soll ein jüdischer Polizist gesagt haben, als er ein Kind aus den Armen seiner Mutter riss. »Wenn ich nicht vor fünf Uhr meine fünf Köpfe abliefere, nehmen sie meine eigenen Kinder. Versteht ihr nicht? Ich werde für meine eigenen Kinder geschlagen!«
Es würde nichts helfen. An jenem Tag im späten September 1942 betrachtete man den Auftrag der jüdischen Polizei als vollendet. Die Polizisten waren nicht mehr unersetzlich, wie die Arbeiter, die die deutschen Uniformen herstellten und reparierten. Die Polizeileute hatten ihren Auftrag erfüllt und ihr Lohn war der Tod. Am 21. September wurden bis auf 380 alle jüdischen Polizisten Warschaus zum Umschlagplatz verbracht und zusammen mit ihren Familien in die Züge geschoben.

Vielleicht begannen einige Juden im Ghetto erst im Bewusstsein dieser Geschehnisse umzudenken. Es schien keine sichere Methode mehr zu geben, sich im Ghetto zu halten, keine sichere Art, sich am Leben zu erhalten. In diesem Spätsommer wurde die ZOB, die organisierte jüdische Kampfbewegung im Warschauer Ghetto gebildet. Die Bewegung wurde hauptsächlich von einigen linken zionistischen Organisationen gebildet, und später mit Mitwirkung der nicht-zionistischen Arbeiterorganisation Bund. Dies geschah nicht in der vergeblichen Hoffnung, die Deutschen besiegen zu können, sondern mit dem Gedanken, dass die Deutschen denselben Schmerz erleiden sollten wie wir, wenn sie das nächste Mal zuschlugen. Wie Emmanuel Ringelblum, der Anführer des Widerstands und Organisator des unterirdischen Ghettoarchivs schrieb:

*»Verheiratete Männer rauften sich die Haare, weil sie zugelassen hatten, dass die Deutschen ungehindert ihre Liebsten, ihre Ehefrauen und Kinder weggebracht hatten; Kinder verfluchten sich laut selbst, weil sie zugelassen hatten, dass ihre Eltern abgeführt wurden. Alte schworen laut: Niemals sollen die Deutschen uns ungestraft von hier wegführen; wir werden sterben. Aber die gemeinen Angreifer werden für unser Blut mit ihrem eigenen bezahlen.«*

## *Kapitel 26*

Der Krieg lief nicht gut für die Deutschen, vor allem nicht an der Ostfront. Es kamen jetzt immer mehr und immer blutigere Pullover in die Firma Schultz. Es hieß, dass die deutsche Armee eine große Schlacht in der russischen Stadt Stalingrad schlug. Zu Beginn hatte der deutsche Generalfeldmarschall Paulus große Erfolge mit seiner Offensive gehabt, und die schwer in Bedrängnis geratenen Russen hatten mehr und mehr Soldaten entsenden müssen, mittlerweile über eine halbe Million Mann. Doch am Ende hatte es gewirkt: Im November 1942 hatte sich der Ring um die 6. Armee der Deutschen geschlossen. Der Krieg hatte seinen Wendepunkt erreicht.

Im Warschauer Ghetto jedoch hatten die Juden viel zu lange darauf gewartet, befreit zu werden, als dass sie es wagten, ihre Hoffnung auf die neuen Gerüchte zu setzen. Man wusste, dass der Krieg früher oder später zu Ende gehen würde. Doch gab es nur noch wenige, die zu hoffen wagten, dass sie bis dahin überleben würden.

Im Dezember 1942 schreibt die schwedische Zeitung

*Dagens Nyheter* über die »Entvölkerung« des Warschauer Ghettos. Die Nachricht wird in der ganzen Welt verbreitet. In der schweizerischen Tageszeitung *Neue Züricher Zeitung* schreibt man am 28. Dezember:

> *»Die Aussiedlung ist inzwischen soweit fortgeschritten, dass sich nur noch eine verschwindend kleine Zahl von Juden im Warschauer Ghetto befindet. Von deutscher Seite ist weder die Aussiedlung amtlich bekanntgegeben, noch sind Andeutungen über das Schicksal der deportierten Juden gemacht worden.«*[9]

Im Januar 1943 war es kalt in den Fabrikhallen, und der 20. Januar bildete da keine Ausnahme. Sowohl Nina als auch Fanja hatten bei der Arbeit ihre Mäntel an. An den Händen trugen sie Handschuhe, um nicht zu frieren, wenn sie die kaputten grünen Pullover flickten. Doch Nina machte sich vor allem Sorgen um ihren Vater, der draußen in der schrecklichen Kälte schwere Ziegelsteine schleppte. Ansonsten hatte sich eine gewisse Ruhe über ihr Leben gelegt. Seit September hatte es keine Deportationen mehr gegeben. Das war vier Monate her, und Nina hatte nicht von einem einzigen Fabrikarbeiter gehört, der seither verschwunden wäre. Alles deutete darauf hin, dass die Deutschen die Juden, die noch da waren, tatsächlich brauchten.
Die Mittagspause kam, und Szymon ging durch die Halle zu Ninas und Fanjas Tisch. Er kam dort nie an.

---

9 Grabitz/Scheffler, S. 178

Weder Szymon noch Nina oder irgendein anderer der Juden in der Farbik wusste, dass dem Warschauer Ghetto anderthalb Wochen zuvor, am 9. Januar, ein überraschender Besuch abgestattet worden war. Reichsführer Heinrich Himmler, der oberste Verantwortliche für die Durchführung der Judenvernichtung, war auf einen schnellen Besuch gekommen. Er war wütend, denn einige Monate zuvor hatte er den Befehl erteilt, dass das Warschauer Ghetto vor dem Jahreswechsel 1942/43 geräumt sein müsse. Das war noch nicht geschehen. Der Reichsführer war erbost.

Diesmal gab es keine geordnete Sammlung wie damals, als sie in die Miłastraße sollten. Diesmal waren sie nicht vorgewarnt worden.

Es gab auch keine Rede von einem der Fabrikchefs. Die SS-Männer – diesmal waren es SS-Männer – kamen einfach in die Fabrik gelaufen und fingen an, scheinbar völlig planlos Menschen herauszuholen. Nina konnte nicht entdecken, nach welchem Prinzip ausgelesen wurde, denn sie gehörte zu den ersten, die gemeinsam mit ihrer Mutter durch die Tore der großen Fabrik geschoben wurden. Nina und Fanja befanden sich auf dem Platz vor der Fabrik Schultz. Umgeben von Massen von SS-Leuten. Und diesmal sprach niemand von irgendeiner »Registrierung«.

»Mit einem Mal standen wir in einer lange Kolonne in der Nowolipiestraße«, erzählt Nina, »zusammen mit Hunderten anderer, die herausgegriffen worden waren. Es war schrecklich kalt.«

In deutschen Firmen herrschte Gründlichkeit: Hinterher wurde in den Büchern der Firma Schultz festgehalten, dass an diesem Tag die Anzahl der Arbeitskräfte um 570 verringert worden war – 420 Frauen und 150 Männer. Wurden die Männer als wertvoller für die Fabrikarbeit angesehen? Das ist schwer zu sagen, aber wahrscheinlich war es nicht das, was das offensichtliche Ungleichgewicht ausmachte. Denn fast alle, die herausgegriffen wurden, waren Facharbeiter. Vermutlich waren die SS-Leute einfach in einige willkürlich ausgewählte Fabrikhallen gegangen und dort waren dann zufällig mehr Frauen gewesen. Zu diesem Zeitpunkt arbeiteten 7429 Juden bei Schultz. Nina und Fanja hatten Pech gehabt.

Was Nina und ihre Mutter auch nicht wussten, war, dass die Deutschen bereits zwei Tage zuvor, am 18. Januar, begonnen hatten, Himmlers neuen Befehl auszuführen, nach dem sofort 8000 Menschen aus dem Warschauer Ghetto in die Gaskammern von Treblinka zu deportieren waren. Sie hatten davon nichts bemerkt, weil es in dem großen Ghetto geschehen war und nicht in dem kleineren Bezirk, in dem sie sich befanden.
Diese Aktion hatte die erste Revolte im Warschauer Ghetto ausgelöst. Die jüdische Widerstandsorganisation ZOB hatte zum ersten Mal zu den Waffen gegriffen. Ihre Pistolen und Handgranaten waren in den Monaten zuvor ins Ghetto geschmuggelt worden. »Die Waffen wurden auf genau dieselbe Weise ins Ghetto geschmuggelt wie alle anderen Waren auch«, schreibt Marek Edelman, einer der wenigen überlebenden Ghetto-

kämpfer. »Bestochene polnische Polizisten sahen weg, wenn an bestimmten Stellen die schweren Pakete über die Mauer geworfen wurden.«
Doch die Widerstandsgruppen waren vollkommen überrumpelt, als die Deportationen wieder anrollten, und diesmal auf eine scheinbar ungeordnete Weise. Und da die Mitglieder des ZOB und ihr Anführer Mordechaj Anielewicz sofort den Schluss zogen, dass nun die endgültige Liquidierung des Ghettos begonnen habe, gingen sie zum Angriff über, obwohl sie eigentlich noch nicht bereit waren. Es wurden zwei Gruppierungen ausgeschickt, ein Teil der Widerständler hatte einige der Waffen dabei, die in das Ghetto geschmuggelt worden waren. Die erste Gruppe eröffnete das Feuer auf die deutschen Soldaten. Die zweite Gruppe mischte sich unter einen der Züge von Juden, die zum Umschlagplatz gebracht wurden. Auf ein bestimmtes Signal hin griffen sie die Deutschen an, Mann gegen Mann. Mehrere Deutsche und fast alle jüdischen Widerständler wurden getötet. Aber der Zug wurde aufgebrochen, und ein Teil der Juden konnte fliehen.
Deshalb waren jetzt, zwei Tage später, zwei komplette Kompanien der Lubliner SS versammelt worden, um die Arbeiter aus den Fabriken Schultz und Többens zu holen und auf die Züge nach Treblinka zu verfrachten. Warum man ausgerechnet 570 Leute von Schultz nahm und nicht alle 7429 Arbeiter, dafür gibt es keine Erklärung. Vermutlich ging es nur darum, so schnell wie möglich Himmlers völlig willkürlichen Befehl auszuführen: 8000 Leute weniger im Warschauer Ghetto. Und natürlich holte man nicht zuerst die Arbeiter aus

den Fabriken. Nach ihnen griff man erst, wenn es keine anderen mehr zu geben schien. Diese Aktion, die an einem einzigen Tag durchgeführt werden sollte, dauerte nun schon drei Tage.

Sie standen und zitterten nebeneinander auf dem großen Hofplatz. Nina wusste, wohin sie jetzt unterwegs waren. Der Zug formierte sich noch, als sie einen Blick zu ihrer Mutter warf. Fanja sah angespannt aus.
»Dann packte Mama plötzlich meinen Arm, und mit der anderen Hand drückte sie etwas in meine. Es war ihre goldene Uhr, die sie von Onkel Charlie bekommen hatten. ›Nimm meine Uhr und lauf!‹, flüsterte sie. ›Wenn jemand dich aufhalten will, dann gib ihm die Uhr.‹ Ich sah sie verwirrt an und spürte, wie die Panik in mir aufstieg. Dann sah ich mich um, sah all die Menschen und all die Polizisten und Soldaten. ›Nein, Mama, ich will nicht!‹, sagte ich. ›Ich will bei dir bleiben.‹ Sie packte wieder meinen Arm. ›Nina, wenn du nicht fliehst, kann ich auch nicht fliehen! Du musst zuerst gehen. Lauf! Lauf!‹ Und da nahm ich die Uhr, und ich rannte.

## *Kapitel 27*

Nina war normalerweise keine besonders schnelle Läuferin. Aber jetzt war es, als würde eine höhere Kraft – vielleicht die Willensstärke ihrer Mutter, vielleicht ihr eigener absoluter Wille zu leben – sie befähigen, so schnell zu laufen wie nie zuvor. Der offene Platz vor der Fabrik war lebensgefährlich, vor allem, wenn man sie rennen sah. Doch sie war gezwungen, ihn zu überqueren. Auf der anderen Seite des Platzes gab es einen Hauseingang, das konnte Nina noch sehen, ehe sie sich aus dem Zug schlich. Sie rannte so schnell sie konnte und war in nur wenigen Sekunden dort. Niemand hatte sie aufgehalten.

Nina zog die Tür mit einem Ruck auf und huschte hinein. Vor ihr lag ein langer Torweg und dahinter ein Hof. Jetzt war es plötzlich still um sie her. Ihre Schritte hallten, als sie den langen Weg hinunterlief. Natürlich waren alle, die in dem Haus wohnten, in den Fabriken. Oder sie standen draußen auf dem Platz und warteten darauf, die lange Wanderung zum Umschlagplatz anzutreten. Jetzt war Nina im Innenhof. Er war leer. Auf der anderen Seite lag ein Hinterhaus. Mit einigen raschen

Schritten war sie dort und machte die Haustür auf. Jetzt konnte sie nur noch ihr eigenes Keuchen vernehmen. Nina rang nach Atem, während sie die Treppen hinauflief, aber sie wagte nicht stehen zu bleiben. Das Haus war nicht hoch, vielleicht drei Stockwerke, aber die Treppe war schmal und dunkel. Es war auch kalt, aber Nina spürte die Kälte nicht. Sie fühlte eigentlich nichts außer der Angst. Und dem Drang, weit weg zu rennen. Anderthalb Stockwerke konnte sie hinauflaufen, dann musste sie einen Augenblick stehen bleiben, um nicht ohnmächtig zu werden. Und da hörte sie es. Schritte.

»Auf der zweiten Etage hatte er mich eingeholt. Es war ein Polizist, ein polnischer Polizist. Er packte mich.«

Manchmal vergeht ein Jahr in einem Augenblick, und manchmal währt eine Sekunde eine Ewigkeit. Die Katastrophe war da. Nina war geflohen und festgenommen worden. Im Grunde genommen war sie tot. Doch während der Ewigkeit, die in dieser Sekunde verging, in der Zeit, die der Polizist benötigte, um sie zu packen, zum Stehen zu bringen und umzudrehen, konnte Nina noch an das tote Ding denken, das sie krampfhaft mit den Fingern umschloss. Ihre Mutter hatte gesagt, dass sie es demjenigen geben sollte, der versuchen würde, sie zu ergreifen. Als ob diese Person dann loslassen, sich dankend verbeugen und ihres Weges gehen würde. Als ob diese Bestechung ihr das Leben retten würde. Der Gedanke schien absurd. Aber Nina tat, was ihre Mutter gesagt hatte, Nina tat fast immer, was ihre Mutter sagte.

Onkel Charlies Goldarmbanduhr schlägt hart und geräuschvoll auf dem harten Steinfußboden auf. Dann

fällt sie ein paar Stufen hinunter. Der Polizist muss begriffen haben, dass sie ihm etwas geben wollte. Er muss gehört haben, wie die Uhr fiel. Aber es schert ihn nicht. Er interessiert sich nur für seine Beute – Nina.
»Er packte mich und zog mich die Treppe hinunter, über den Hof und durch den langen Torweg. Dann kamen wir auf der anderen Seite heraus.«

Die nun folgenden Sekunden sind vielleicht die entscheidendsten in Ninas Leben. Sie vergehen in Zeitlupe, wie schon dieser ganze Tag. Als Nina wieder auf den Platz kommt, scheint es paradoxerweise, als sei nichts geschehen. Es steht immer noch die große Menschenmenge auf dem Platz, genau wie zuvor, als Nina losgerannt ist. Die Menschen sind alle mit sich selbst beschäftigt, mit ihrer eigenen Angst oder mit der Kälte oder mit den schrecklichen SS-Soldaten, die man mittlerweile im Ghetto fast gar nicht mehr zu Gesicht bekommt. Niemand schaut zu ihr. Ihre Abwesenheit scheint nicht bemerkt worden zu sein, und niemand da draußen auf dem Platz scheint zu registrieren, dass sie wiederkommt. Doch, eine Person schaut sie an, das begreift Nina jetzt. Er ist ein deutscher SS-Mann, das kann sie auch noch erkennen. Und dann begreift sie, was er in seiner Hand hat.
Die Pistole wird langsam auf sie gerichtet, unerhört langsam. Der SS-Mann sieht ihr geradewegs ins Gesicht und zielt auf sein Opfer. Das linke Auge ist geschlossen, das rechte ist zu einem schmalen Schlitz geöffnet. Es ist auffällig, wie lange er braucht. Hat er Schwierigkeiten mit dem Zielen? Vielleicht zittert seine Hand ein wenig, weil es so kalt ist? Oder fühlt es sich nur so lang

an, weil Nina weiß, dass sie einen Moment später tot sein wird?

»Es war der Schrei eines Tieres, solch ein abgründiger, verzweifelter Schrei. Ich werde ihn nie vergessen. Es klang nicht wie von einem Menschen.«
Der SS-Mann scheint einen Moment lang verwirrt. Er ist unterbrochen worden. Er scheint sein Vorhaben nicht ausführen zu können. Eine Kraft, die stärker ist als sein eigener Wille, bringt ihn aus dem Konzept.
»Schließlich ließ er die Pistole sinken. Er ging zu mir, packte mich, schlug mich einige Male auf den Kopf und führte mich dann zurück in den Zug. Zu Mama. Sie weinte haltlos.« Und dann fügt Nina hinzu: »Es war Mamas Schrei, der ihn aufhielt. Das glaube ich.«
Nina war an einen Jäger geraten, der dennoch nicht so sadistisch veranlagt war, dass er von dem Schmerz stimuliert wurde, den er zufügen könnte.

## *Kapitel 28*

Der Weg von der Nowolipiestraße zum Umschlagplatz ist weit, schrecklich weit. Und alle, die an diesem Tag in der Kolonne marschieren, müssen das Gefühl haben, das man hat, wenn man ohne funktionstüchtigen Fallschirm aus einem Flugzeug springt. Alle in diesem Zug wissen, dass sie sterben werden, doch das Schlimmste daran ist, dass sie noch so furchtbar viel Zeit haben werden, darüber nachzudenken. Darüber nachzudenken, dass jetzt der Moment da ist, in dem das Leben zu Ende ist. An ihre Liebsten, die vielleicht noch im Ghetto sind und mit denen sie nie wieder sprechen können. An die Trauer und den Schmerz, den sie hinterlassen werden.

Langsam wandern sie durch Niemandsland. Abgesehen von den stampfenden Füßen und den SS-Leuten, die manchmal »Schnell, schnell!« rufen, ist es still und öde. Der Weg ist ihnen bekannt, es ist fast derselbe, den Nina und Fanja vier Monate zuvor zur Miłastraße gegangen sind. Doch jetzt ist es eisig kalt, und niemand hat ihnen gesagt, dass sie Kleider und Essen mit auf die Reise nehmen sollen.

»Wir gingen ungefähr in der Mitte der Kolonne«, erinnert sich Nina. »Mama war völlig niedergeschlagen, sie weinte, während sie neben mir herging. Keiner von uns sagte etwas. Wir wanderten einfach nur gehorsam weiter.«

Ludovic Lazarus Zamenhof war polnischer Jude – eigentlich hieß er mit Vornamen Ludwik Lejzer. So wie Fanjas Familie stammte er aus Bialystok, wo er 1859 geboren wurde. Zamenhof, der Augenarzt war, glaubte, der Grund dafür, warum Menschen unterschiedlichen Ursprungs so oft nicht miteinander zurechtkommen oder sich sogar hassen, liege darin, dass sie einander nicht verstehen. Dass sie nicht dieselbe Sprache sprechen. In Bialystok wurden nämlich mehrere verschiedene Sprachen gesprochen, sein eigenes jüdisches Volk hatte unaufhörlich zu leiden, und Zamenhof meinte, dass eine Ursache dafür die Sprachverwirrung sei. Um diese zu beseitigen, erfand er schon als junger Student eine eigene Sprache, von der er hoffte, dass sie einmal in der ganzen Welt gesprochen werden würde. Seine Sprache war einfach aufgebaut, sodass jeder sie ganz leicht lernen könnte. Seine Anhänger nannten die Sprache nach dem Pseudonym, das Zamenhof angenommen hatte, als er die Sprache veröffentlichte, nämlich »Doktoro Esperanto«, Doktor Hoffnungsvoll, »Esperanto«. Für Zamenhof war Esperanto nämlich nicht nur ein Kommunikationswerkzeug, sondern auch ein Mittel, um seine Idee von der friedlichen Koexistenz verschiedener Völker und Kulturen zu verbreiten.
Der jüdische Doktor Zamenhof und seine friedlieben-

den Ideen waren in Polen so beliebt, dass man in vielen Städten Straßen nach ihm benannte. In Lodz endete die Flaniermeile der katholischen Jugendlichen auf der Zamenhofstraße. In Warschau lag die Straße mit demselben Namen in dem Bezirk, der noch vieles symbolisieren sollte, doch ganz bestimmt keine friedliche Koexistenz.

Die Zamenhofstraße erstreckte sich durch das halbe jüdische Ghetto in Warschau. Die nördliche Hälfte. An einer der Ecken der Zamenhofstraße hatte vier Monate zuvor Oberscharführer Hantke gestanden, als an die 100 000 Menschen im Ghetto den Befehl erhielten, entweder nach links oder nach rechts zu gehen. Auf der Zamenhofstraße nach rechts gehen bedeutete, dass man in die Fabrik zurückkehren konnte, auf der Zamenhofstraße nach links gehen, dass man auf dem Weg in die Gaskammern von Treblinka war. Der Umschlagplatz lag nur einige Häuserblocks entfernt.

Jetzt ging Nina wieder denselben Weg, doch diesmal in die andere Richtung. In die Richtung, in die alle gegangen waren, die auf der Zamenhofstraße nach links hatten gehen müssen.

»Schließlich kamen wir an ein großes Gebäude«, erinnert sich Nina. »Die Kolonne hielt auf dem großen Platz davor. Wir waren auf dem Umschlagplatz.«

Natürlich war Nina noch nie auf dem Umschlagplatz gewesen, aber alle wussten, wie er aussah. Es war der furchterregendste Ort im ganzen Ghetto.

Der Zug von Nina und Fanja wurde mit den anderen vereint, die ebenfalls zum Umschlagplatz gebracht wor-

den waren. Sie blieben stehen. Und während sie da stehen und warten, während Nina ihre weinende Mutter umarmt, schießt ihr mit einem Mal ein Gedanke durch den Kopf: »Ich erinnerte mich plötzlich an etwas, das Rudek mir ein paar Wochen zuvor gesagt hatte: ›Denk dran, wenn ihr zum Umschlagplatz kommt, versucht, ganz nach hinten in die Kolonne zu kommen.‹ Ich wusste nicht, warum er das gesagt hatte, vielleicht hatte ich es auch deshalb vergessen gehabt. Doch jetzt erinnerte ich mich daran. Ich wandte mich zu Mama um. ›Mama, wir müssen nach hinten! Wir müssen uns ganz hinten anstellen!‹ Meine Mutter war völlig apathisch. ›Was spielt es für eine Rolle, wo wir stehen?‹, sagte sie nur. ›Das ist doch egal.‹ Aber ich beharrte darauf: ›Rudek hat es gesagt, Mama! Rudek hat es gesagt!‹, und dann fing ich an, sie zu ziehen. Ich zerrte sie in dem stillstehenden Zug nach hinten. Sie kam mit, aber hauptsächlich, weil sie keinen Willen mehr hatte. Langsam wechselten wir den Platz, Schritt für Schritt arbeiteten wir uns nach hinten, an allen anderen vorbei. Vorbei an den Arbeitern von Schultz, vorbei an allen, die auf der Straße aufgegriffen worden waren.«
Nina sah noch, dass eine von denen, an denen sie in der Kolonne vorbeikamen, die Mutter von Jula war, dem Mädchen, das ihr vier Monate zuvor auf die Miłastraße gefolgt war. Sie schaffte es nicht mehr, sie zu grüßen.

»Am Ende standen meine Mutter und ich ganz hinten«, erzählt Nina. »Da bewegte sich der Zug langsam wieder vorwärts. Vor uns war mitten auf dem Weg ein Durchgang. Auf jeder Seite des Durchgangs standen

deutsche Soldaten. Wir gingen durch die Tür. Dann, auf der anderen Seite, befanden wir uns auf einem Bahnsteig. Ganz hinten sah ich die Züge. Ich sah sie.«
Nina und Fanja waren an den Ort gekommen, an den ein halbes Jahr früher auch Celinka und ihre Familie gekommen war. An denselben Ort, an den die Nachbarn für drei Kilo Brot und ein Kilo Marmelade freiwillig gegangen waren. Und Tante Tecia war sicher auch hier gewesen, und Goldmans und Jula und Halina und Lusia und alle ihre Klassenkameraden. Nina war an den Ort gekommen, an dem knapp fünf Wochen zuvor fast 300 000 Einwohner von Warschau auf dem Weg in den Tod vorbeigekommen waren.
Die Kolonne bewegt sich vorwärts, auf die Züge zu. Jetzt sind nicht mehr so viele andere auf dem Bahnsteig, abgesehen von deutschen Soldaten und ukrainischen Wachleuten. Sie sind von ihnen umgeben, es werden mehr und mehr, je näher sie den Zügen kommen. Bald sind es weniger als fünfzig Meter. Nina sieht, wie die Menschen weiter vorn in der Reihe schon in die Züge gepfercht werden.
Da geschieht das Unglaubliche:
»Einer der Wachleute streckte plötzlich die Hand aus, genau vor uns, sodass wir nicht weiter mit der Kolonne gehen konnten«, erzählt Nina. »Und dann sagt er im Befehlston: ›Diese zwei hier sind ausgenommen.‹«
Der Mann trägt eine Polizeimütze auf dem Kopf, ansonsten keine Uniform. Aber er steht mitten zwischen den uniformierten Wachen. Als er aufschaut, sieht Nina, wer es ist. Es ist ihr Bruder Rudek.

»Er war so unglaublich dreist, man kann es gar nicht beschreiben. Als er hörte, dass wir zum Umschlagplatz geführt worden waren, stahl er eine Polizeimütze, dann stahl oder lieh er sich ein Fahrrad und radelte so schnell er konnte dorthin. Und dann ging er hinein, bis ganz nach vorne.«

Rudeks Eingreifen war nicht unbemerkt geblieben. Einer der Deutschen geht sogleich hin und fragt, was er da tut. Doch in genau diesem Moment geschieht noch etwas anderes: Die Juden in der Kolonne reagieren ebenfalls auf das Geschehene.

»Die Kolonne fing an, sich aufzulösen, vor uns entstand Unruhe. Die Deutschen sahen es und fingen an, hinter den Menschen herzulaufen. Auch der Soldat, der mit Rudek hatte streiten wollen. Er ließ von uns ab, und da standen wir nun, Mama und Rudek und ich, mit dem Zug auf der einen Seite und dem Durchgang, an dem alle Deutschen standen, auf der anderen. Rudek sagte nur mit selbstsicherer Miene: ›Folgt mir‹, und als wir an den Durchgang kamen, sagte er noch einmal auf Deutsch: ›Die sind ausgenommen!‹ Er hatte kein Papier, er hatte nichts. Er hatte nur diese Polizeimütze auf dem Kopf, die nicht mal ihm gehörte. Niemand hielt uns auf, niemand fragte uns irgendetwas, niemand wagte, Rudeks selbstsichere Worte anzuzweifeln. Und wir durften vom Umschlagplatz zurück ins Leben.«

Nina und Fanja befinden sich wieder in den leeren Straßen des verlassenen Teils des Ghettos. Schnell gehen sie in eins der Häuser und dort bis auf den Dachboden hinauf. Da verstecken sie sich und warten auf die einbrechende Dunkelheit.

»Erst dort oben, im Dunkeln auf dem Dachboden, fing Rudek an zu erzählen«, sagt Nina. »Und das Erste, was er sagte, war: ›Das war wirklich ein Glück, dass ihr euch ganz nach hinten in die Kolonne gestellt hattet. Sonst hätte ich euch niemals retten können.‹«

## *Kapitel 29*

Tags darauf brachen die Deutschen die Deportationen ab. Im Ghetto glaubte man, dass dies aufgrund des Widerstandes von den jüdischen Kampforganisationen geschehe – zwanzig deutsche Soldaten waren getötet worden, fünfzig verletzt. Man wusste nicht, dass Himmlers Befehl willkürlich auf Liquidation von 8000 Menschen im Ghetto gelautet hatte. Allerdings wurden es nicht 8000, sondern »nur« 5000. Und es hatte bedeutend länger gedauert, als die Deutschen geplant hatten. In jedem Fall stärkte dieser Abbruch, wie immer man ihn erklärte, den ZOB-Kämpfern den Rücken. Man konnte sein Schicksal beeinflussen, wenn auch nur ganz wenig.

Die Aktivisten im ZOB und in der kleineren Organisation ZZW, der Kampforganisation der rechtszionistischen Bewegung, beschlossen nun, alle ihre Kräfte für den großen entscheidenden Schlag zu sammeln, der noch kommen musste. Obwohl man wusste, dass die Voraussetzungen zu »siegen« gleich null waren, waren die Juden im Warschauer Ghetto nun schließlich zu der Einsicht gelangt, dass wenn sie sich passiv verhielten, es nur einen möglichen Ausgang gab: Sie würden alle sterben. Wenn sie Widerstand leisteten, dann würden sie sicher auch sterben, aber dann wenigstens nicht freiwillig. Es ist oft gesagt worden, dass Warschaus Juden – und vielleicht alle Juden auf von den Deutschen besetztem Gebiet – wie »Vieh zur Schlachtbank« in den Tod gegangen seien. Bei diesem Urteil bleibt unberücksichtigt, dass sich Warschaus Juden so lange passiv verhielten, wie sie noch die Hoffnung nährten, dem Tod zu entgehen, solange sie die Hoffnung hatten, dass sie überleben könnten, wenn sie taten, was man ihnen befahl. Denn die Alternative, nämlich Widerstand zu leisten, wurde unweigerlich mit dem Tod bestraft.

»Um das zu verstehen«, sagte Nina, »muss man sich klar machen, welch ausgefeilte Technik die Deutschen bei der Durchführung der Vernichtung anwandten. Bis zum Schluss erweckte man in den Menschen noch die Hoffnung auf ein Überleben. Selbst diejenigen, die mit den Zügen in die Konzentrationslager gefahren wurden, konnten, wie in Auschwitz, große Schilder mit dem Text ›Arbeit macht frei‹ lesen. Und wenn sie in die Gaskammern gingen, dann mit einem Stück Seife in der Hand und in dem Glauben, dass aus den Duschen Wasser strömen würde.«

Vielleicht war das Teuflische an dem Plan der Nazis, die Vernichtung »geheim« zu halten und halten zu können. Als die ersten Gerüchte über Treblinka das Warschauer Ghetto erreichten, waren bereits zwei Drittel der Einwohner des Ghettos dort ermordet worden. Als die ersten Berichte über die systematische Ausrottung der jüdischen Bevölkerung in den deutsch besetzten Gebieten Europas die Regierungen der restlichen Welt erreichten, war bereits die Hälfte der Vernichtung durchgeführt. Dass diese Berichte dann nicht ernst genommen oder unterdrückt wurden, steht auf einem anderen Blatt.

Doch im Warschauer Ghetto waren zu diesem Zeitpunkt im Januar 1943 alle Illusionen über eine »Arbeit im Osten« dahin. Nach dem Abschluss der Januaraktionen gab die jüdische Widerstandsbewegung im Warschauer Ghetto die folgende Proklamation heraus:

> *An die jüdischen Massen im Ghetto*
> *Am 22. Januar 1943 sind sechs Monate vergangen, seit die Deportationen aus Warschau begonnen haben. Wir alle erinnern uns gut an die schrecklichen Tage, als 300 000 unserer Brüder und Schwestern in den Todeslagern von Treblinka ermordet wurden. Sechs Monate Leben in ständiger Angst vor dem Tod sind vergangen, in denen man nicht wusste, was der nächste Tag mit sich bringen würde. Wir haben aus allen Richtungen Informationen erhalten, wie die Juden im Generalgouvernement, in Deutschland, in den besetzten Gebieten […] Während wir diese bitteren Nachrichten hören, warten wir darauf, dass unsere eigene Stunde schlägt, wir warten jeden Tag und jeden Augenblick. Heute müssen wir einsehen, dass die nazistischen Mörder uns nur haben leben lassen, um unsere Arbeitskraft bis zum letzten Blutstropfen auszunutzen, bis zum letzten Atemzug. Wir sind Sklaven. Und wenn Sklaven*

*keinen Lohn mehr bringen, dann werden sie getötet. Jeder von uns muss das einsehen, und jeder von uns muss das immer bedenken.*

*In den letzten Wochen haben gewisse Personen Gerüchte von Briefen gestreut, die von Juden geschrieben sein sollen, die aus Warschau deportiert wurden und die sich angeblich in Arbeitslagern bei Minsk oder Bozawa befinden.* **Juden, glaubt diesen Erzählungen nicht. Sie werden von Juden verbreitet, die für die Gestapo arbeiten.** *Die blutbesudelten Mörder verfolgen damit ein besonderes Ziel: die jüdische Bevölkerung in Sicherheit zu wiegen, damit die nächste Deportation ohne Schwierigkeiten vonstatten gehen kann, mit einem Minimum an Gewalt und ohne deutsche Verluste. Sie wollen, dass die Juden keine Verstecke vorbereiten oder Widerstand leisten. Juden, verbreitet die lügenhaften Erzählungen nicht weiter. Helft diesen Nazi-Agenten nicht. Die verlogenen Leute der Gestapo werden ihre rechtmäßige Abrechnung bekommen. Juden, die Stunde ist nah. Ihr müsst bereit sein, Widerstand zu leisten, und euch nicht selbst wie Vieh auf den Weg zur Schlachtbank begeben.* **Kein einziger Jude darf zu den Zügen gehen. Diejenigen, die keinen aktiven Widerstand leisten können, müssen passiven leisten, das heißt, sich verstecken.** *Wir haben jetzt Informationen aus Lwów erhalten, dass die jüdische Polizei dort selbst die Deportation von 3000 Juden durchgeführt hat. So etwas wird sich in Warschau nicht wiederholen. Die Tötung von*

*Lejkin [dem Anführer der jüdischen Polizei Warschaus im Mai 1942,* Anm. d. Autorin] *beweist das. Jetzt muss unser Wahlspruch sein:*
**Möge ein jeder bereit sein, wie ein Mann zu sterben!**
*Januar 1943*

In den nun folgenden drei Monaten bereiten sich viele Einwohner in großen Teilen des Warschauer Ghettos vor, indem sie Verstecke und Bunker bauen. Ein Teil dieser Bunker wird mit anderen über die Abwasserkanäle verbunden und hat auch eine zentrale Wasser- und Stromversorgung. Einige haben sogar besondere Verbindungen zu Tunneln, die in Gebiete außerhalb des Ghettos führen. Der 18. Januar 1943 leitete eine völlig neue Phase in der kurzen Geschichte des Warschauer Ghettos ein. Jetzt sind nur noch zehn Prozent der Juden da. Aber sie wissen Bescheid und haben beschlossen, sich nicht wieder betrügen zu lassen.
»Die Gerüchte, was in dem anderen Teil des Ghettos geschehen war, in der Bürstenfabrik, wo man Widerstand geleistet hatte, erreichte uns erst einige Tage später, weil wir bei Schultz und Többens so isoliert waren«, erzählt Nina, die nach ihrer Rückkehr in die Wohnung zusammen mit ihrer Mutter gleich wieder in die Fabrik gegangen war. Sie waren einfach davon ausgegangen, dass niemand den Überblick behalten haben konnte, wer in dem Chaos tags zuvor abgeführt worden war. In den vier »Strickereiabteilungen« der Fabrik Schultz gab es am 18. Januar 752 jüdische Arbeiter – alle sorgfältig von der zivilen Leitung der Fabrik registriert. Nur 25

von ihnen wurden im Chaos der folgenden Tage abtransportiert – die meisten der fast 600 Deportierten wurden aus anderen Abteilungen bei Schultz genommen. Wir wissen nicht, warum Nina und Fanja ausgewählt wurden. Aber wir können ganz sicher sagen, dass sie die Einzigen waren, die vom Umschlagplatz in die »Strickereiabteilung« zurückkehrten, wo sie nun unter den 729 anderen, die noch da sind, weiter arbeiten. Ninas doppelte Begegnung mit dem Tod und ihr unglaubliches Entkommen wird schnell zu einer diffusen Erinnerung, die sich irgendwo in ihrem Bewusstsein bis ins kleinste Details einbrennen wird, um später, viel später, als sie außer Gefahr ist, hervorgeholt zu werden. Aber jetzt, in diesem grausamen Alltag, konnte man nur weiter funktionieren, wenn man die Schrecknisse des gestrigen Tages verdrängte und sich auf morgen konzentrierte.
»Bei uns in der Fabrik war es wieder ruhig, relativ ruhig. Im großen Ghetto bereitete man sich, soweit ich weiß, darauf vor, Waffen zu beschaffen. Doch bei Schultz und Többens geschah nur sehr wenig davon. Rudek hatte ein paar geheimnisvolle Kontakte zu den bewaffneten Einheiten, aber er sprach nie davon. Manchmal verschwand er, aber wir fragten nie nach irgendwelchen Einzelheiten.«

Nina fährt also fort, kaputte Pullover zu stopfen, die jetzt öfters auch zum zweiten Mal zurückkommen. Sie geht weiterhin frühmorgens zur Fabrik und kommt abends spät nach Hause. Während des Tages sitzt sie mit ihrer Mutter in der großen Fabrikhalle bei Schultz, und einige ihrer Banknachbarn fehlen jetzt. Doch von den 7429 Arbeitern bei Schultz sind immer noch 6859 am Leben (die Zahl sollte sich durch Umsiedlungen bald wieder auf 7290 erhöhen). Und auf eine absurde Weise wird fast alles wieder wie gewohnt. Man arbeitet seine zwölf Stunden am Tag. Man bekommt seine Suppe und man leidet keinen Hunger. Irgendwie wissen alle, dass dieser Zustand nicht von Dauer sein kann – warum sollten die Deutschen sich mitten in einem riesigen und verfallenen Niemandsland Inseln von ein paar tausend Arbeitern erhalten? Aber was als Nächstes geschehen wird, weiß niemand.

»Wie früher versammelten wir uns jeden Abend um den großen Esstisch«, erzählt Nina, »Mutter, Vater, Rudek und ich, Tante Maryla, Onkel Heniek und Rysio. Sie besprachen die Möglichkeiten, aus dem Ghetto herauszukommen.«

Nur wenige der Warschauer Juden unternahmen überhaupt den Versuch, »herauszukommen«, auch nicht, als es noch leichter war. Bevor die Deportationen nach Treblinka im Juli 1942 begannen, als es immer noch möglich war, hatten 8000 Menschen erfolgreich versucht, sich aus dem Ghetto zu schmuggeln. Wir wissen nicht, wie viele von ihnen auf der anderen Seite überleben konnten.

Jetzt war es fast unmöglich herauszukommen. »Gemeinsame Gebiete«, die Leute sowohl aus dem Ghetto als auch von außerhalb betreten konnten – wie früher das Gerichtsgebäude –, gab es nicht mehr. Das Ghetto war hermetisch abgeriegelt.

Und selbst wenn einem entgegen allen Erwartungen das Kunststück gelänge, herauszukommen – was danach kam, war noch viel schwieriger zu bewältigen. Es war lebensgefährlich für einen Juden, sich auf der anderen Seite aufzuhalten. Und ebenso lebensgefährlich für die Polen, die sie versteckten. Wie General Jürgen Stroop, der Vernichter des Warschauer Ghettos, später in seinem Bericht schreiben würde:

> *»... Schon während der Großaktion wurde die arische Bevölkerung durch Plakatanschläge darauf hingewiesen (...) dass jeder, der einem Juden wissentlich Unterschlupf gewährt, insbesondere den Juden außerhalb des jüdischen Wohnbezirks unterbringt, beköstigt oder verbirgt, mit dem Tode bestraft wird.*
> *Der polnischen Polizei wurde genehmigt, jedem polnischen Polizisten im Falle der Festnahme eines Juden im arischen Teil der Stadt Warschau $^1/_3$ des Barvermögens des betreffenden Juden auszuhändigen. Diese Maßnahme hat bereits Erfolg aufgewiesen. ...«*[10]

Deshalb werden Menschen, die während der Krieges Juden versteckten, heute oft »Die Gerechten unter den Völkern« genannt und in den Holocaust-Gedenkstätten in der ganzen Welt verehrt. Es gab nämlich nicht viele von ihnen.

10 Stroop-Bericht, S. 10/11

»Wir hatten draußen einen einzigen Kontakt: Marysia. Marysia war die Frau, die Rudek im Gerichtsgebäude kennen gelernt hatte, als er zu Beginn der Ghettozeit den Verkauf von Juwelen vermittelte. Auf irgendeine Weise hatte er es geschafft, auch jetzt noch sporadisch mit ihr in Kontakt zu bleiben.«

Wahrscheinlich lag das daran, dass Rudek in seiner Funktion als Wachmann bei Többens manchmal Zugang zu einem Telefon hatte und Marysia, die zu Hause Telefon hatte, anrufen konnte.

»Sie versprach offenbar, dass sie Orte für uns ausfindig machen würde, an denen wir uns auf der arischen Seite würden verstecken können«, sagt Nina, »wenn wir es nur schafften, herauszukommen. Doch das würde auf jeden Fall nur für Rudek, Mutter, Vater und mich gelten. Weiter als das konnte sie nicht gehen, und sie hatte auch keine konkrete Adresse anzubieten. Alles war sehr diffus. Und es waren nur Fragmente von ihren Gesprächen, die ich hörte. Schließlich waren Rudek und Mama diejenigen, die planten. Die beiden waren es, die immer versuchten, Auswege zu finden.«

Wie schon so oft zuvor berieten sich die beiden Familien zusammen. Rudek und Heniek hatten es ja auch gemeinsam geschafft, die Arbeitsstellen in der Fabrik und die Wohnung für sie alle zu organisieren. Und Maryla und Fanja hatten auch immer am selben Strang gezogen – sie hatten gemeinsam dafür gesorgt, dass Großvater und Großmutter zurechtkamen und sie erledigten auch viel vom Alltag gemeinsam auf eine reibungslose Weise, sodass man es kaum bemerkte.

Doch jetzt hörte man zum ersten Mal ernsthafte Meinungsverschiedenheiten an dem großen Tisch in der Wohnung:

»Maryla und Heniek waren nicht interessiert. Ich erinnere mich, dass Mutter versuchte, sie für eine Flucht zu interessieren, oder wenigstens für den Versuch, Kontakte zu knüpfen. Sie machte ihnen unterschiedliche Vorschläge und ging sogar so weit zu sagen, dass sie wenigsten versuchen sollten, Rysio herauszubekommen. Doch sie waren beide fest entschlossen, so weiterzumachen wie bisher, sich darauf zu verlassen, dass sie als Arbeitskräfte gebraucht wurden und dass die Fabrik Schultz sie schützen würde.«

Anfang der 1990er Jahre gaben zwei deutsche Wissenschaftler, Helge Grabitz und Wolfgang Scheffler, ein Buch heraus, das *Letzte Spuren* heißt und von der Fabrik Schultz, ihren Arbeitern und deren Schicksal handelt. In diesem Buch sind unter anderem zahlreiche Fotos vom Innern der Fabrik veröffentlicht. Auf diesen Bildern sehen wir die jüdischen Zwangsarbeiter, die meisten wirken recht wohlgenährt, wie sie auf ihren Arbeitsplätzen in der großen Fabrik sitzen. Das offensichtlich sorgfältig geordnete und pädagogisch präsentierte Fotoalbum, das auf Initiative des Chefs der Firma, Rudolf Neumann, entstand, stammt höchstwahrscheinlich aus der Zeit, bevor die Deportationen nach Treblinka eingeleitet wurden, ehe die Arbeit in der Fabrik zur nahezu einzigen Möglichkeit wurde, der Deportation zu entkommen, und als es noch nur 4000 bis 5000 Arbeiter in dieser Fabrik gab. Es scheint, als habe der Firmenleiter sein Album voller Stolz anlegen lassen – er will seine große und wohl organisierte Fabrik zeigen, und auch die ganze Leitungsebene von Schultz wird auf den Bildern gezeigt.

Weder Nina noch Fanja sind auf diesen Fotos zu sehen, obwohl die Fabrikhalle, in der sie später arbeiten werden, dabei ist. Doch auf der letzten Seite im Fotoalbum wird die Wachmannschaft der Fabrik gezeigt. Sie stehen draußen, vielleicht 30 Männer, zu einer Art Appell versammelt. Der vierte von links in der ersten Reihe ist ein Mann mit freundlichem Gesicht, der direkt in die Kamera schaut. Das ist Heniek.

Die Arbeiter werden nicht im Ghetto bleiben. Das bestätigt die Leitung der Fabrik schließlich Anfang Februar. Doch es heißt, dass die Beschäftigten von Schultz auch nicht an irgendeinen geheimnisvollen Ort »nach Osten« transportiert werden. Die Fabrikleitung betont mit Bestimmtheit, dass, wenn sie alle das Warschauer Ghetto, welches ja geräumt werden wird, verlassen werden, die Arbeiter in neue Fabriken gebracht werden, wo sie ihre Tätigkeit fortsetzen sollen. Schultz nach Trawniki, Többens nach Poniatowa. In diesen beiden kleinen Städten werden neue Fabriken errichtet werden. Und alle Arbeiter aus den beiden Ghettofabriken werden umgesiedelt und mit exakt derselben Arbeit weitermachen, an exakt denselben Maschinen. Man würde sie nur erst abbauen müssen. Alles, das versichert die zivile Firmenleitung, wird sich für die Arbeiter ordnen. Sie wurden bis hierher gebraucht, und sie werden auch in Zukunft gebraucht werden, solange der Krieg anhält.

Ist damit nun der Zeitpunkt gekommen, an dem das bisher vorrangige Prinzip nicht mehr gilt, nämlich, dass man seine Überlebenschancen dadurch erhöht, dass man sich im Ghetto hält und sich nicht deportieren lässt? Ist dies der Moment, an dem man das Prinzip wechseln sollte? Keiner der Juden weiß es. Man kann wie immer nur raten. Und man rät nur einmal falsch.

Am 16. Februar 1943 geht ein Zug vom Umschlagplatz in Warschau nach Trawniki. Jedenfalls wird gesagt, dass er dorthin gehen soll. Es sind nur 292 Personen in diesem Zug. Sie sind alle Arbeiter aus der Fabrik Schultz im Warschauer Ghetto. Und alle sind sie freiwillig gefahren. In den folgenden Monaten geht noch ein Transport, diesmal mit Lastwagen, mit vereinzelten Arbeitern. Dann, am 17. März, ein weiterer größerer Zugtransport. Diesmal verlassen 662 jüdische Arbeiter Schultz.

Doch diese Menschen machen nur ungefähr zehn Prozent der Arbeitskraft der Firma Schultz aus. Es ist aus augenfälligen Gründen schwer, Juden im Warschauer Ghetto dazu zu bringen, sich freiwillig zum Umschlagplatz zu begeben und sich freiwillig in einen Zug zu setzen. Also schreibt Walther Többens, der Chef der Fabrik Többens, am 20. März einen Aufruf an alle Fabriken des Ghettos und ihre Arbeiter, in dem er versichert:

1) *Von einer Aussiedlungsaktion ist überhaupt nie eine Rede gewesen,*
2) *weder Herr Schultz noch ich sind mit vorgehaltener Waffe gezwungen worden, die Aktion durchzuführen,*

3) *ich stelle fest,* **dass der letzte Umzug nicht misslungen ist** [*wie die Gerüchte lauteten,* Anm. d. Autorin].

Diesen Brief unterzeichnet er mit: »Walther C. Többens als Bevollmächtigter für die Verlegung der Betriebe im jüdischen Wohnbezirk Warschau.«[11]
Sechs Tage später hat Walther Többens ein Gespräch mit den jüdischen Vorarbeitern in den Fabriken, um ihnen nahe zu legen, dass sie ihren Einfluss auf die Arbeitenden geltend machen und sie dazu bringen sollten, sich freiwillig zu dieser Verlegung zu melden.
Viele der Arbeiter hatten sich geschworen, sich nie wieder betrügen zu lassen und den Lügen der Deutschen nie wieder Vertrauen zu schenken. Doch was dennoch viele von ihnen verunsichert, und sie vielleicht sogar verlockt, den Versicherungen der Herren Többens und Schultz Glauben zu schenken, ist die Tatsache, dass die Firmenleitung sich bisher im Großen und Ganzen darum bemüht hat, ihre Arbeiter zu schützen. Sowohl die große Selektion an der Miłastraße im September des vorangegangenen Jahres als auch die chaotische Deportation im Januar wurden von der SS durchgeführt, scheinbar ohne aktive Mitwirkung der Firmenleitung. Bisher konnte man ihnen vertrauen, und irgendjemandem muss man schließlich vertrauen können ... Wieder einmal sehen sich die Juden des Warschauer Ghettos vor eine schicksalhafte Wahl gestellt, deren Ausgang sie unmöglich kennen können.

11 Grabitz/Scheffler, S. 187

Nina erinnert sich an nicht viel aus diesem Frühling, außer dass es in der Fabrik ruhig war und dass man zu Hause uneins darüber war, wie man der neuen Situation begegnen sollte. Und dann hat sie noch eine starke Erinnerung an ein Zusammentreffen. Es war erstaunlich, dass sie sich ausgerechnet jetzt treffen sollten, wo sie sich doch über ein Jahr lang nicht gesehen hatten. Und es war ebenso erstaunlich, dass sie sich, wie vom Schicksal bestimmt, überhaupt dieses letzte Mal begegnen sollten, vielleicht, um Abschied zu nehmen:
»Erst erkannte ich ihn kaum. Er war eingefallen, mager, und ich sah eine ungeheure Trauer in seinen Augen. Es muss ungefähr einen Monat vor der völligen Vernichtung des Ghettos gewesen sein, als wir eines Tages auf der Straße aufeinander trafen, einfach so. Ich hatte Leon seit Beginn unserer Zeit im Ghetto nicht gesehen. Ich hatte an ihn gedacht, mich gefragt, was wohl mit ihm geschehen war. Ich erinnerte mich an sein fröhliches Gesicht; er sah gut aus, hatte blonde Haare, blaue Augen ... Jetzt war er so verändert, wie ein anderer Mensch. Wie er in unseren Bezirk gekommen war, weiß ich nicht, denn er sagte, er habe im großen Ghetto gewohnt.«

Leon war der einzige von den Freunden aus dem Anfang der Ghettozeit, die Nina in diesen letzten Wochen mit ihren entscheidenden Umwälzungen sehen sollte. Und es sollte nur ein einziges kurzes Zusammentreffen sein, auf einer Straße, ein Zufall:
»Er erzählte mir, dass er ganz allein war. Seine ganze Familie war fort. Ich sah ihn an. Wo war der lebensfrohe

Junge, in den ich mich einst verliebt hatte? Ich lud ihn zu uns nach Hause ein, bot ihm an, wenigstens für eine kleine Weile mit einer Familie zusammen zu sein. Aber Leon lehnte ab. Er wollte versuchen, sich auf das Gelände der Bürstenfabrik zu begeben und sich dort den Widerstandskämpfern anzuschließen. Ich sah ihn nie wieder.«

## *Kapitel 30*

Seit der schrecklichen Januaraktion waren drei Monate vergangen. Wenn Rudek und Fanja irgendwelche Pläne hatten, wie sie aus dem Ghetto kommen könnten, so wusste Nina nichts davon. Vermutlich gab es keine konkreten Pläne, vermutlich versuchte Rudek ebenso wie alle anderen, den Beschluss und seine unerbittlichen Konsequenzen so lange wie möglich hinauszuzögern. So haben sie einfach weiter in der Fabrik gearbeitet.

Es ist der 20. April oder vielleicht auch der 19. Auf jeden Fall ein ungewöhnlich sonniger und warmer Tag. Ironie des Schicksals und in gewisser Weise auch ein Trost: Das menschliche Böse konnte die Jahreszeiten offenbar nicht beeinflussen.

»Es war das jüdische Osterfest, Pessah, und Mutter und ich gingen die Lesznostraße hinunter«, erinnert sich Nina. »Dort herrschte eine Stille, an die ich mich noch heute erinnere. Eine seltsame Ruhe. Und ganz hinten sah ich jemanden auf uns zukommen. Als sie näher kamen, sah ich, dass es Szymon und seine Schwester waren. Wir begegneten uns. Er erzählte es mir: Am folgenden Morgen würden die Fabriken geräumt und alle Juden aus dem Warschauer Ghetto deportiert werden.«

Was Nina noch nicht wusste, war, dass nicht nur die Räumung des Ghettos bevorstand. Seine völlige Liquidation hatte bereits begonnen.

Heinrich Himmler war ein vorsichtiger Mann, wenn eine solche Formulierung in diesem Zusammenhang erlaubt ist. Und seine Vorsicht nahm ihren Ausdruck in schonungsloser Gewalt. Jedes Mal, wenn Himmler auch nur das kleinste Anzeichen dafür wahrnahm, dass jüdische Gefangene im Ghetto oder im Konzentrationslager einen Aufstand planten oder – noch schlimmer – einleiteten, schlug er unmittelbar zu. Er erstickte den Aufstand, aber nicht nur das. Himmler sorgte dafür, so schnell und effektiv wie möglich alle anderen potenziellen »Unruheherde« zu beseitigen, derer er habhaft werden konnte. Ein ermordeter Deutscher – tausend ermordete Juden. Himmlers Aufgabe war ja trotz allem, die Vernichtung des jüdischen Volkes durchzuführen, und dieses Ziel hatte immer Vorrang vor einem noch so dringenden Bedarf an Arbeitskräften.

Der Aufstandsversuch im Warschauer Ghetto im Januar hatte ihn erschreckt, und Mitte Februar ordnete Himmler jetzt an, dass das Ghetto liquidiert werden solle. Doch das erforderte Vorbereitung – die Firmenbesitzer stellten sich quer, und die Bereitwilligkeit der jüdischen Bevölkerung zum Aufstand gab den Deutschen in immer höherem Maße Grund zur Besorgnis.

Der Termin, der schließlich gewählt wurde, war der 19. April 1943, und das Ghetto sollte innerhalb von drei Tagen geräumt werden. Adolf Hitler hatte am 20. April Geburtstag, und Himmler wollte ihm ein Geschenk machen.

Jürgen Stroop war mächtig stolz, dass er als 58-jähriger General den großen Auftrag erhielt, das Warschauer Ghetto, oder wie es offiziell genannt wurde, den »jüdischen Wohnbezirk in Warschau«, räumen zu lassen. Sein Vorgänger, SS-Oberführer Ferdinand von Sammern-Frankenegg, war mit der Aktion im Januar halb gescheitert, und auch wenn Stroop zunächst lediglich zur Unterstützung von Sammern-Frankenegg nach Warschau geschickt worden war, so entpuppte sich der Auftrag doch als derart schwierig, dass er nach nur wenigen Stunden selbst die ganze Operation übernahm.
Stroop war tatsächlich so stolz auf seine Erfolge, dass er einen ausführlichen Bericht an Himmler erstellen ließ, der aus einer Übersicht, den kontinuierlichen Tagesberichten und einer »hübsch« präsentierten Fotodokumentation mit Legenden in Fraktur bestand. Die meisten der bekannten Fotos aus dem Warschauer Ghetto entstammen diesem Bericht, darunter das wohl berühmteste Bild von allen, auf dem ein kleiner Junge die Arme in die Luft streckt, als er, ganz vorn in einer Reihe von Juden, aus seinem Versteck getrieben wird. Die 75 Seiten lange Schilderung wurde in Leder gebunden, und Stroop versah sie mit dem Titel: »Es gibt keinen jüdischen Wohnbezirk in Warschau mehr!« Stroop

bildete sich offenbar so viel auf seinen Sieg über die Juden ein, dass er sich veranlasst sah, den Titel des Berichts mit einem Ausrufezeichen zu versehen. Und nach dem Wissenschaftler Richard Raskin, der das Buch *A child at gunpoint* geschrieben hat, das ausschließlich von dem Foto mit dem Jungen handelt, müssen die Fotos in Stroops Bericht »hauptsächlich als Trophäen und die Tagesberichte als Ergebnistabellen angesehen werden, die es Stroop möglich machten, noch einmal zu erleben, was er als den Triumph seines Lebens betrachtete und das er jetzt auf eben diese Weise präsentieren wollte.« Was Stroops eigene Sicht seines Auftrags betrifft, so gibt es eine Reihe von Aussagen, die er selbst nach dem Krieg seinem polnischen Zellennachbarn im Gefängnis gegenüber machte. So erzählt Stroop unter anderem von einem der Trawniki, die an der Säuberungsaktion im Ghetto mitwirkten:

»Als ich das Ghetto an diesem Nachmittag verließ, hörte ich auf der arischen Seite der Mauer einen Schuss. Ich eilte zu dem Schuldigen, einem jungen Askari [Trawnik, *Anm. d. Autorin*] in schwarzem Mantel, und schimpfte den Letten ordentlich aus! ›Aber es ist so langweilig hier‹, hielt er mir eigensinnig entgegen. ›Wann dürfen wir endlich auf die Tiere schießen in diesem jüdischen Zoo?‹« Stroop berichtet seinem Zellennachbarn, dass er diesen jungen Trawnik für einen ganz prima Kerl hielt. Doch in einem späteren Gespräch kommt er noch einmal auf denselben Mann zurück:

»Erinnerst du dich an diesen Askarin, von dem ich schon mal erzählt habe, der es kaum erwarten konnte, auf Juden schießen zu dürfen? Na gut, dieser Lette erwies sich später als kompletter Idiot. Ich stieß eines Tages im Ghetto auf ihn, und ob du es glaubst oder nicht, er weinte. Ein Angehöriger der nordischen Rasse mit blauen Augen, der einigermaßen anständig Deutsch sprach, ein Antisemit – und er weinte. Er murmelte irgendwas, dass er nicht mehr könne ... das Blut ... die Leichen ... die Kinder ... Ich verlor vollkommen die Kontrolle und verpasste ihm sofort eine. Dann warf ich ihn zusammen mit ungefähr 150 seiner feigen Kumpanen aus dem Ghetto.«

Um zwei Uhr früh am 19. April erhalten die jüdischen Kampforganisationen ZOB und ZZW die ersten Hinweise darauf, dass irgendwelche Vorbereitungen im Gange sind.

»Diese Hinweise«, schreibt der Aktivist Marek Edelman in einer direkt nach dem Krieg zusammengestellten Erklärung, »besagten, dass die deutschen Gendarmen, unterstützt von den ›marineblauen‹ polnischen Polizisten, im Abstand von 30 Metern die Mauern des Ghettos umstellten. Ein Alarmruf erging an unsere bewaffneten Gruppen, und fünfzehn Minuten später waren alle auf Posten.«

Am selben Tage um halb acht Uhr morgens stürzt Oberführer von Sammern-Frankenegg voller Panik in das Zimmer von Brigadeführer Stroop im Bristol Hotel in Warschau. Die deutschen Mannschaften waren in den zentralen und den nördlichen Teil des Ghettos eingedrungen, waren aber von den Juden zurückgeschlagen worden!

Von Sammern-Frankenegg schlägt etwas hysterisch vor, dass man Flugzeuge von Krakau anfordern und das Ghetto zerbomben soll. Doch Stroop ist nicht dafür. Er findet, dass es keinen Grund gibt, warum wenige hundert Juden mit ein paar Molotowcocktails und eingeschmuggelten Pistolen nicht von der deutschen Armee besiegt werden könnten.
Stroop, der zwei Tage zuvor nach Warschau gekommen ist, übernimmt jetzt den Oberbefehl – eifrig bestärkt von Himmler, der nach Stroops eigener Aussage am selben Abend ausruft: »Spielt weiter, Maestro. Unser Führer und ich werden Euch nicht vergessen.«
Stroop hat beschlossen, dieselben Kräfte beizubehalten, die auch von Sammern-Frankenegg zu seiner Verfügung hatte, aber die Taktik zu wechseln. Er hat mehr als 2000 Mann: eine Mischung aus deutschen SS-Männern, Trawniki, polnischen Polizisten, Waffen-SS und einem durchaus ansehnlichen Anteil der Wehrmacht. Doch dies wird kein Stellungskrieg werden. Man musste die Widerstandsnester Straße für Straße, Haus für Haus ausräumen.
»Als ich ungefähr um acht Uhr einen zweiten Angriff befahl«, schreibt Stroop, »streute ich die Verbände aus, trennte sie voneinander. Ich gab ihnen den Auftrag, das Ghetto zu säubern, jeder Verband erhielt seinen eigenen Teil.«

Im zentralen Ghetto kommt es zu gewaltigen Schießereien. Doch das Gebiet, in dem Schultz und Többens liegen, ist so von den zentralen Teilen abgeschirmt, dass Nina und ihre Familie zunächst nicht merken, dass der

Aufstand begonnen hat. Doch in der Fabrik Schultz verbreitet sich das Gerücht schnell:
»An der Tür meiner Expeditions-Abteilung klebte ein Anschlag des Bevollmächtigten für die Verlegung der Betriebe im jüdischen Wohngebiet Warschau, Herrn Walther C. Többens, der von diesem persönlich um 4 Uhr morgens in mein Wohngebiet gebracht und nach kurzer Rücksprache mit dem Unteroffizier meiner Militärwache dort angebracht worden war. Er hatte ungefähr folgenden Inhalt:
›Nachdem die befohlenen Umzüge bei den Firmen Schultz & Co., Hallmann, Schilling, Heeresunterkunftsverwaltung usw. als missglückt anzusehen sind, werden die Wohngebiete dieser Firmen umstellt und es wird dort eine Blockade durchgeführt werden, um die wilden Elemente herauszufinden. Alle zum Betrieb gehörigen Leute sollten ruhig an ihre Arbeit gehen, da diesen nichts geschehen würde.‹«[12]
Doch tags darauf, am 20. April, nimmt Jürgen Stroop folgenden Eintrag in seinem Tagesbericht vor:

> *»... Ich habe durchgesetzt, dass die Betriebe W. C. Többens, Schultz & Co. und Hoffmann am 21.3.43 mit der gesamten Belegschaft ab 6.00 Uhr abmarschbereit zu stehen haben, um endlich eine klare Linie für die Bereinigung im Ghetto zu bekommen.«*[13]

12 Grabitz/Scheffler, S. 195
13 Grabitz/Scheffler, S. 190

»Szymon stand vor mir und er sagte: ›Morgen fangen die Transporte wieder an. Wir werden uns nie wieder sehen, Nina.‹ Es war das jüdische Osterfest, an einem unglaublich sonnigen und warmen Tag. Und wir waren am Boden zerstört, denn wir wussten, dass wir es am nächsten Tag auf irgendeine Weise von hier weg schaffen mussten.«

## *Kapitel 31*

Heniek und Maryla wollten nicht. Ganz gleich, wie sehr Fanja bettelte und bat. Sie würden sich nicht verstecken. Sie weigerten sich. Sie waren bisher gut damit gefahren, sich an die Fabrik Schultz zu binden, und hatten nicht vor, die Strategie zu ändern. »Solange wir für sie arbeiten, wird uns nichts geschehen.« Nina erinnert sich, dass ihr Onkel Heniek das zu ihnen sagte.

Dennoch waren Heniek und Maryla am Morgen widerwillig darauf eingegangen, dass man die Wohnung tauschte, als die Firmenleitung von Schultz wie erwartet bekannt gab, dass alle Arbeiter in die Fabrik nach Trawniki transportiert werden sollten.

»Többens Fabrik lief nämlich weiter«, erzählt Nina, »und Rudek, der ja bei Többens arbeitete, besorgte in aller Eile eine Wohnung dort – eine Wohnung, in der Bekannte von uns früher gewohnt hatten. Wir zogen alle am selben Tag noch dorthin, Maryla und ihre Familie ließen sich von uns überreden. Dann nahmen wir unsere Sachen und es kostete uns nur wenige Minuten, zur Karmelickastraße hinüberzugehen und in die andere Wohnung einzuziehen. Doch der Frieden währte nur einen Tag. Dann teilte auch Többens mit, dass ihre Arbeiter deportiert werden würden, in eine Fabrik in Poniatowa. Unser einziger Ausweg war nun, uns zu verstecken.«

Rudek hatte noch einen gewissen Spielraum. Die Wachleute wurden bei Többens zurückgelassen, um zu helfen, die Werkstätten abzubauen, und so würde Rudek noch eine Weile länger auf dem Fabrikgelände bleiben. Doch nicht seine Familie.

»Er fand ein Versteck für uns, in der Nähe, hinter der Karmeliterkirche, die Kirche, die im Ghetto den zum Christentum konvertierten Juden als Versammlungsort gedient hatte. Doch Maryla und Heniek weigerten sich.«

Es war unmöglich, Heniek dazu zu überreden, seine Familie einem ruhelosen Dasein auszusetzen. »Mama versuchte sie zu überreden«, erzählt Nina. »Aber sie waren fest entschlossen, nach Trawniki zu fahren, sie wollten sich nicht länger verstecken, und sie würden zu Schultz zurückgehen und mit allen anderen nach Trawniki fahren.«

»Ich erinnere mich noch, wie sie gingen«, sagt Nina. »Maryla, Heniek und Rysio. Als sie uns verließen. Mama merkte plötzlich, dass sie ihren Teil des Brotes nicht mitgenommen hatten, das wir unter uns Familien teilten. ›Oh, ich habe vergessen, ihnen das Brot zu geben‹, stieß sie hervor. ›Gib ihnen einen Laib.‹ Dann gab sie mir den Laib Brot und sagte, ich solle hinter ihnen herlaufen. Und ich lief. Holte sie auf der Treppe ein. Aber Maryla sagte nur: ›Behalte es. Ihr braucht es. Wir bekommen zu essen.‹ Und dann gingen sie.«

Am 21. April macht der Fabrikbesitzer Fritz Emil Schultz folgenden Eintrag in sein Tagebuch:

> *»[um 6 Uhr früh, als] bereits der Abmarsch der gesamten Juden beginnen sollte, war von umzugswilligen Personen noch niemand auf der Straße zu sehen; diese Wahrnehmung ließ eine Katastrophe befürchten. Je weiter der Tag jedoch vorrückte, umso mehr zeigten sich Leute, die ihr Gepäck in die Expedition brachten und sich selbst zum Umzuge stellten. – Die Menschen zögerten deswegen so sehr, dem Rufe zum Umzug zu folgen, weil sie der festen Annahme waren, dass die Reise nicht nach Trawniki, sondern zu irgendeinem unbekannten Ort gehen würde, wo sie mit Schultz nichts mehr zu tun hätten. ...«*[14]

Am 22. April verlässt ein Zugtransport Warschau in Richtung Trawniki. Im Zug befinden sich 1423 Arbeiter der Fabrik Schultz.

Sowie der organisierte Abmarsch von der Fabrik geschehen ist, übernehmen Stroops SS-Männer das Gebiet. »Waffen-SS etc. begann in den Häusern nach Versteckten zu suchen«, schreibt Fritz Emil Schultz, »und die ausfindig gemachten Bunker mit Handgranaten zu sprengen.«[15]

Heniek, Maryla und Rysio befinden sich mit allergrößter Wahrscheinlichkeit in dem Zug, der am 22. April vom Warschauer Ghetto nach Trawniki fährt. Aber

---

14 Grabitz/Scheffler, S. 197

15 Grabitz/Scheffler, S. 198

Nina kann das natürlich nicht bestätigen. Sie hat in der Zwischenzeit eine neue Existenz angenommen – als illegaler und versteckter Einwohner im Warschauer Ghetto.

»Wir gingen hinter eine falsche Mauer«, erinnert sich Nina, »in zwei kleine Zimmer, in denen sich vielleicht 30 Menschen drängten. Dort gab es ein kleines Bett für Mutter, Vater und mich. Dieses Bett wurde unser neues Zuhause. Draußen hörte man die Deutschen, wie sie die Treppen auf und ab gingen und die Türen zuschlugen.«

Am 21. oder 22. April beziehen Nina, Fanja und Artur ihr Versteck hinter der Karmeliterkirche. Die Kirche, die immer noch steht, wird auch die Geburtskirche der heiligen Jungfrau Maria genannt. Bisher haben weniger als 3000 der 7290 Arbeiter der Fabrik Schultz das Ghetto verlassen. Die meisten halten sich immer noch dort auf, in Bunkern und anderen Verstecken.

*Tägliche Meldung*
*Absender: Der SS- und Polizeiführer im Distrikt Warschau*
*[...]*
*Betr.: Ghettoaktion [...]*

*An den*
*Höheren SS- und Polizeiführer Ost*
*– SS-Obergruppenführer und General der Polizei Krüger –*
*o. V. i. A.*
*Krakau*

*Die Anlegung des Brandes hatte im Laufe der Nacht das Ergebnis, dass die unter den Dächern bezw. In den Kellern und sonstigen Schlupfwinkeln sich trotz aller Durchsuchungsaktionen noch verborgenen Juden an den äusseren Fronten des Häuserblocks zeigten, um dem Feuer irgendwie zu entgegen. In Massen – ganze Familie – sprangen die Juden, schon vom Feuer erfasst, aus dem Fenster oder versuchten sich durch aneinandergeknüpfte Bettlaken usw. herabzulassen. Es war Vorsorge getroffen, dass diese sowohl auch die anderen Juden sofort liquidiert wurden. (…)*
*Für die Verlagerung wurden 5 300 Juden erfasst und abtransportiert.*

*Der SS- und Polizeiführer*
*Im Distrikt Warschau*

*gez. Stroop*
*(…)*
*SS-Sturmbannführer*[16]

Wenn Stroop hier schreibt, dass »für die Verlagerung […] Juden erfasst und abtransportiert« wurden, dann hatte das nicht mehr dieselbe Bedeutung, die es zuvor in der kurzen Geschichte des Waschauer Ghettos hatte: dass die Juden mit dem Zug nach Treblinka verbracht wurden, wo man sie augenblicklich vergaste. Die kleine Lichtung Treblinka war zur Endstation und zum Fried-

16 Stroop-Bericht, S. 27. (Anm. d. Übersetzers: Sprach- und Rechtschreibfehler wurden aus dem Original übernommen.)

hof für die Hunderttausende von Juden geworden, die im Laufe der großen Vernichtungsaktion zwischen Juli und September 1942 aus dem Warschauer Ghetto abtransportiert wurden. Seitdem hatte man, um Weihnachten herum, an die falsche Bahnstation in Treblinka eine falsche Uhr gemalt. Das alles sollte die Opfer bis zum letzten Moment ruhig halten. Treblinka war also immer noch in Betrieb, als Nina und Fanja im Januar 1943 um Haaresbreite dem Transport dorthin entkamen. Doch ab April wurde die Arbeit in diesem Vernichtungslager eingestellt. Und auch wenn ein Teil der Menschen, die in den letzten Tagen des Ghettos ergriffen wurden – Stroop selbst beziffert ihre Anzahl auf 6929 –, tatsächlich nach Treblinka gebracht wurden, wo man sie sofort tötete, hatte man in der Logistikabteilung der deutschen Vernichtungsindustrie zu diesem Zeitpunkt alle Hände voll zu tun. Die meisten Juden aus dem Warschauer Ghetto, die Ende April »erfasst und abtransportiert« wurden, mussten an andere Orte gebracht werden: Diejenigen, die sich aus den Fabriken Többens und Schultz evakuieren ließen, wurden nach Trawniki und Poniatowa gebracht, wo sie angeblich Arbeit bekommen sollten. Die übrigen von Stroop und seinen Männern gefangen Genommenen, die nicht sofort verbrannt oder erschossen worden waren, wurden stattdessen in ein neu eingerichtetes Konzentrationslager vor den Toren Lublins gebracht, das den Namen Majdanek trug. Majdanek ist nicht Treblinka, Majdanek ähnelt mehr einem anderen berüchtigten Lager der deutschen Nazis, nämlich Auschwitz-Birkenau. Viele der 18 000 Juden, die während der letzten Tage des Warschauer Ghettos nach

Majdanek transportiert wurden, wurden sofort nach ihrer Ankunft in die Gaskammern gebracht. Doch einige von ihnen wurden in einen anderen Teil des Konzentrationslagers verbracht, der als Arbeitslager fungierte. Sie durften, bis auf weiteres, leben.

Die »Säuberung« des jüdischen Ghettos von Warschau erweist sich als schwieriger, als Stroop angenommen hatte, denn wo er sich auch hinwendet, trifft er auf Widerstand. Und die Orte, die er schon durchsucht zu haben glaubt, beherbergen immer wieder neue Menschen, von denen viele zum Widerstand bereit sind. Schließlich wird Stroops Vorgesetzter ungeduldig. Am 23. April erlässt Himmler den Befehl, »die Säuberung des Ghettos in Warschau mit größter Härte und Unnachgiebigkeit zu vollziehen«. »Ich entschloß mich deshalb«, schreibt Jürgen Stroop, »nunmehr die totale Vernichtung des jüdischen Wohnbezirks durch Abbrennen sämtlicher Wohnblocks, auch der Wohnblocks bei den Rüstungsbetrieben, vorzunehmen.«[17]

Hinter den Aufzeichnungen von Stroop steht die Frustration. Selbst in den Tagebucheinträgen des Fabrikbesitzers Schultz von diesem Tag schlägt sich Stroops wachsende Ungeduld nieder. Die SS-Männer geben ihm nur sehr kurze Zeit, seine Fabriken auszuräumen, »weil eine schnelle Sprengung der Häuser auf dem Plan steht«.[18]

Schultz findet Stroops Forderungen unpassend, da die

17 Stroop-Bericht, S. 9
18 Grabitz/Scheffler, S. 200

Fabrikgebäude immer noch Maschinen und Lager mit Millionenwert enthalten und es fast keine Arbeitskräfte mehr gibt, die die Gebäude ausräumen könnten.
Um die Evakuierung des Fabrikbezirks voranzutreiben, beschließt die SS-Führung am nächsten Tag, die Juden aus ihren Verstecken zu locken, indem man ihnen eine »inoffizielle Amnestie« anbietet. Schultz schreibt am 24. April in sein Tagebuch: »Um die Aktion schneller voranzubringen, wird durch den Bevollmächtigten bei den Firmen eine inoffizielle Amnestie, die sich von Mund zu Mund verbreiten soll, erlassen, und zwar dergestalt, dass allen Leuten, die sich bisher in Bunkern und sonstigen Verstecken aufgehalten haben, noch einmal die Gelegenheit gegeben werden soll, freiwillig sich zu stellen und umzuziehen. Dieses muss bis 18 Uhr geschehen sein.«[19]

Es ist eng in dem kleinen Versteck hinter der Kirche. Es gibt dort vielleicht zehn Betten und drei Mal so viele Menschen mit all ihrem Gepäck. Nina, Artur und Fanja schlafen abwechselnd auf dem kleinen Bett. Einer oder zwei liegen, einer oder zwei sitzen.
»Wir verbrachten fast die ganze Zeit auf diesem Bett«, berichtet Nina.
Von Rudek sehen sie nichts. Er ist oben bei Többens und hilft beim Abbau der Maschinen. Die Menschen in dem kleinen Versteck hinter der Kirche wissen fast nichts darüber, was um sie herum geschieht. Doch am 24. April passiert etwas:

19 Grabitz/Scheffler, S. 201

»Wir hörten plötzlich laute Rufe vom Hof: ›Alle Juden raus. Wenn ihr herauskommt, wird euch nichts geschehen. Ihr werdet in Arbeitslager gebracht, in denen die Werkstätten in vollem Betrieb sind, und die Fabriken warten auf euch. Aber wenn wir euch hier im Versteck finden, dann sterbt ihr sofort.‹«
Nina hatte die »Bekanntmachung« der »inoffiziellen Amnestie« gehört.

Die Deutschen wussten, dass sich in dem Gebiet Menschen versteckten. Vielleicht wussten sie nicht genau, wo, aber die Wahrscheinlichkeit, dass man sich noch lange würde verstecken können, war gleich null. Was tut man in einer solchen Lage? Entdeckt zu werden, kam dem sicheren Tod gleich. Sich freiwillig zu zeigen hieß, sich zum ohnmächtigen Opfer deutscher Willkür zu machen. Nina, Fanja und Artur sind in diesem Moment gejagte Tiere, die es vielleicht schaffen, sich noch ein wenig vor ihren Verfolgern zu verbergen. Doch wie lange noch?
»Als die Deutschen mit ihren Rufen fortfuhren, sagte Papa zu Mama: ›Fanja, sollen wir nicht rausgehen und uns melden? Wir haben hier unten doch keine Chance. Fanja, lass uns rausgehen.‹ Das sagte er. Mama sah uns hilflos an. Schließlich wandte sie sich an mich und sagte: ›Wir werden Nina fragen. Was meinst du, Nina?‹ Es war das erste Mal in meinem Leben, dass meine Mutter mich ernsthaft um Rat bat. Und ich wusste, dass ich nicht zu denen rausgehen wollte. Also sagte ich: ›Nein, wir gehen nicht raus.‹ Wir aßen unser Brot und tranken Wasser. Es gab jetzt mehr Platz, denn einige von denen,

die sich im Versteck befunden hatten, gingen auf die Lockrufe der Deutschen ein.«

Tagebucheintrag des Fabrikbesitzers Fritz Emil Schultz am 24. April abends:

> *»Bald nach Bekanntwerden stellen wir mit Erstaunen fest, welch eine Menge Menschen sich bisher noch in den Verstecken gehalten hatte. In Scharen kamen die Leute aus den Bunkern und Löchern heraus und in kürzester Zeit ist die Strasse mit Umzugswilligen und Gepäckstücken wieder übersät.*
> *Von unserem Wohngebiet finden sich 1039 Personen zusammen.«*[20]

Doch, so konstatiert Schultz, da es am Umschlagplatz keine Züge gibt, muss man auf den nächsten Transport ein paar Tage warten. Die »Umzugswilligen« werden in dem leeren Krankenhaus am Umschlagplatz einquartiert.

---

20 Grabitz/Scheffler, S. 201

## *Kapitel 32*

In den folgenden Tagen intensiviert Stroop seine Bemühungen, die Juden aus ihren Verstecken zu treiben. Seine Verärgerung und sein Zorn werden immer größer, je mehr Widerstand er begegnet. In seinem Bericht beschreibt er, wie »die Juden in den brennenden Häusern sich so lange aufhielten, bis sie es wegen der Hitze und aus Angst vor dem Verbrennungstod vorzogen, aus den Stockwerken herauszuspringen, nachdem sie vorher Matratzen und andere Polstersachen aus den brennenden Häusern auf die Straße geworfen hatten. Mit gebrochenen Knochen versuchten sie dann noch über die Straße in Häuserblocks zu kriechen, die noch nicht oder nur teilweise in Flammen standen. Oft wechselten die Juden auch ihre Verstecke während der Nacht, indem sie sich in bereits abgebrannte Ruinen verzogen und dort so lange Unterschlupf fanden, bis sie von den einzelnen Stoßtrupps aufgefunden wurden.«[21]
Drinnen im Versteck hinter der Karmeliterkirche kann man Schüsse hören und Brandgeruch riechen.

---

21 Stroop-Bericht, S. 9

»Partisanen, die sich in den Häusern verbarrikadierten, hinderten die Deutschen daran, weiter in das Gebiet vorzudringen«, schreibt der Widerstandsführer Marek Edelman. »Wie in anderen Stadtteilen auch kämpfte man in jedem Haus Kämpfe aus. Besonders hart waren die folgenden Häuser umkämpft: Nowolipiestraße 41, Nowolipiestraße 64, Nowolipiestraße 67, Lesznostraße 72, Lesznostraße 56.« Die Karmeliterkirche, hinter der Ninas Versteck lag, befand sich auf der Lesznostraße 32.

Edelman schließt seinen Bericht mit den Worten ab: »In diesem Gebiet, ebenso wie in den anderen ›retteten‹ die Deutschen schließlich ihre militärische Ehre, indem sie Haus um Haus anzündeten.«

»Es sind schlimme, sehr schlimme Ostertage für den Betrieb und die damit zusammenhängenden Menschen«, schreibt Fritz Emil Schultz am 26. April. »Vor allen Dingen ist die Plötzlichkeit, mit der die ganze Aktion betrieben wird, in Bezug auf unseren kriegsentscheidend wichtigen Betrieb gar nicht zu verstehen und ich sehe mich nur ausserstande, noch länger irgendeine Verantwortung für das mir anvertraute Wehrmachtsgut zu übernehmen, wie auch für eine ordnungsgemässe Abwicklung Sorge tragen zu können.«[22]

Am Tag zuvor war Schultz, nach eigenen Angaben, auf dem Umschlagplatz gewesen und hatte den an die tausend Juden, die sich im Zuge der »inoffiziellen Amnestie« gemeldet hatten und die immer noch dasitzen

22 Grabitz/Scheffler, S. 203

und auf die Abfahrt nach Trawniki warten, Essen gebracht. Schultz hatte nämlich gehört, dass die SS-Leute auf dem Umschlagplatz die Essenswagen nicht zu den Arbeitern durchgelassen hatten:

»Es wird mir berichtet, dass durch diesen Umstand eine begreifliche Unruhe dort Platz gegriffen hat, sodass ich mich veranlasst sehe, selbst einmal zum Umschlagplatz herauszufahren und nach dem Rechten zu sehen.«

Schultz beschreibt »rührende Szenen«, die sich abspielen, als er die Arbeiter besucht:

»Durch meine nochmalige und ausdrückliche Versicherung, dass die Leute ganz gewiss in unser Lager nach Trawniki und nirgends anderswohin gebracht werden, gelingt es mir, dieselben einigermaßen zu beruhigen.«[23]

Schultz weiß, dass seine Fabrik 7290 Arbeiter hatte. Er weiß auch, dass sich nur ungefähr die Hälfte davon gezeigt und zum Transport nach Trawniki gemeldet hat. Es liegt in seinem Interesse, und vielleicht auch in dem der SS-Führung, dass so viele Fabrikarbeiter wie möglich auf organisierte Weise aus dem Ghetto entfernt werden.

Am 28. April wird deshalb eine weitere »Amnestie« für diejenigen Arbeiter der Fabrik Schultz erlassen, die sich immer noch verstecken.

Doch zu diesem Zeitpunkt hat Nina ihr Versteck bereits verlassen.

---

23 Grabitz/Scheffler, S. 201

## *Kapitel 33*

»Am fünften Tag kam Rudek in unser Versteck«, erinnert sich Nina. »›Ihr könnt nicht länger hier bleiben‹, sagte er. ›Die katholische Kirche ist auch nicht mehr sicher. Ich werde euch zu Többens Fabrik mitnehmen.‹ Es wurde offensichtlich akzeptiert, dass die Wachleute ein Familienmitglied bei sich hatten, und er hatte die Erlaubnis erhalten, Mama und mich mit auf das Fabrikgelände mitzunehmen. Rudek und die anderen Wachleute sollten dableiben und die Fabrik abbauen, was voraussichtlich mindestens vier bis sechs Wochen dauern würde.«

Es fällt schwer zu glauben, dass Jürgen Stroop vorhatte, irgendjemand länger als einen weiteren Monat im Ghetto bleiben zu lassen. Die Wachen bei Többens waren also entweder betrogen worden, oder Walther Többens versuchte ebenso wie Fritz Emil Schultz, mit Stroop zu verhandeln, um die Zeit zu bekommen, die seiner Meinung nach erforderlich war, um alle Maschinen abzubauen und die Lagerware abzutransportieren.

Doch am 23. April schreibt Schultz, dass Stroop ihm nur eine Frist bis zum 3. Mai um 10 Uhr gewährt habe. Und wenn man Stroops Bericht vom Tag darauf, dem 29. April, liest, dann erscheint Schultz hier allzu optimistisch:

> *»... Die Räumung einiger Rüstungsbetriebe geht nur langsam vor sich. In manchen Fällen hat es den Anschein, als geschieht dies absichtlich. So habe ich festgestellt, dass in einem Betrieb (Schultz & Co.), den ich am 2. Osterfeiertag besichtigte und daraufhin die Anweisung gab, sofort mit der Räumung zu beginnen, und zwar innerhalb 3 Tagen, bis heute, Donnerstag, noch nichts geschehen war.«*[24]

Mit großer Erleichterung verließen Nina, Artur und Fanja das Bett in ihrem Versteck. Zumindest Nina und Fanja würden zu einer halbwegs legalen Existenz zurückkehren. Und sie würden noch einmal eine Frist bekommen. Glaubten sie.

»Papa brauchte ein Versteck«, erzählt Nina. »Aber wir rechneten damit, dass wir auf dem Fabrikgelände eines finden würden. Im Schutz der Dunkelheit gingen wir rüber zur Fabrik. Dort waren nur noch ganz wenige Menschen – nur die noch, die die letzten Aufräumarbeiten in der Fabrik durchführen sollten. Auf diesem Gelände gab es eine Wohnung, die wir mit einer anderen Familie teilen mussten. Tagsüber versteckten wir Papa auf

24 Stroop-Bericht, S. 43

dem Dachboden, aber abends und nachts war er mit uns zusammen.«

Um wie viele Abende und Nächte kann es sich gehandelt haben? Am 27. April, vielleicht auch am 26. April hatten sie ihr Versteck hinter der Karmeliterkirche verlassen. Nach dem zu urteilen, was hinterher geschah, umfasste die Zeit, die Nina auf dem Fabrikgelände von Többens verbracht hat, wohl höchstens drei oder vier Tage, vielleicht auch nur zwei. Es ist schwer zu sagen, ob Rudek intuitiv gefühlt hat, dass die angegebene Zeitfrist nicht eingehalten würde, oder ob Nina einfach nur Glück hatte. Aber die Eile, mit der Rudek jetzt tätig wird, wird ihr das Leben retten.

In der Wohnung dort haben sie eine richtige Küche, und Rudek hat sogar Gemüse für sie besorgen können. Und jeder hat ein eigenes Bett. Nina ist der Meinung, dass sie eine ganze Weile bei Többens bleiben werden. Doch sie erinnert sich auch, dass die Familie »aufs Neue zu besprechen begann, wie wir auf die andere Seite hinüberkommen könnten.« Wenn Nina von diesen letzten Tagen im Ghetto erzählt, dann bekommt man das Gefühl, als spräche sie von einem völlig anderen Dasein als dem, das man den Meldungen des Generals Stroop oder der Fabrikbesitzer oder der Ghettokämpfer entnehmen könnte. Wir schreiben die letzten Apriltage 1943. Im jüdischen Ghetto von Warschau herrscht nicht nur vollständiges Chaos, sondern fast völlige Zerstörung. Überall brennen Häuser und General Stroop präsentiert in dieser Situation die stolze

Schätzung, »Die Gesamtzahl der bei der laufenden Aktion im ehem. Jüdischen Wohnbezirk erfassten Juden beträgt bis heute 31 746.«[25]
Wahrscheinlich liegt diese Diskrepanz darin begründet, dass das »kleine Leben«, das, was in der unmittelbaren Nähe der Menschen geschieht, oft von trivialen Dingen wie Essen und Schlafen handelt, selbst, wenn man in unmittelbarer Todesgefahr lebt. Und selbst, wenn man in ständiger Angst lebt.
Vielleicht aber haben wir es hier auch mit einem besonderen Phänomen zu tun, einer Eigenschaft, die Nina sich für den Rest ihres ganzen Lebens bewahren wird: das erstaunliche Vermögen, das Allerschlimmste zu verdrängen.

Am 30. April 1943 geht der allerletzte Zugtransport vom Umschlagplatz nach Trawniki. Von den insgesamt 7290 Arbeitern der Schultz-Fabrik im Warschauer Ghetto sind am Ende insgesamt 5996 Personen aus ihren Verstecken gekommen, um dem scheinbar sicheren Tod zu entgehen, im Austausch für etwas, was bestenfalls die schlimmsten Befürchtungen barg. Sie hatten sich mit Zügen von dem berüchtigten Umschlagplatz zu etwas abtransportieren lassen, was angeblich eine Fortsetzung der Fabrikarbeit in einem Arbeitslager in Trawniki sein sollte.
Grabitz und Scheffler schreiben in ihrem Buch *Letzte Spuren:* »Von den im Februar 1943 bei Schultz beschäftigten 7290 Arbeitern haben somit 1294 den Abtrans-

25 Stroop-Bericht, S. 37

port nach Trawniki nicht geschafft oder nicht schaffen wollen. Ihr Schicksal ist, von Ausnahmen abgesehen, nicht mehr aufklärbar.«[26]

»Ich erinnere mich, dass ich am Herd stand und Kartoffeln für Papa briet«, berichtet Nina. »Weil er den ganzen Tag da oben allein auf dem Dachboden verbringen musste, machte ich ihm immer ein Mittagessen. Er liebte roh gebratene Kartoffeln.« Das ist die stärkste Erinnerung, die Nina an die Zeit bei Többens hat, wie sie da steht und ihrem Vater Kartoffeln brät. Es heißt ja, dass sich bestimmte Eindrücke in das Gedächtnis einbrennen, und zwar nicht, weil sie selbst besonders wichtig oder traumatisch sind, sondern weil sie zeitlich gesehen in der Nähe eines Erlebnisses liegen, das sich später als entscheidend oder erschreckend erweisen wird. Oder weil sie zeitnah bei einem Erlebnis liegen, das man später auf jeden Fall im Gedächtnis behalten will.

»Als ich da stand und Kartoffeln briet, kam Rudek zu mir«, erzählt Nina. »Und er sagte: ›Ich habe eine Möglichkeit für dich arrangiert, auf die andere Seite zu kommen – in ungefähr einer Stunde.‹«

Nina beschreibt es nicht so, als hätte sie bei dieser Nachricht Angst oder Schmerz wegen der plötzlichen Trennung empfunden. Sie erinnert sich nur, dass sie eine Frage stellte:

»Allein?«

Und sie erhielt die Antwort:

---

26 Grabitz/Scheffler, S. 207

»Bis auf weiteres. Wir kommen nach.«
Dann ging sie zu ihrem Vater hinauf.

Artur Rajmic sitzt den ganzen Tag auf einem dunklen Dachboden. Nina weiß nicht mehr, wie er sich beschäftigte. Vielleicht hat er gelesen, wie er es so oft vor dem Krieg tat. Oder er war zu nichts anderem in der Lage als zu warten. Aber Nina erinnert sich klar und deutlich, wie sie an eben diesem Tag, dem 30. April 1943, zu ihrem Vater hinaufging und ihm sein Essen brachte.

»Ich stellte ihm die Kartoffeln hin, und dann erzählte ich ihm, dass ich das Ghetto verlassen würde. ›Aber wir sehen uns wieder, Papa‹, sagte ich. ›Ja, mein Kind, wir sehen uns wieder‹, antwortete er. Dann gab er mir einen Kuss auf die Stirn. Und ich ging wieder hinunter.«

## *Kapitel 34*

Fanja sitzt da und näht. Sie hat einen von Ninas Hüfthaltern geholt und ist dabei, ein paar Goldrubel in ihn einzunähen. Nina erinnert sich an nichts anderes, als dass ihre Mutter dasaß und nähte. Noch einmal gibt Fanja, als sie sich vielleicht auf immer trennen müssen, ihrer Tochter das Einzige, was sie hat – ein mögliches Bestechungsgeld, das ihre Überlebenschancen erhöhen soll. Was Fanja dachte, als sie da saß und nähte, wissen wir nicht, wir können es nur ahnen. Soweit Nina sich erinnern kann, zeigt sie jedenfalls keine Gefühle.
»Rudek gab mir die Adresse, zu der ich mich begeben sollte, wenn ich auf der anderen Seite angekommen war. Er instruierte mich gründlich und sagte, ich solle mit einem Krankentransport mitfahren. Ein deutscher Soldat, der angeschossen worden war, solle mit Pferd und Wagen in ein Krankenhaus außerhalb des Ghettos gebracht werden. ›Wenn der Kutscher langsamer fährt, stell keine Fragen‹, schärfte er mir ein, ›sondern spring einfach ab. Er wird nichts sagen. Er ist bestochen.‹ Ich zog mehrere Lagen Kleider an, um etwas zum Wechseln zu haben, wenn ich dort ankäme, umarmte Mutter und

Rudek und ging nach unten zu dem wartenden Pferdewagen. Darin lag ein deutscher Soldat, und ein anderer deutscher Soldat würde den Wagen fahren.«
Nina erinnert sich, dass sie viele Kleider übereinander anzog. Und dann ging sie.
»Ich habe mich von Rudek oder Mama auf keine besondere Weise verabschiedet. Rudek sagte zu mir: ›Wir werden uns alle wiedersehen, wir werden uns wiedersehen.‹ Er gab mir eine Adresse, zu der ich gehen sollte, wenn ich auf der anderen Seite war. Und er sagte: ›Wir werden uns wiedersehen. Hab keine Angst, wir werden uns wiedersehen.‹ Und das war alles, eigentlich haben wir uns nicht verabschiedet. Ich war vollkommen überzeugt, ich hatte ein derartiges Vertrauen in Rudeks Fähigkeiten – ein völlig unrealistisches Vertrauen –, dass ich überzeugt davon war, er würde auf irgendeine Weise auch Mama und Papa herausbekommen.«

Es ist unglaublich, dass man es wagte, einen deutschen Soldaten zu bestechen, und noch unglaublicher, zu erwarten, dass dieser deutsche Soldat sich an die Abmachungen halten würde, statt einfach den, der ihn zu bestechen versuchte, und den, der ihm zum Schutz anvertraut wurde, zu denunzieren. Das Unglaublichste aber ist vielleicht, dass Rudek es wagte, seine Schwester diesem deutschen Soldaten anzuvertrauen, diesem bestochenen deutschen Soldaten.
Aber er hatte keine andere Wahl.

»Ich wurde in den Wagen gesteckt und musste mich unter einer Persenning verbergen«, erinnert sich Nina.

»Und dann fuhren wir.« Das Einzige, woran Nina den Weg erkennen kann, den sie nehmen, sind die Geräusche um sie herum und die Geschwindigkeit des Wagens. Direkt neben ihr, aber auf der Persenning, liegt ein angeschossener SS-Mann, der nichts von seiner Reisebegleitung weiß.

»An den Rufen merkte ich, dass wir die Tore von Többens passierten, ich hörte, wie sie auf Deutsch redeten«, sagt Nina. Sie haben es geschafft, an der ersten Kontrolle vorbeizukommen und fahren nun mit dem Wagen die Lesznostraße hinunter. Es gibt mehrere bewachte Eingänge zum Ghetto. Einer von ihnen liegt am hinteren Ende der Leszno, vielleicht einen Kilometer östlich von Többens. Ein anderer befindet sich am Ende der Solnastraße, einer Abzweigung zur Leszno, und er mündet auf der anderen Seite der Mauer auf den Plac Mirowski, einen großen Platz. Auch dieser Eingang liegt ungefähr einen knappen Kilometer von Többens entfernt. Höchstwahrscheinlich fuhr der Wagen auf eine dieser beiden Einfahrten zu.

»Nach einer Weile hörte ich wieder, wie sie sich auf Deutsch etwas zuriefen«, erinnert sich Nina, »und ich begriff, dass wir das Ghetto verließen.«

Bis jetzt hat der bestochene Soldat sein Versprechen gehalten: Wie es scheint, hat er Nina aus dem brennenden Ghetto herausgebracht. Hinaus auf die arische Seite.

»Frag mich nicht, wie Rudek das hingekriegt hat«, sagt Nina. »Ich weiß es nicht.« Draußen, außerhalb des Wagens, kann Nina jetzt völlig andere Geräusche hören: Straßenbahnen, Gespräche unter Fußgängern.

»Wir fuhren ziemlich schnell voran. Rudek hatte zu

mir gesagt, dass der Wagen seine Fahrt verlangsamen würde, und dass ich dann abspringen solle. Nach einer Weile wurden wir plötzlich langsamer. Bisher hatte der Kutscher ein gleichmäßiges Tempo gehalten, aber jetzt ließ er die Pferde langsamer gehen. Ich schaute unter der Persenning hervor, sah den Soldaten mit dem Kopf nicken, und dann sprang ich ab.«

In diesem Moment ist es fast genau zweieinhalb Jahre her, dass Nina Rajmic zusammen mit ihren Eltern, zusammen mit ihren Cousinen, ihren Großeltern und vielen ihrer Freunde in das Wahrschauer Ghetto einzog. Damals war sie fünfzehn Jahre alt, jetzt ist sie achtzehn. Alles, was sie besaßen, hatten sie auf Karren mit in ihr »neues Zuhause« genommen. Sie waren erstaunt hineingegangen und hatten sich gefragt, welche Absicht wohl hinter dieser Isolierung stand. Sie zogen bereits erniedrigt und machtlos ein. Doch nicht einmal in ihren schlimmsten Träumen hatten sie sich vorstellen können, dass dieses jüdische Ghetto nur ein Wartezimmer auf dem Weg in den Tod war. Wie Nina sagt: »Die normale Welt war zusammengebrochen. Wie schlimm unsere Welt werden würde, das wusste man noch nicht.«

Zweieinhalb Jahre waren vergangen, doch was die menschliche Erfahrung angeht, hat Nina eine Ewigkeit durchlebt. Sie weiß jetzt, dass keiner ihrer Freunde mehr am Leben ist. Vielleicht Rysio noch, vielleicht Elusia und Lilka, die ja gleich zu Anfang das Ghetto verlassen hatten, vielleicht Leon, der irgendwo im Ghetto

ist und gegen die Deutschen kämpft. Aber vermutlich lebt auch von ihnen keiner mehr. Alle Wahrscheinlichkeit spricht dagegen. Sie weiß, dass ihre Klassenkameradinnen tot sind. Und Celinka und Jasiek und Micia, Tecia, Großmutter und Großvater.
Und ihre Mutter und ihr Vater und ihr Bruder warten immer noch da drinnen in dem brennenden Ghetto.

»Ich rannte in den nächsten Eingang und riss mir den Judenstern vom Ärmel. Im Hof fand ich einen Blumentopf, in dessen Erde ich die Armbinde steckte. Dann ging ich auf die Straße hinaus. Zum ersten Mal seit ungefähr drei Jahren ging ich ohne meinen Stern. Und die Tatsache, dass ich den Stern weggeworfen hatte, machte mich mit einem Schlag zu zwei verschiedenen Individuen. Das eine war nicht mehr zu bemerken, aber gleichzeitig war da das andere, das keine Existenzberechtigung hatte, das nicht registriert war, keine Adresse hatte und kein Recht, am Leben zu sein.«

Nina war an keinen fremden Ort gekommen. Sie war wieder in dem Warschau, in dem sie zuvor fast ein Jahr lang gelebt hatte. Doch die Situation war jetzt eine völlig andere. Sie war eine Jüdin auf der »arischen Seite«. Jeder konnte sie anzeigen, und zwar ganz einfach aufgrund ihres Aussehens. Und wenn jemand das tat, dann hatte Nina keine Papiere, die sie vorzeigen könnte. Wenn das passierte, dann hatte sie nicht mehr viele Minuten zu leben. Dasselbe galt für die Menschen, die bereit waren, sie zu verstecken.
»Ich ging so langsam ich konnte«, erzählt Nina, »ob-

wohl ich in meiner krampfhaften Angst ständig meine Schritte beschleunigen wollte. Ich hatte eine Adresse, die ich von Rudek bekommen hatte, und zu dieser Adresse ging ich.«

Nina wusste nichts von der Person oder der Familie, die sie hier aufsuchen würde. Sie wusste nur, dass Rudek sie irgendwo gefunden hatte.
»Alle Kontakte auf der arischen Seite organisierte Rudolf mithilfe von Marysia, seiner Freundin. Sie war es, die Rudolf half. Wie er seine Kontakte herstellte, weiß ich nicht. Er kannte eine Reihe von Menschen in Warschau auf der anderen Seite, und Marysia half ihm.«
Marysia Skorczynska war eine katholische Frau um die dreißig, die aus der polnischen Stadt Kielce stammte. Sie verdiente sich während des Krieges schlichtweg ihren Lebensunterhalt damit, dass sie wie Rudolf – nur auf der anderen Seite – Juwelen vermittelte.
»Sie wurden gute Freunde, und jetzt war sie aus freien Stücken und ganz ohne Hintergedanken bereit, uns zu helfen«, erzählt Nina. »Ich glaube nicht, dass da eine Liebe zu Rudolf oder so etwas mit im Spiel war. Dennoch habe ich diesen Verdacht einmal geäußert, aber Rudolf sagte, das wäre nicht der Fall. Sie tat es, weil sie eine gute Freundin von Rudolf war, und weil sie helfen wollte.«

Nina hat nur Rudeks Angaben, als sie an der Tür klopft. Doch die Frau, die sie begrüßt, flößt ihr sofort Vertrauen ein. Sie heißt Maria und ist ungefähr 40. Sie weiß, wer Nina ist, und sie führt sie sogleich in ein kleines Zimmer, das sich hinter einer verdeckten Tür in der Wohnung befindet.

»Dort wohnte bereits eine jüdische Familie, die Familie Lipszyc«, erzählt Nina. »Vater, Mutter, Tochter und Verlobter der Tochter. Sie wohnten alle in dem kleinen Zimmer.« Nina würde nun die fünfte Bewohnerin des verborgenen Zimmers werden.

»Frau Maria sagte zu mir, dass ich nur ungefähr einen Tag dort bleiben könnte. Dann würde ich zu ihrer Schwester, Frau Pola, umziehen, die ein paar Häuser weiter wohnte.«

Die Schwestern hatten Kontakt zur polnischen Widerstandsbewegung, das wusste Nina. Wir können nur ahnen, dass sie wahrscheinlich auch Kontakt zur ZEGOTA hatten, der Untergrundorganisation, die Ende 1942 und Anfang 1943 gebildet wurde, um Juden in Polen zu unterstützen und zu schützen.

Vielleicht ist es dieser erste Abend bei Frau Maria, an dem Nina ihre Haare bleicht, sie erinnert sich nicht mehr genau daran. Auf jeden Fall bleicht sie sich die Haare mit Wasserstoffsuperoxid, das ihre Haarfarbe von ihrem natürlichen Pechschwarz in ein unnatürliches Rotbraun verwandelt. »Mit meinem schwarzen Haar war ich ein Ausrufezeichen für alle – schließlich hatten nur Juden in Polen derart schwarze Haare. Also bekam ich stattdessen diesen rotblonden Farbton.« Da Nina sich ohnehin hauptsächlich im Haus aufhalten würde, ließ sie es, wie es war.

»Ich werde nie meine erste Nacht in meinem neuen Versteck vergessen. Natürlich befand ich mich im selben Zimmer wie Familie Lipszyc, und wir aßen zu

Abend. Plötzlich fingen die Eltern und die Tochter an zu streiten. Der Streit ging darum, ob sie das Bett mit ihrem Verlobten teilen dürfte oder nicht. Ich hörte eine Zeit lang zu, aber dann verzweifelte ich. Ich wurde so verzweifelt, dass ich es am Ende nicht mehr ausgehalten habe. ›Schämt ihr euch nicht?!‹, schrie ich sie an. ›Schämt ihr euch nicht ... dass ihr in diesen Zeiten ... wo das ganze Ghetto brennt ... brennende Menschen aus den Fenstern springen und auf dem Straßenpflaster zerschlagen. Schämt ihr euch nicht?‹«

Nina blieb zwei Tage bei Maria. Dann verabschiedete sie sich von Familie Lipszyc und zog ein paar Häuserblocks weiter zu Frau Pola.

»Ich würde bei Frau Pola wohnen können und sollte ihr ein wenig im Haushalt helfen. Das war alles, was ich wusste«, sagt Nina. »Frau Pola hatte zwei Zimmer und eine Küche. In einem der Zimmer wohnte bereits eine Jüdin, Hanka, mit ihrem kleinen Sohn. Sie teilten sich ein Bett, und nun würde ich mir das Bett mit ihnen teilen.«

Nina ist schon seit einigen Jahren Freiwild gewesen. Aber bisher ist sie offizielles Freiwild gewesen, registriert bei denen, die über Leben oder Tod entschieden. Jetzt ist sie nicht mehr registriert, und für diejenigen, die die Kontrolle über ihr Leben und ihren Tod haben wollten, ist das entscheidend – dieses Unterlassen einer offiziellen Registrierung ist schon ein Todesurteil. Das Einzige, was zwischen ihr und diesem Schicksal steht, ist der gute Wille von Frau Pola – und deren Bereitschaft, ihr eigenes Leben um Ninas willen aufs Spiel zu setzen.

»Sie tat das hier nicht für Geld, sondern sie gewährte uns Zuflucht, ganz einfach, weil sie Mitleid empfand und helfen wollte. Die meisten Menschen, die in Polen halfen, taten dies, weil sie in Form von Geld oder anderem einen Ausgleich dafür erhielten. Doch es gab auch einen Teil der Bevölkerung, auch wenn es nur wenige waren, die das aus Menschenliebe taten, aus dem Willen heraus, zu helfen. Und ich glaube, dass Frau Pola zu ihnen gehörte. Es war einfach großartig, dass diese Frau uns verstecken wollte.«

Nina vertraut Frau Pola, und sie kann sich ein wenig entspannen. Außerdem hat sie zu ihrer neuen Zimmergenossin einen anderen Kontakt als zu Familie Lipszyc.

»Hanka verbarg nicht vor mir, dass sie Jüdin war, und im Schutz der Dunkelheit, wenn wir im Bett lagen, erzählte sie mir von ihrem Leben und ihren Zukunftsträumen. ›Wenn wir diesen Krieg überleben, Nina‹, sagte sie, ›dann werden wir die einzigen Zeugen sein. Es wird nicht viele Zeugen mehr geben, deshalb ist es ganz wichtig, dass wir uns an alles erinnern, was uns jetzt geschieht.‹ Ihre Worte leuchteten mir sofort ein. Ganz tief.«

## *Kapitel 35*

Es waren jetzt vielleicht drei Tage vergangen, seit Nina das Ghetto verlassen hatte. Und sie hatte bisher weder von Rudek noch von ihren Eltern etwas gehört. Aber sie weiß, was im Ghetto geschieht, der Brandgeruch liegt über ganz Warschau.

»Marysia kam fast täglich, und sie wurde mein einziger Trost in Hoffnungslosigkeit und Furcht«, erzählt Nina. Allerdings waren Marysias Nachrichten nicht sehr tröstend. »Sie erzählte, was für einen schrecklichen Anblick das kleine Ghetto jetzt bot, mit den brennenden Häusern und den Menschen, die sich aus den Fenstern warfen. ›Auf der anderen Seite stehen massenhaft Polen und schauen zu. Dass die sich nicht schämen!‹, rief sie.« Trotz dieser Nachrichten und dem qualvollen Warten ist Nina paradoxerweise nicht misstrauisch:

»Ich habe jeden Tag darauf gewartet, dass sie rauskamen. Ich wartete jeden Tag auf die Nachricht, dass sie draußen waren. Ich war ganz sicher, dass Rudek irgendetwas einfallen würde, ich denke, es war ein völlig unrealistischer Glaube an seine Fähigkeiten. Völlig unrealistisch.«

Am Ende nimmt die Unruhe aber doch überhand, und Nina beschließt, rauszugehen, um Rudek anzurufen. Bei Többens hat er Zugang zu einem Telefon. Frau Pola jedoch hat kein Telefon. Also kann sie nur in eine Telefonzelle gehen. Nina muss auf die Straße hinaus. Gegen besseres Wissen begibt sie sich hinaus, mit ihrem unnatürlich roten Haar und ohne jegliche Papiere. Wie sich herausstellt, liegt die nächste Telefonzelle mehrere Häuserblocks von Frau Polas Wohnung entfernt. Aber sie ist leer und funktioniert auch. Nina geht hinein und wählt die Nummer der Wachmeisterei bei der Többens-Fabrik im brennenden Ghetto.

»Ich bekam Rudek an den Apparat«, erzählt Nina. »Er sagte, dass sie versuchen würden, so schnell wie möglich rauszukommen. ›Halte Kontakt mit Marysia, sie weiß Bescheid‹, sagte er.« Dann legte er schnell auf.

Rudek lebt also immer noch! Und er klingt immer noch zuversichtlich.

Vielleicht geht Nina ganz in Gedanken versunken, nachdem sie endlich wieder die Stimme ihres Bruders gehört hat, wenn auch auf der anderen Seite der Mauer. Vielleicht beeilt sie sich aber auch auffällig, nach Hause zu kommen. Es ist schwer zu sagen, was die Aufmerksamkeit der Jungen erregt. Vermutlich sind es die Haare.

»Żydówka, Żydówka!«, schreien sie. Es sind drei Jungen, das kann sie gerade noch sehen, als sie sich schnell umsieht. Drei Jungen, die noch kaum im Stimmbruch sind. Und sie fangen an, hinter ihr herzulaufen und dabei eifrig »Jüdin! Jüdin!« zu rufen. Nina weiß nicht, was sie tun soll. Wenn sie anfängt zu laufen, dann ist das ein Zeichen dafür, dass sie richtig geraten haben.

Aber wenn sie einfach so weitergeht, als sei nichts geschehen, dann ziehen die Jungen die Aufmerksamkeit auf sie, und es kann jemand kommen und sie nach ihren Papieren fragen. Nina tut etwas dazwischen, sie fängt an, schneller zu gehen. Das Herz schlägt ihr bis zum Hals hinauf, als sie um die Ecke geht und in eine andere Straße abbiegt. Und die Stimmen werden leiser.
»Plötzlich haben sie mich in Frieden gelassen, und ich konnte nach Hause gehen. Aber ich hatte solche Angst, ich hatte solche Angst, dass ich nicht mehr wagte, auf die Straße zu gehen.«

Nur wenige Stunden, nachdem Nina in die Sicherheit bei Frau Pola zurückgekehrt ist, kommt die nächste kalte Dusche.
»Es waren sechs neue Leute zu Frau Pola gekommen. Sie erzählte, dass das polnische Partisanen aus der Gegend von Lwów seien. Und dass ich nicht länger würde bleiben können. Sie war gebeten worden, die Partisanen aufzunehmen. Sie sagte, sie könnte mich nicht länger behalten. Ich sähe allzu jüdisch aus, und sie müsse die Widerstandskämpfer schützen. Also würde ich gezwungen sein, mir ein anderes Versteck zu suchen.«
Frau Pola kann Nina kein anderes Versteck anbieten, sondern bittet sie nur, selbst eines zu finden.
»Sie sagte, ich solle keine Angst haben, sie würde mich nicht sofort rauswerfen, aber sie wäre doch dankbar, wenn ich so bald wie möglich gehen würde. Ich konnte nicht mehr sagen, als dass ich versuchen würde, Marysia zu erreichen, und dass ich hoffte, dass sie ein neues Versteck für mich finden würde.«

Noch sechzig Jahre später kann Nina den Gedanken nicht loswerden, dass sie vielleicht irgendetwas falsch gemacht oder Frau Pola in irgendeiner Weise missfallen hatte:
»Es hatte mir niemand gesagt, was man bei Frau Pola von mir erwartete, aber ich merkte schon selbst, dass ich so viel wie möglich im Haushalt mithelfen sollte. Ungeschickt, wie ich war, und ohne größere Kenntnisse in der Haushaltsführung, kann ich mir heute vorstellen, dass ich für Frau Pola eine Enttäuschung war, die sich in meiner Person wohl eine richtig gute Hilfe erhofft hatte. Wenn mich jemand instruiert hätte, dann hätte ich wohl versucht, professioneller zu sein, aber so nahm ich nur an, dass ich im Großen und Ganzen so hilfsbereit wie möglich sein sollte.«

Die Wohnung ist klein, und Frau Pola unternimmt keinen Versuch, die neu angekommenen polnischen Widerstandskämpfer vor Nina zu verbergen. Eine von ihnen ist eine Frau, die anderen fünf Männer. In den nun folgenden zwei Tagen wird sie zumindest bruchstückhaft sehr viel von ihren Berichten mitbekommen.
»Einer von ihnen erzählte, dass er viele Kurierfahrten nach Rumänien hinein unternommen habe, um an Untergrundorganisationen Informationen und Geld zu liefern«, erinnert sich Nina. Sie findet, dass die Partisanen, vor allem die Frau, sie etwas zu neugierig betrachten. Aber sie sind auf jeden Fall nicht unfreundlich, obwohl sie sie offensichtlich für ein Sicherheitsrisiko halten.
An einem späten Nachmittag kommt Marysia zu Besuch. Nina hat sie ein paar Tage nicht gesehen.

»Ich habe mit ihr darüber gesprochen, dass ich ein neues Versteck finden müsse. Aber sie schien meinen Worten nicht viel Aufmerksamkeit zu schenken. Erst konnte ich mir nicht erklären, warum. Aber dann begriff ich langsam, dass sie selbst mir etwas zu erzählen hatte.«

## *Kapitel 36*

In den ersten Maitagen ist die Geduld von Jürgen Stroop am Ende. Im Grunde genommen hat er das Warschauer Ghetto dem Erdboden gleichgemacht, und er hat 40 000 Juden gefangen genommen, die entweder sofort erschossen oder in die Todeslager Treblinka und Majdanek geschickt wurden. Was die Arbeiter der Rüstungsfabriken Schultz und Többens angeht, so sind die Menschen nun in Arbeitslager in Trawniki und Poniatowa abtransportiert worden. Aber es treibt Stroop zum Wahnsinn, dass die Fabrikbesitzer sich weigern, die Gebäude auszuräumen. Und solange eine »legitime« Beschäftigung wie das Abmontieren von Maschinen und das Ausräumen von Lagern vor sich geht, kann Stroop die Fabrikgebäude nicht sprengen oder abbrennen.

»Auf einer dienstlichen Fahrt in die Stadt begegnet einem meiner Betriebsleiter der Brigadeführer und Generalmajor Stroop«, schreibt Fritz Emil Schultz am 1. Mai in seinem Tagebuch, »der ihn anhält und sich nach dem Stand der Ausräumung der Zentrale erkundigt. Da ihn die Auskunft scheinbar nicht zufrieden stellt, erklärt er, dass er – falls das Hauptgebäude nicht innerhalb der von ihm gesetzten Frist (also am Montag, dem 3. Mai 1943, 10 Uhr) geräumt sei – mich und auch den betreffenden Betriebsleiter wegen Sabotage der Aktion verhaften und einsperren lassen werde.«[27] Als Schultz das hört, schreibt er einen Brief an Oberst Freter, den Chef des Rüstungskommandos, und bittet um eine Verlängerung der Frist. Er bekommt vier Stunden Fristverlängerung.

Am nächsten Tag, dem 2. Mai, um elf Uhr verlässt das gesamte restliche Personal des Hauptgebäudes mit einem Lastwagen das Warschauer Ghetto.

»Man bewegt sich in einem Chaos von Waren, Menschen, Maschinen, Verpackungsbehältern, Material usw. Alles ist in Rauch und Staub gehüllt von den um uns herum brennenden Häusern.«[28]

Die Einzigen, die noch in der Fabrik zurückbleiben, sind einzelne Mitarbeiter der Speditions- und Unterhaltsabteilungen, die Schultz zwei Tage später, am 4. Mai, per Lastwagen nach Trawniki schicken will.

»Dann ist der gesamte Betrieb –«, schreibt Fritz Emil Schultz, »was das Menschenmaterial anbetrifft – vom Warschauer Ghetto nach Trawniki verlegt und ich habe die mir gestellte Aufgabe in dieser Beziehung gelöst.«[29]

Man darf vermuten, dass Jürgen Stroop dieselben Forderungen an den Leiter der Nachbarfabrik Többens gestellt hat.

---

27 Grabitz/Scheffler, S. 205
28 Grabitz/Scheffler, S. 205
29 Grabitz/Scheffler, S. 205

Marysia sieht nachdenklich aus, als sie das kleine Zimmer betritt, in dem sich Nina und Hanka befinden. Das ist mit allergrößter Wahrscheinlichkeit am 6. Mai 1943. Nina beginnt sogleich, mit Marysia über ihre Sorge, ein neues Versteck zu finden, zu reden. Doch Marysia scheint mit etwas anderem beschäftigt zu sein.
In einer solchen Situation ist es immer ein Dilemma, entscheiden zu müssen, ob man die guten Neuigkeiten zuerst erzählt, oder ob man mit den unangenehmen beginnt. Nina weiß nicht mehr, womit Marysia anfing. Wahrscheinlich merkt man sich so etwas einfach nicht. Man erinnert sich, wenn überhaupt, nur an die Gefühle, die die Neuigkeiten hervorriefen. So viele Jahre später berichtet Nina ganz abgeklärt von dem, was an jenem Nachmittag geschah. Denn wie ordnet man Informationen, die sowohl ungeheuer erfreulich als auch bodenlos schrecklich sind?

Diesmal war es ein Brottransport. Genau wie beim ersten Mal ein Pferdewagen. Aber diesmal fuhr der deutsche Kutscher keine verletzten Soldaten, sondern Brot. Rudolf Rajmic war mit dem bestochenen Soldaten – Nina begriff, dass es derselbe Soldat war, der eine Woche zuvor auch sie aus dem Ghetto geschmuggelt hatte – übereingekommen, dass er ihn am Vormittag bei Többens treffen würde. Die Häuser im kleinen Ghetto brennen, aber die Gebäude der Fabriken Többens und Schultz sind immer noch intakt. Niemand weiß, wie lange noch.
Der Deutsche hatte sich bereit erklärt, zweimal zu fahren. Drei Personen konnte er nämlich nicht mitnehmen, sagte er. Nur zwei.

Es ist schwer zu sagen, welche Erwägungen Rudek bewegten, die beiden Fahrten so aufzuteilen. Nina hatte er allein geschickt. Seine Eltern wollte er offenbar nicht allein und nicht einmal zusammen herausschicken. Fanja war 50 Jahre alt, Artur 53. Sie waren keine alten Leute, aber irgendetwas ließ Rudek fürchten, dass sie allein nicht zurechtkommen würden. Also beschloss er, mit ihnen zu fahren. Erst mit dem einen, dann mit dem anderen. Aber er würde das Ghetto nur für wenige Stunden verlassen und dann etwas später am selben Tag den Deutschen wieder treffen, um zusammen mit ihm ins Ghetto zurückzukehren.
Fanja darf als Erste herausfahren, vielleicht weil sie eine Frau ist. Man ahnt traditionelle Beweggründe, warum Rudek – oder vielleicht auch seine Eltern – die Reihenfolge der Fahrten so bestimmt. Die Schwächste zuerst, nämlich Nina. Dann die stärkere Frau, Fanja. Und zum Schluss die Männer.

Genau wie beim ersten Mal taucht der bestochene Deutsche wie abgesprochen bei Többens auf, und genau wie eine Woche zuvor, als Nina herausgeschmuggelt wurde, hat er eine Persenning auf dem Wagen, unter der sich Rudek und seine Mutter verstecken sollen. Der Deutsche ist pünktlich, und Fanja und Rudek verabschieden sich schnell von Artur. Es ist der Morgen des 4. Mai 1943.

*Fernschreiben*
*Absender: Der SS- und Polizeiführer im Distrikt Warschau*

*Warschau, den 4.5.1943*
*(...)*
*Betr.: Ghetto-Großaktion*

*An den Höheren SS- und Polizeiführer Ost*
*SS-Obergruppenführer und General d. Polizei*
*Krüger o. V. i. A.*
*Krakau*
*Verlauf der Großaktion am 4.5.1943*
*(...)*

*Zur Durchkämmung, Säuberung und Vernichtung zweier großer Häuserblocks der ehemaligen Firmen Többens, Schulz & Co. u. a. wurden die Hauptkräfte gegen 11.00 Uhr angesetzt. Nachdem diese Blocks vollkommen abgeriegelt waren, wurden zunächst die sich noch darin befindenden Juden zur freiwilligen Meldung aufgefordert. Hierdurch wurden 456 Juden zur Verlagerung erfasst. Erst nachdem die Häuserblocks durch Feuer der Vernichtung entgegengingen, kamen eine erhebliche Zahl von Juden durch das Feuer und den Rauch gezwungen zum Vorschein. Immer wieder versuchen die Juden, selbst durch brennende Gebäude hindurchzuwechseln. Ungezählte Juden, die sich während der Feuersbrunst auf den Dächern zeigten, sind in den Flammen umgekommen. Andere kamen erst im letzten Augenblick in den höchsten Stockwerken zum Vorschein und konnten sich nur durch Abspringen vor dem Verbrennungstod retten. Es wurden am heutigen Tage insgesamt 2 283 Juden erfasst, davon 204 erschossen, ungezählte Juden in Bunkern und durch Feuer vernichtet. Die Gesamtzahl der bisher erfassten Juden erhöht sich auf 44 089. (...)*

*Der SS- und Polizeiführer im Distrikt Warschau*

*Gez. Stroop*
*SS-Brigadeführer*
*u. Generalmajor der Polizei (...)*[30]

Rudek war pünktlich an der Hala Mirowska. Dort, auf dem Markt und in der Nähe eines der Eingänge zum Ghetto, sollte er sich wieder mit dem Soldaten treffen. Die Flucht aus dem Ghetto war geglückt. Niemand hatte ihn oder Fanja unter der Persenning entdeckt, und genau wie damals, als der Deutsche Nina herausgeschmuggelt hatte, waren Rudek und seine Mutter vom Wagen abgesprungen, als dieser auf der arischen Seite ein wenig langsamer geworden war. Rudek hatte eine Adresse, zu der er Fanja bringen wollte. Es war eine kleine Wohnung hinter einer Konditorei, ein Versteck, das Marysia entdeckt hatte. Rudek selbst hatte noch keinen Ort, an dem er sich verstecken konnte, aber er hoffte, dass sich das im Laufe des nächsten Tages schon ergeben würde. Am wichtigsten war jetzt, dass sie alle aus dem Ghetto herauskamen, ehe es zu spät war.

30 Stroop-Bericht, S. 63/64

Dicker Rauch liegt über dem Plac Mirowski. Rudek wird langsam ungeduldig. Es ist jetzt schon mehr als eine halbe Stunde über die verabredete Zeit, und der Deutsche ist noch nicht aufgetaucht. Bisher hat er seine Versprechen immer gehalten, sodass Rudek nicht begreifen kann, warum er nicht kommt, er hat ja auch noch Geld einzutreiben. Rudek wartet noch weitere 30 Minuten. Dann geht er allein zum Eingang des Ghettos.

»Er stellte sich vor die Mauer und wollte versuchen, zu Fuß zu Papa durchzukommen«, erzählt Nina. »Da sah er die Lastwagen. Lastwagen um Lastwagen voller Juden verließen das Gelände. Es waren die letzten Mitarbeiter von Többens, und unter ihnen war Papa. Ich glaube, er hat ihn gesehen, aber ich bin nicht sicher. Rudek ging nach vorn und fragte einen der Wachleute, wohin alle diese Menschen gebracht würden. ›Majdanek‹, lautete die Antwort. Auf diese Weise wurde das Gebiet schließlich geräumt. Wenn Rudek ein paar Stunden früher zurückgekehrt wäre, dann wäre auch er deportiert worden. Aber er konnte nie darüber hinwegkommen, dass er es nicht geschafft hatte, Papa herauszubekommen. Er verzieh sich das niemals, überhaupt niemals.«

Zwei Tage später geht Marysia zur Wohnung von Frau Pola und erzählt es Nina.

## *Kapitel 37*

Als Jürgen Stroop am 16. Mai die Säuberungsaktion des Warschauer Ghettos mit den triumphierenden Worten: »Es gibt keinen jüdischen Wohnbezirk in Warschau mehr!«[31] abschließt, hat er nach eigenen Angaben insgesamt 56065 Juden gefangen genommen oder getötet, darunter die Anführer der ZOB, die am 8. Mai in ihrem Bunker in der Miłastraße 18 getötet wurden. Jürgen Stroop hat gründlich gearbeitet. 56000 ist eine Zahl, die sehr nah an die gesamte Anzahl von Juden herankommt, die sich nach den großen Deportationen nach Treblinka im Sommer 1942 und der kleineren Operation im Januar des darauf folgenden Jahres noch in Warschau befanden. Doch hat Stroop auch das ganze frühere Ghetto dem Erdboden gleichgemacht. Ein paar rauchende Ruinen stehen noch, einzelne Gebäude sind sogar fast noch intakt, darunter das Gerichtsgebäude in der Ogrodowastraße und die Karmeliterkirche, hinter der Nina sich am Ende der Ghettozeit versteckt hatte. Doch im Grunde ist das Warschauer Ghetto in

31 Stroop-Bericht, S. 1

der Zeit von Ende April bis Anfang Mai 1943 in einen Schutthaufen verwandelt worden. Und noch weiß die Welt nicht, was mit den 56065 Juden geschehen ist, die eingefangen zu haben Jürgen Stroop sich rühmt.

Rudek Rajmic verbringt die Tage in Warschaus Straßenbahn. Er steigt an einer Haltestelle ein, dann sitzt er bis zur Endstation in der Bahn. Dort muss er aussteigen, um nicht das Misstrauen des Schaffners zu erregen. Jetzt gilt es, eine andere Linie zu finden. Er geht dorthin zu Fuß, steigt ein, und dann kann er, wenn er Glück hat, noch eine halbe oder ganze Stunde länger sitzen. Aber Rudolf Rajmic hat keine Papiere, und wenn sich jemand erdreisten sollte, ihn zu fragen, wer er ist, kann er sich nicht ausweisen. Die Einzigen in Polen, die sich zu diesem Zeitpunkt nicht ausweisen können, sind Menschen auf der Flucht, und vor allem die einzelnen Juden, die es schaffen, sich zu verstecken. Und für die polnische Polizei und die so genannten *Szmalcowniks,* die Erpresser, gibt es Abschussprämien einzustreichen.

»Rudek hatte zufällig ein Versteck für Mama gefunden, doch selbst hatte er nichts«, sagt Nina. »Er hatte ein paar Adressen in Warschau, und nachts ging er zu diesen verschiedenen Adressen und bat um eine Übernachtungsgelegenheit. Eine Nacht konnte er hier bleiben, eine Nacht da. Doch tagsüber war er auf die Straßenbahnen angewiesen.«

Nina würde auch bald kein Versteck mehr haben. Und sie hatte keine Möglichkeit, ihren Bruder und ihre Mut-

ter zu sehen, denn alle Informationen zwischen ihnen wurden durch die treue Marysia übermittelt.
Frau Pola wollte Nina so schnell wie möglich draußen haben, aber sie übte keinen Druck aus. Nina durfte bis auf weiteres die Wohnung mit Frau Pola, deren Mann, der Jüdin Hanka, Hankas Sohn und den sechs Partisanen aus Lwów teilen.
»Abends fielen Bomben auf Warschau«, erzählt Nina. »Es war der einzige Bombenangriff, den ich miterlebte, abgesehen von dem, den ich zu Beginn des Krieges in Lodz mitgemacht hatte. Doch diesmal fürchtete ich mich nicht. Mein ganzes Dasein war von Angst erfüllt, da betrachtete ich die Bomben fast als positiv.« Nina nimmt an, dass die Alliierten endlich bis Polen vorgerückt sind und jetzt Bomben werfen. Den zwanzig Minuten währenden Angriff verbringen die illegalen Bewohner – Hanka, ihr Sohn, Nina und die Partisanen – stehend im Vorraum zu Frau Polas Wohnung.
»Wir konnten nicht in den Keller gehen, weil die Nachbarn uns nicht kannten«, erzählt Nina. Und wenn sie auch keine Furcht verspürt, so tut es doch einer von den Partisanen:
»Jedes Mal, wenn eine Bombe fiel, rief die Frau aus Lwów: *O mój Boże* – ›Herr, mein Gott!‹ Jedes Mal. Plötzlich wurde mir klar: In Polen riefen ja nur noch die Juden Gott an, die Katholiken riefen meist zu Jesus Christus! Ich erkannte, dass die Frau wahrscheinlich Jüdin war, vielleicht waren sogar alle sechs Partisanen Juden. Jedoch sagte ich nichts darüber zu Frau Pola, sondern behielt es für mich. Aber ich war ein wenig verbittert, weil ich diesen Ort verlassen musste, an dem

ich trotz allem eine gewisse Sicherheit verspürte. Gleichzeitig konnte ich Frau Pola doch verstehen. Wenn sie meinte, dass ich aufgrund meines Aussehens eine Gefahr darstellte, dann musste ich das akzeptieren.«

Es dauerte noch zwei weitere Tage, bis Rudek ein neues Versteck für seine Schwester gefunden hatte. Unter den Kontakten, die er in Warschau hatte, gab es einen Wachmann, einen Mann namens Jakubiak, der in der Altstadt wohnte. Herr Jakubiak war es, der Rudek die meisten Nächte bei sich beherbergt hatte oder ihm andere Adressen gegeben hatte, bei denen er bleiben konnte. Er hatte Kontakte zur polnischen Untergrundarmee *Armia Krajowna,* und er zeigte sich nun behilflich, als es darum ging, ein neues Versteck für Rudeks Schwester zu finden. Denn Nina sollte immer zuerst geschützt werden.

»Marysia kam zu mir und erzählte, dass Herr Jakubiak einen Platz gefunden hatte, zu dem ich mich begeben sollte«, erzählt Nina. »Es war bei einer Eisenbahnerfamilie, die auf der anderen Seite der Weichsel wohnte, in einem Stadtteil von Warschau, der Praga hieß.« Marysia versicherte der unruhigen Nina, dass dies ein gutes Versteck sein würde. Die Eisenbahnerfamilie beherbergte bereits zwei jüdische Mädchen und war vertrauenswürdig. Und sie wollte Nina schon am nächsten Tag aufnehmen.

»Ich erinnere mich noch, wie ich mich von Frau Pola verabschiedete. Ich dankte ihr für die Tage, die ich bei ihr verbringen durfte. Ich sagte, dass ich wusste, dass

es nicht leicht für sie gewesen war, und dass ich sehr hoch schätzte, was sie für mich getan hatte. Sie weinte ein wenig, als wir uns trennten.«
Nina verabschiedete sich auch »ohne Trauer«, wie sie selbst sagt, von den Partisanen. Doch der Mensch, den Nina am meisten aus der Zeit bei Frau Pola vermissen wird, ist Hanka – Hanka, mit der sie nachts das Bett geteilt hat, und deren Erzählungen, Träume und Gedanken sie länger als eine Woche begleiten durfte. Sie würde Hanka nie wiedersehen, und sie erfuhr niemals, ob die junge Jüdin und ihr Sohn den Krieg überlebt haben.

»Marysia und ich fuhren mit der Straßenbahn zum Bahnhof. Dort würden wir Herrn Jakubiak treffen, der mich nach Praga zu meinem neuen Versteck begleiten würde. Ich erinnere mich an den völlig verlassenen Bahnhof mit einem einfachen Bahnhofsgebäude. Herr Jakubiak, ein kleiner Mann im Alter meines Vaters, wartete dort auf uns. Aber er war nicht allein.«
Nina schätzt, dass der junge Mann neben Herrn Jakubiak so alt ist wie sie selbst, vielleicht zwei oder drei Jahre älter. Marysia betrachtet ihn misstrauisch, während sie den Wachmann begrüßt. Niemand hat gesagt, dass Jakubiak in Begleitung sein würde.
»Das hier ist Zbyszek, Zbyszek Pelikan«, sagt der Wachmann, als er Nina begrüßt.
»Herr Jakubiak erklärte, dass dies ein Freund seines Sohnes sei«, erinnert sich Nina. »Der junge Mann hätte zufällig gerade bei ihm geklopft, als Herr Jakubiak zum Bahnhof gehen wollte, um mich zu treffen. Doch

der Sohn von Herrn Jakubiak, den er eigentlich hatte besuchen wollen, sei nicht zu Hause gewesen, und als der Freund gehört hatte, dass Herr Jakubiak ein jüdisches Mädchen am Bahnhof treffen wollte, kam er aus reiner Neugier mit.«

Man kann verstehen, dass Marysia beunruhigt ist. Zwar weiß sie, wer der Wachmann ist, aber von dem jungen Mann hat sie noch nie gehört, und jetzt weiß dieser, dass Nina Jüdin ist und wohin sie fahren wird. Doch zunächst einmal sagt Marysia nichts.

»Der Wachmann ging hin, um für mich und sich selbst Fahrkarten zu kaufen«, erzählt Nina. »In der Zwischenzeit begann der junge Mann, Zbyszek, sich mit mir und Marysia zu unterhalten. Als der Wachmann dann mit den Fahrkarten zu uns zurückkam, nahm Zbyszek ihn beiseite und begann eine eifrige Diskussion mit ihm.«

Nina und Marysia bleiben allein auf dem verlassenen Bahnsteig zurück und schauen zu, wie der eifrig gestikulierende Zbyszek und der etwas zurückhaltendere Herr Jakubiak dastehen und reden. Sie können fast nichts von dem Gespräch verstehen, aber sie sehen den Zug, der langsam in den Bahnhof einrollt.

»Nach einer kleinen Weile«, so erzählt Nina, »kam der Wachmann zu uns und erklärte mir, Zbyszek habe vorgeschlagen, dass ich, anstatt zu der Eisenbahnerfamilie nach Praga zu fahren, mit ihm nach Hause kommen solle.«

## *Kapitel 38*

Eine Villa in Służew, einem Vorort von Warschau. War das besser als ein Haus in Praga? Ein junger Mann, der eine spontane Idee hatte. War das besser als eine Familie, die sich bereits als willens erwiesen hatte, Juden zu verstecken? Aber Zbyszek wohnte in der Villa in Służew nicht allein. Er sagte jedenfalls, dass er mit seiner Mutter und zwei Tanten dort wohnte. Der Vater war offensichtlich ein polnischer Offizier, der in deutscher Gefangenschaft saß.

»Es ist schwer zu sagen, was mich dazu brachte, das Angebot anzunehmen«, sagt Nina. »Und ich entschloss mich nicht nur dazu, sondern ich wurde auch völlig unerreichbar für alle Gegenargumente, die die verzweifelte Marysia vorbrachte. Denn sie war außer sich. ›Das darfst du nicht tun, ich habe deinem Bruder versprochen und ich habe deiner Mutter versprochen, dass du nach Praga gebracht werden wirst, das war abgesprochen, so war es entschieden, und da sind bereits zwei jüdische Mädchen, wir wissen, was für eine Familie das ist. Du hast ja keine Ahnung, wohin du fährst, wenn du mit diesem jungen Mann gehst. Das hier sind völlig unbekannte Menschen, du weißt nicht, was dich erwartet.‹ Ich ließ mich nicht umstimmen und hielt ihr entgegen, dass Jakubiak diesen Mann wohl nicht mitgebracht hätte, wenn er ihn als Gefahr für uns betrachten würde. ›Du bist so naiv, Nina‹, antwortete Marysia. ›Du weißt ja nicht, was du tust. Ich kann nicht zurückfahren und deiner Mutter unter die Augen treten, wenn du mit ihm gehst.‹ Doch es half nichts. Ich sagte nur: ›Ich werde es tun, ich werde mit ihm gehen.‹ Und das tat ich.«

Für Marysia war dieser Entschluss eine Katastrophe. Sie hatte das Gefühl, dass sie dafür verantwortlich war, Rudek und seiner Familie zu helfen, und sie hatte versprochen, Nina zu ihrem neuen Versteck zu bringen. Und natürlich war Fanja völlig verzweifelt, als sie etwas später an diesem Tag durch Marysia von diesem Entschluss erfuhr.

»Marysia konnte ja nicht einmal meine Adresse angeben«, sagt Nina. »Mama war gerade dabei, Geschirr zu spülen, als Marysia kam, und in ihrer Verzweiflung schlug sie eine Menge Porzellan entzwei. Es war ein reines Versehen, dass Zbyszek Marysia die Adresse nicht gegeben hatte. Es war eine hektische Situation, der Zug würde jeden Moment abfahren, und ich weigerte mich stur, mit Herrn Jakubiak einzusteigen. Stattdessen ging ich mit Zbyszek und nahm mit ihm eine Straßenbahn nach Służew.«

»Wie kann ich im Nachhinein erklären, was mich dazu brachte, so stur zu sein? Lag es daran, dass das Angebot von einem Gleichaltrigen kam, der mich besser verstand als all die älteren Leute, von denen ich in der letzten Zeit umgeben gewesen war? Ein junger Mensch kann nicht sonderlich berechnend sein, das war mein instinktives Gefühl. Ich vertraute ihm.«

Der Beschluss erwies sich als lebensrettend. Am Tag nachdem Nina bei der Eisenbahnerfamilie in Praga hätte ankommen sollen, kamen die Deutschen dorthin und erschossen die ganze Familie und die beiden Jüdinnen, die sie versteckten. Irgendjemand hatte sie denunziert.

»Ich erfuhr das ein paar Tage später«, sagt Nina. »Ich weiß nicht mehr genau, wer es mir erzählt hat, aber ich glaube, Marysia war es.«

Diese Geschichte erzählt Nina mit einem gewissen Stolz, so wie von der Episode in der Karmeliterkirche, als sie für die ganze Familie entscheidet, dass man sich nicht zu erkennen geben wird. Nina hat ganz nach ihrem Gefühl gehandelt, und das hat ihr das Leben gerettet. Sie konnte ja nicht wissen – niemand konnte das –, welche Entscheidung die richtige war. Es war nur das unerklärliche Vertrauen zu Zbyszek, das sie bewegte. Es gab ja keine Hinweise darauf, dass die Eisenbahnerfamilie die schlechtere Wahl sein könnte. Doch wenn man als junges Mädchen gegen den Willen der Erwachsenen selbstständig einen Entschluss fasst, der sich hinterher für einen selbst oder für andere als lebensrettend erweist, hinterlässt das zweifellos einen tiefen Eindruck. Da muss das Gefühl entstehen, jetzt endgültig erwachsen zu sein, reif zu sein, selbst über sein Leben entscheiden und die wichtigen Beschlüsse in eigener Verantwortung fassen zu können.

Die Villa in Służew ist groß, und sie ist sehr schön gelegen.

»Sie hatte weiße Wände und ein französisches Fenster, das sich über fast die ganze Vorderfront erstreckte«, erinnert sich Nina. »Es war eine ruhige Villengegend, und mir war, als wäre ich auf einem anderen Planeten gelandet.« Służew lag zu jener Zeit, obwohl es als Vorort Warschaus bezeichnet wurde, mitten in einer Ackerlandschaft. Auf der Rückseite des Hauses erstreckten sich Weizenfelder, soweit das Auge reichte.

»Im Haus trafen wir Zbyszeks Mutter, Frau Lucyna, und seine zwei Tanten, Zofia und Teresa«, erzählt Nina. »Zbyszek stellte mich vor, und sie waren sehr erstaunt.« Offensichtlich hatte Zbyszek auf eigene Faust gehandelt, als er Nina einen Platz in seinem Zuhause anbot. Und es schien, als würde er jetzt auf Widerstand stoßen. »Ich wurde im Flur allein gelassen, während Zbyszek in ein anderes Zimmer ging und dort mit seiner Mutter sprach. Sie blieben lange, sehr lange fort.« Falls Nina in diesen Minuten bereut hat, ein Versteck für ein anderes aufgegeben zu haben, so erinnert sie sich doch nicht daran. Am Ende kommt Zbyszek aus dem Zimmer und bittet sie hineinzugehen. Seine Mutter wolle mit ihr reden.

»Sie setzte sich mit mir hin und fing an, mich auszufragen. Ich merkte, dass sie sehr skeptisch war. Ihre erste Frage war: ›Woher kommst du?‹ Ich antwortete, dass ich aus Lodz käme. ›Oh‹, sagte sie plötzlich erfreut, ›du bist aus Lodz? Ich komme auch aus Lodz!‹ Dann schwieg sie wieder. ›Und was hat dein Vater gearbeitet?‹ ›Mein Vater hat als Kaufmann bei Scheibler und Groh-

mann gearbeitet‹, antwortete ich. ›Nein, ist das wahr? Mein Vater hat auch bei Scheibler und Grohmann gearbeitet!‹, brach es aus ihr hervor. Und so durfte ich bleiben. Sie gab nach, und ich durfte bleiben.«
Manchmal sind es die ganz einfachen Dinge, die den Menschen ein Gefühl der Gemeinschaft vermitteln können und die bewirken, dass ein gejagter und für seine Umgebung in der Tat lebensgefährlicher Flüchtling als Mitmensch empfunden wird. Während dieses kurzen Gesprächs verspürte Frau Pelikan offenbar Mitleid mit Nina.

Nina weiß natürlich, dass sie für sich wird bezahlen müssen, denn so ist es fast immer, wenn es auch bei Frau Pola nicht der Fall war. »Ich musste 2500 Złoty im Monat bezahlen. Ich begriff, dass das Geld der Hauptgrund war, warum die Familie einen Juden aufnahm. Wirtschaftlich gesehen ging es ihnen nicht gut.«
Doch erst viel später wird Nina voll und ganz verstehen, was es war, worüber Zbyszek und seine Mutter so lange diskutiert hatten, während sie im Flur warten musste.
»Es war ein reiner Zufall, dass ich feststellte, dass es noch eine andere Jüdin im Haus gab. Eines Tages traf ich mit ihr und Zbyszek auf der Treppe zusammen. Da fing ich an, Frau Lucyna auszufragen. Und es stellte sich heraus, dass ich ihren Platz im Haus bekommen hatte. Das war ein scheußliches Gefühl.«
Als Nina der Frau begegnete, waren Zbyszek und sie auf dem Weg zu Herr Jakubiak, der die Frau zu einem anderen Versteck bringen sollte.

»Der Grund dafür, dass Zbyszek sie austauschte, war offensichtlich, dass sie älter war, jüdischer aussah und einen leichten Jiddisch-Akzent hatte, was bei mir nicht der Fall war«, erzählt Nina. »Der Beschluss, mich mitzunehmen, war also keineswegs zufällig getroffen worden, sondern er meinte ganz einfach, dass ich weniger gefährlich sei als die andere Frau. Für mich war es eine totale Überraschung. ›Wohin soll sie nun gehen?‹, fragte ich. Frau Lucyna antwortete, dass Herr Jakubiak einen Ort gefunden habe, wo es ein Versteck gab, einen verborgenen Raum, in dem sie sich verstecken könnte, wenn die Deutschen auftauchten. Der starke Akzent der Frau sei viel zu auffällig, fand Frau Lucyna, und sie erklärte, dass sie selbst kein Versteck bauen wollten, obwohl die Frau sie darum gebeten habe. Frau Lucyna glaubte nicht, dass sie es schaffen würde, eventuell auftauchenden deutschen Soldaten gegenüber zu lügen, wenn sie nach Verstecken fragten – aber mich, so sagte sie, würden sie für eine Nicht-Jüdin halten können, denn meine Sprache habe keinen verräterischen Akzent.« Und dann fügt Nina noch hinzu:

»Ich weiß nicht, was mit der Frau dann geschah, ich kenne nicht einmal ihren Namen. Jedes Mal, wenn ich fragte, bekam ich zur Antwort, dass sie es dort, wo sie war, gut habe.«

Man kann den Holocaust nicht überleben, ohne das Gefühl eigener Schuld zu empfinden.

»Es gibt ja gar keinen Zweifel, dass Zbyszek die andere Frau gegen mich ausgetauscht hat«, sagt Nina. »Und wenn ich das gewusst hätte, dann wäre ich mit allergrößter Wahrscheinlichkeit nicht mit ihm gefahren.«

Dass sie zu den Pelikans gekommen war, bereitete Nina ihr Leben lang ambivalente Gefühle. Denn es sollte am Ende nicht nur ihr das Leben retten.
Nach mehr als einer Woche auf der arischen Seite fährt Rudek immer noch den ganzen Tag mit der Straßenbahn und kann nachts bei unterschiedlichen Menschen unterkriechen.
»Am Ende fasste ich mir ein Herz«, erzählt Nina, »und fragte Frau Lucyna, ob sie sich vorstellen könne, auch meinen Bruder aufzunehmen. In der Villa gab es viel Platz. Ich schlug vor, dass er mein Zimmer nehmen könne, und ich würde unten im Salon schlafen, wo es eine Couch gab, die man für die Nacht in ein Bett verwandeln konnte. Die Familie hielt eine neue Besprechung, und dann kam der Bescheid, dass sie willens seien, auch Rudolf aufzunehmen. Doch da er ein Mann war, der mehr Essen brauchte, würde er 3000 Złoty bezahlen müssen, was wir mit Freuden annahmen.«
»Ich versuchte, im Haushalt mitzuarbeiten«, fährt Nina fort, »und bemühte mich, ihnen in jeder Hinsicht behilflich zu sein. Ich war so unendlich dankbar, dass sie Rudolf aufnahmen – das war für mich eine große Sache, und für Rudolf auch, denn er war ja völlig fertig von diesem endlosen Herumfahren in Warschau. Es war ein großes Glück für uns, dass wir in dieses Haus gekommen waren.«

Wie konnten es sich Nina und Rudek leisten, für sich zu bezahlen? 5500 Złoty im Monat waren viel Geld – ein Laib Brot kostete zehn Złoty. Nina und Rudek hatten

Goldrubel und Golddollar dabei. Man kann nur raten, dass dies zum größten Teil wahrscheinlich Geld war, das Rudek und Fanja während ihrer Zeit als Brillanten- und Juwelenhändler im Ghetto verdient und beiseite gelegt hatten oder das sie im Austausch zwischen Herrn Goldblum und Onkel Irvin bekommen hatten. Doch soweit wir wissen, können sie keine großen Summen besessen haben, und bei einem solchen Betrag jeden Monat würden sie nur eine begrenzte Anzahl an Monaten für sich bezahlen können. Dennoch waren sie jetzt erst einmal beruhigt.
»Wir lebten dort völlig geschützt«, sagt Nina. »Und ich wunderte mich oft, dass es Frau Pelikan nicht viel stärker beunruhigte, uns im Haus zu haben. Sie zeigte keinerlei Furcht. Auch Zbyszek war alles andere als ängstlich. Er war Mitglied in der Untergrundarmee *Armia Krajowa* und gehörte somit zu den Partisanen. Uns zu beherbergen, machte ihnen gar keine Angst, sie waren, ja, wie soll ich sagen, recht naiv in ihrer Betrachtungsweise dieser Situation …«
Frau Lucyna schien in gewisser Weise in ihrem Umgang mit der Situation auch magisches Denken anzuwenden. Unter anderem war sie fest davon überzeugt, dass Nina und Rudek sich benehmen sollten, als ob es eine Selbstverständlichkeit sei, dass sie sich in dem Haus befänden. Sie durften sich nicht auf irgendeine Weise verstecken, sie sollten keine Unsicherheit zeigen. Denn sie meinte, wenn sie als Juden entdeckt würden, dann würde sie immer noch behaupten können, dass sie keine Ahnung gehabt habe. Das war nach Ansicht von Frau Lucyna eine ungefährliche Strategie.

Deshalb sollte Nina auch dabei sein, als eines Tages Frau Marta und ihr Mann zum Tee kamen. Frau Marta war die Nachbarin von Lucyna und ihren Schwestern. Nina war ihr noch nie begegnet, hatte aber von Frau Lucyna schon gehört, dass sie eine Tratschtante sei. Trotzdem, oder vielleicht gerade deshalb, wollte Frau Lucyna, dass Nina an diesem Sonntagnachmittag, ganz zu Beginn ihres Aufenthaltes in der Villa, beim Tee dabei sei.

Fünf Personen saßen um den Tisch: Frau Lucyna, ihre Schwester Zofia, Frau Marta, der Mann von Frau Marta und die Nina, die sich zu diesem Anlass extra gut angezogen hatte.

»Frau Lucyna stellte mich als ›eine Cousine vom Lande‹ vor«, erinnert sich Nina. Unklar ist allerdings, was Frau Pelikan gemacht hätte, wenn Nina entlarvt worden wäre. Hätte sie dann behauptet, sie habe nicht gewusst, dass ihre »Cousine vom Lande« Jüdin war? Wahrscheinlich hatte sie gar nicht so weit gedacht, sondern einfach gefunden, dass »Cousine vom Lande« gut klang.

Nina mochte Frau Marta nicht, denn die war neugierig und fragte sie aus. Ihr Mann wirkte bedeutend zurückhaltender, doch auch er war schwer einzuschätzen. Die Situation war unangenehm, aber Nina vertraute Frau Lucyna. Wenn die Nachbarn erst einmal akzeptiert hatten, dass sie sich in diesem Haushalt befand, ohne dass jemand versuchte, sie zu verstecken, dann würde hinterher wahrscheinlich alles viel unproblematischer gehen. Nina saß wie auf heißen Kohlen, aber sie stand die Situation durch. Bis Frau Marta einen Ausspruch tat, der Ninas Herz zu Eis werden ließ.

»Wir saßen alle um den Esstisch«, erinnert sich Nina, »als Frau Marta plötzlich sagte: ›Also, für eine Sache müssen wir Hitler doch dankbar sein. Er hat uns von den Juden befreit!‹ Es wurde ganz still um den Tisch. Schließlich begann Frau Lucyna zu sprechen. Und sie sagte: ›Es ist so schön, unsere kleine Cousine vom Land hier zu haben, doch leider kann sie nur eine Woche bleiben.‹«

Nach dieser Teeeinladung weigerte sich Nina, an weiteren öffentlichen Zusammenkünften teilzunehmen.

»Frau Lucyna freute das nicht, aber sie hatte Verständnis«, sagt Nina. »Und ich war froh, dass ich mich keinen weiteren Konfrontationen mit fremden Menschen aussetzen musste. Ich lebte von da an ganz anonym.«

Doch Nina sollte Frau Marta nicht ganz loswerden. Nur eine Woche später steht sie mit Frau Lucyna zusammen in der Küche, als Lucyna plötzlich ihre Nachbarin Marta unangekündigt und ungeladen durch das Tor kommen sieht.

»Frau Lucyna packte mich und führte mich schnell hinter einen Vorhang, der die Speisekammer vom Rest der Küche abtrennte«, erinnert sich Nina. »Da saß ich nun und versuchte, ganz still zu sein. Frau Marta kam eilig hinein und fing an, eifrig zu reden. Plötzlich sagte sie: ›Und was hast du da hinter dem Vorhang, Lucyna?‹ Lucyna antwortete blitzschnell: ›Eine derartige Unordnung, dass ich mich schämen würde, wenn jemand es zu sehen bekäme‹, und ging mit Frau Marta ins Wohnzimmer.«

Da hatte Frau Lucyna einmal gegen ihre ursprüngliche Meinung gehandelt, dass es besser sei, Nina und Rudek nicht zu verstecken. Und dieses eine Mal hätte schicksalsentscheidend sein können.
»Danach«, so erzählt Nina, »machte ich es mir zur Gewohnheit, immer durch das Fenster zu schauen, um mich zu vergewissern, dass Frau Marta nicht gerade im Anzug war.« Diese Wachsamkeit musste lange anhalten, denn Nina durfte mehr als ein Jahr bei den Pelikans bleiben.

Die Kontakte nach draußen wurden wie auch schon zuvor durch Marysia hergestellt. Etwas Hilfe bekamen sie auch von Zbyszek, der dabei behilflich war, falsche Papiere für Nina und Rudek zu besorgen.
»Zbyszek war sehr freundlich zu uns«, sagt Nina. Sie merkte bereits, was sie nach dem Krieg dann bestätigt bekommen würde, dass Zbyszek sich in sie verliebt hatte.
»Aber er suchte meine Gesellschaft nicht, er verhielt sich neutral. Seine Position in dem Haushalt war zwar nicht dominierend, dazu war er zu selten da, aber er bestimmte dennoch viel. Der beste Beweis dafür war, dass er schließlich dafür gesorgt hatte, dass ich überhaupt dorthin kommen konnte.« Nina hat eine besonders schöne Erinnerung an ein Zusammentreffen mit Zbyszek in ihrer ersten Zeit bei den Pelikans:
»Eines Tages nahm er mich auf einen Spaziergang mit, durch die Weizenfelder und zu einem Kloster, das dort lag. Es war Frühling, und eine meiner ersten Wochen bei den Pelikans. Ich war überwältigt von der Natur

und dem Frühling und dem Grün draußen. Das war ein Gefühl der Freiheit, das ich viele Jahre nicht gehabt hatte, und gleichzeitig erlebte ich die Natur, was ich ja in den Jahren im Ghetto nicht hatte tun können. Aber es war das einzige Mal, denn nach der Teeeinladung wagte ich mich nicht mehr aus dem Haus.«

In der Zeit, in der sie sich bei den Pelikans versteckte, sollte sich Nina allerdings einen Freiraum erhalten: »Im Garten bei der großen Villa gab es hohe Himbeerbüsche. Und hinter den Himbeerbüschen stand eine kleine Holzbank. Zu der Holzbank ging ich oft und setzte mich dort nieder. Ich liebte es, dort zu sitzen und auf die Wege und Felder zu schauen. Das Haus war ja auf der einen Seite von Weizenfeldern eingegrenzt. So hatte man in die eine Richtung ein Gefühl der Freiheit und musste nicht wie sonst Angst vor den Menschen haben. Auf der Bank dort konnte mich niemand sehen, das war mein privates kleines Versteck, und es war die beste Ruhepause, die ich hatte. Seither liebe ich Himbeeren. Und wie ich sie liebe.«

Nicht zu existieren, aber dennoch zu leben. Ist das besser als offiziell zu leben und ständiger Todesgefahr ausgesetzt zu sein? Nina würde sich mit diesen Gedanken lange auseinandersetzen müssen. Und nirgends war das deutlicher als in der Zeit, die sie bei den Pelikans verbrachte.

»Je mehr Zeit verging, desto größer wurde mein Gefühl, dass es mich nicht gab. Wenn man das mit dem Dasein im Ghetto vergleicht, oder – noch schlimmer – mit dem im Konzentrationslager, mit dem schrecklichen Hunger, den Krankheiten und dem allgegenwärtigen Tod, erscheint mein Leben im Versteck vielleicht paradiesisch. Aber das war es nicht, und zwar, weil man nicht existierte. Man war versteckt, konnte aber jeden Moment ans Tageslicht gezerrt und vernichtet werden. Auch wenn die materiellen Verhältnisse sehr viel besser waren, war doch die Nähe des Todes ebenso stark. Es fällt ungeheuer schwer, das Gefühl zu akzeptieren, dass man kein Existenzrecht hat. Und dieses Gefühl war bei mir extrem stark. Ich weiß nicht, ob Rudolf es ebenso empfand, er hat nie mit mir darüber geredet.«

Nina erwähnt Rudeks Gegenwart bei den Pelikans überhaupt nicht oft. Meist saß er in seinem Zimmer, und scheinbar teilte er seine Gedanken, Überlegungen und möglichen Ängste nicht mit seiner Schwester. Vielleicht war Nina immer noch die, die geschützt werden musste. Oder die Rollen in der Familie waren schon seit langem festgelegt worden, und das in vieler Hinsicht passive Dasein Rudeks in diesem Jahr bedeutete nicht automatisch, dass er auch neue Muster im Verhältnis zu seiner Schwester ausprobierte. Wahrscheinlich verschloss er sich mehr in sich selbst.

»Ich verließ die Villa in diesem Jahr ein paarmal«, erzählt Nina, »um meine Mutter zu besuchen. Rudolf war auch ein paarmal unterwegs. Doch ansonsten hielten wir uns beide die meiste Zeit drinnen auf.«

Lolek Skosowski war in ihrer Heimatstadt Lodz ein Klassenkamerad von Rudek Rajmic gewesen. Sie hatten sich viele Jahre nicht gesehen, doch eines Tages kam Rudek zu Nina und berichtete ihr von einer aufregenden Neuigkeit: Vielleicht würden sie Polen verlassen können! Und Lolek könnte das arrangieren.

Das Hotel Polski steht in der Długastraße in Warschau. Es ist ein großes und sehr luxuriöses Hotel. Doch seit dem Frühsommer 1943 diente dieses Hotel ausschließlich einem Zweck: Juden mit ausländischen Pässen zu beherbergen, nämlich solche Juden, die die Deutschen angeblich zum Gefangenenaustausch gegen deutsche Bürger, die von den Alliierten gefangen genommen wurden, einsetzen wollen. Das Hotel Polski ist der einzige Ort in Warschau, in dem Juden das Recht zugestanden wird, am Leben zu sein.

»Rudek erzählte, er habe gehört, dass es die Möglichkeit gäbe, sich eine ausländische Staatsbürgerschaft zu besorgen und mit einem Rotkreuz-Transport außer Landes zu kommen«, erzählt Nina. »Das Hotel Polski war ein Zentrum für die Juden, die sich ausländische Papiere besorgt hatten, und Rudek hatte gerade gehört, dass sein alter Klassenkamerad Lolek Skosowski der Chef des ganzen Unternehmens war.«

Ein erster Transport war bereits abgegangen, und diejenigen, die dabeigewesen waren, hatten Briefe aus dem Elsass geschickt, wo sie sich unter dem Schutz des Roten Kreuzes aufhielten. Es waren noch weitere Transporte geplant, unter anderem hatte sich offenbar die ganze Familie Lipszyc, die sich zusammen mit Nina bei der Schwester von Frau Pola aufgehalten hatte, gemeldet. All das erfuhr Rudek durch seine Kontakte.

»Die ausländischen Papiere konnte man für Geld kaufen«, berichtet Nina, »doch davon hatten wir nicht genug. Unser Geld würde längst nicht für neue Pässe reichen, aber Rudek fuhr trotzdem auf gut Glück ins Hotel Polski, um sich dort mit seinem alten Klassenkameraden Lolek zu treffen.«

RELICO war eine jüdische Hilfsorganisation, die mit dem *World Jewish Congress* in Genf zusammenhing. Die Organisation wurde von Dr. Abraham Silberschein geleitet. Zunächst konzentrierten sich Silberschein und RELICO darauf, nach verschwundenen jüdischen Verwandten in Europa zu suchen. Doch mit der Zeit verlegte man sich immer mehr darauf, Juden zu helfen, aus von den Deutschen besetzten Gebieten zu emigrieren, und sie hierzu mit den notwendigen Dokumenten zu versehen. Silberschein arbeitete dazu mit dem Internationalen Roten Kreuz und verschiedenen Botschaften zusammen.
Dr. Silberschein hatte während des Krieges bei einer Gelegenheit erfahren, dass Juden mit südamerikanischen Pässen offensichtlich nicht in die Vernichtungslager geschickt wurden, sondern dass die Deutschen sie stattdessen in andere Lager überstellten und sie womöglich in die Länder emigrieren ließen, für die sie einen Pass hatten. Also stellte Silberschein Kontakte zu verschiedenen südamerikanischen Konsulaten her, um an die passenden Dokumente zu kommen. Es zeigte sich bald, dass mehrere süd- und mittelamerikanische Länder bereit waren, so genannte *Promesas* auszustellen, Briefe, die ihren Inhaber dazu berechtigten, einen Pass in die-

sem Land zu beantragen, wenn sie zunächst Grund und Boden in dem Land erwarben. Vielleicht hatte auch der Junge, der damals als Einziger auf Ninas Geburtstagsfest im Ghetto aufgetaucht war, eben solche Papiere gehabt, die die Familie gekauft hatte.
Zu der Zeit, als das Ghetto liquidiert wird, kommt eine große Anzahl solcher *Promesas* nach Warschau, doch die meisten der Adressaten sind bereits tot. Doch Papier gegen Papier: Die Deutschen geben bekannt, dass sie es akzeptieren, wenn diese *Promesas* jetzt zum Verkauf stehen, und zwar für eine große Summe Geldes. Die Juden, die die Papiere besitzen, sollten dann zum Gefangenenaustausch benutzt werden.
Zwischen 3500 und 4000 der Juden, die sich auf der arischen Seite in Warschau verstecken, geben sich jetzt zu erkennen und begeben sich ins Hotel Polski.

»Mama wollte unbedingt, dass wir mit den Transporten vom Hotel Polski ausreisten«, sagt Nina. »Also begab sich Rudek dorthin. Lolek Skosowski freute sich sehr, ihn wiederzusehen, und als Rudek sein Anliegen vorbrachte, sagte Skosowski: ›Natürlich, natürlich wirst du mitfahren, ich helfe doch gern einem alten Klassenkameraden.‹ Rudek erklärte, dass es nicht nur um ihn selbst ginge, sondern auch um seine Mutter und seine Schwester, dass er aber nicht genug Geld habe, um die ausländischen Papiere zu bezahlen. Doch Skosowski hielt an seinem Versprechen zu helfen fest und wollte sich darum kümmern, dass wir alle drei die notwendigen Dokumente erhielten. Er berichtete auch, dass sich seine Mutter und seine Schwester ebenfalls im Hotel

Polski befanden, um mit dem nächsten Transport zu reisen.«

Skosowski hat offenbar gute Verbindungen zur Gestapo. Die Unternehmungen im Hotel Polski geschehen ja mit der Duldung der Gestapo, und Skosowski ist ein Organisator. Aber er hat auch den Juden gezeigt, dass er etwas bewegen kann: Der erste Transport hat ja offenbar ausgezeichnet funktioniert, und das Rote Kreuz ist auch eingebunden.

»Mama war überglücklich, als Rudek von den neuen Möglichkeiten erzählte«, erinnert sich Nina. »Endlich würden wir eine Chance bekommen, rauszukommen.«

Nina und Frau Lucyna stehen in der Küche, als Rudek von seinem Treffen mit Skosowski zurückkommt. Es ist spät am Nachmittag, und Nina hat ihren Bruder selten so fröhlich und eifrig gesehen. Er nimmt die beiden Frauen mit ins Esszimmer, sie setzen sich, und dann erzählt er. Nina erinnert sich an die Ausgelassenheit, an das Gefühl, dass sie nun endlich die Möglichkeit hatten, ein neues Leben anzufangen. Rudek berichtet auch, wie froh Fanja ist, und der Optimismus ihrer Mutter und ihres Bruders steckt sie an.

Die Einzige, die sich nicht freut, ist Frau Lucyna.

»Ich erinnere mich, wie wir im Esszimmer saßen«, sagt Nina, »und ich erinnere mich an die Reaktion von Frau Lucyna. Eine Reaktion, die über unser Leben entscheiden sollte. Sie sah ganz und gar nicht erfreut aus, und als sie endlich sprach, sagte sie: ›Wie könnt ihr nur, nach allem, was die Deutschen den Juden angetan haben, immer noch glauben, dass an den Versprechen, die sie euch geben, auch nur ein Fünkchen Wahrheit ist?‹ Da sah Rudolf sie an. Und fasste in diesem Moment seinen Entschluss: Wir fahren nicht. Mama muss heftig protestiert haben, aber wir hatten unsere Entscheidung getroffen. Wir würden nicht mitfahren.«

Fast alle Juden, die im Sommer 1943 ihre Verstecke in Warschau verließen, um sich ins Hotel Polski zu begeben – also zwischen 3500 und 4000 Menschen – wurden letztendlich getötet. Die Einzigen, die überlebten, war eine kleine Gruppe mit Dokumenten für Palästina. Es gibt Stimmen, die behaupten, dass auch die Juden mit südamerikanischen Dokumenten vielleicht überlebt hätten, wenn nicht die US-Regierung, und als Folge davon auch die Regierungen der betreffenden südamerikanischen Länder, diese Dokumente am Ende für ungültig erklärt hätten. Wahrscheinlich war es jedoch so, dass die Juden im Hotel Polski von Anfang an chancenlos waren. Man schrieb immer noch das Jahr 1943, und die Deutschen hatten noch nicht ihre Kampagne begonnen, während der sie Juden in großem Stil »verkauften«.

Lolek Skosowski wurde gegen Ende des Krieges als deutscher Kollaborateur hingerichtet.

»Natürlich arbeitete er mit der Gestapo zusammen«, sagt Nina, »aber ich bin ganz sicher, dass er nichts vom endgültigen Ziel der Transporte wusste. In dem Fall hätte er doch nicht seine eigenen Verwandten mitgeschickt.«

Mit dem Betrug um das Hotel Polski war es den Deutschen gelungen, noch einmal ein paar tausend von der kleinen Anzahl Juden, die noch in Warschau lebten, hervorzulocken und zu töten. Und sie hatten auch noch Geld dafür bekommen.

## *Kapitel 39*

Die Zugfahrt nach Trawniki dauerte vielleicht drei Stunden, etwas länger als nach Lublin. Der Geschäftsführer bei Schultz, Rudolf Neumann, ließ heimlich ein Bild anfertigen, in dem jeder Zug, der vom Warschauer Ghetto nach Trawniki ging, mit einem gemalten Zug oder in manchen Fällen mit einem kleinen Lastwagen vermerkt wurde. Die Länge des Zuges zeigte an, wie viele Menschen jedes Mal transportiert wurden, und rechts im Bild war eine Tabelle, die die Anzahl Frauen, Männer und Kinder angab. Auch hier ließ Herr Neumann kleine Bilder zeichnen – einen Mann in Hosen, eine Frau im Rock und ein kleines Kind im Rock. Es ist erstaunlich, wie viele Kinder mit der Fabrik abtransportiert wurden – fast 400. Rysio war nicht der Einzige.

Das Lager in Trawniki war ursprünglich eine Zuckerfabrik gewesen. Seither war es auch schon ein Kriegsgefangenenlager, ein Konzentrationslager und eine Bürstenfabrik gewesen, bevor es nun zu einem Arbeitslager für die 6000 Juden wurde, die im Warschauer Ghetto bei der Firma Schultz gearbeitet hatten, und die sich dafür entschieden hatten, mit der Firmenleitung das brennende Ghetto zu verlassen. Man würde, so hieß es, mit genau derselben Arbeit weitermachen wie zuvor, nur in anderen Räumen. Direkt neben dem Lager befand sich schon ein Ausbildungslager für ukrainische und baltische SS-Männer – die schwarz gekleideten Männer, die man in ganz Polen *Trawniki* oder *Askaris* oder *Hiwis* nannte.

Alles würde fast ganz genauso weitergehen wie bei Schultz im Ghetto, wenn auch mit einer kleinen Änderung: Zwar stand die Produktion weiterhin unter ziviler Leitung – mit Fritz Emil Schultz als Besitzer und Rudolf Neumann als Geschäftsführer – und mit der deutschen Armee als Kunde. Doch die Arbeitskräfte, die 6000 Juden, und das Lager selbst standen jetzt formell unter Kontrolle der SS. Die Schwarzgekleideten standen an den Lagerzäunen. Und das tägliche Kommando oblag SS-Hauptscharführer Franz Bartetzko.

»Als am 16. Februar der erste Transport von Freiwilligen in Trawniki eintraf«, schreibt Rudolf Neumann in einem späteren Bericht, »gab es gleich den ersten Schock. Unsere jüdischen Arbeiter waren mit ihrem gesamten Gepäck nach Trawniki gekommen, hatten also teilweise mehrere Koffer bei sich. Bartetzko, der effektiv als Lagerkommandant fungierte, ließ den Juden aber nur ihr persönliches Handgepäck und ordnete an, dass alle übrigen Koffer in einer besonderen Baracke abzustellen seien. Damit war den Leuten praktisch die Verfügung über ihre Habe entzogen. (...) Abgesehen von diesem ersten Schock normalisierte sich aber das Leben im Lager Trawniki im Laufe der Zeit etwas. Trotz aller Primitivität gab es im Lager auf einem eigenen Schwarzmarkt allerhand zu kaufen. Es existierte sogar eine Kantine, in der man Lebensmittel und alkoholische Getränke bekommen konnte. Und es existierte im Lager eine jüdische Lagerkapelle.«[32]

Diese Kapelle war sehr aktiv. Man spielte oft für die deutsche Betriebsleitung, die in einem Gebäude untergebracht war, das »Weißes Haus« genannt wurde und außerhalb der Umzäunung des Lagers lag. Ein Notenblatt mit einem Lied namens »Weißes Haus Polka«, das von einem der jüdischen Musiker, Paul Paskun, komponiert worden war, ist noch erhalten. Insgesamt spürt man eine Vertraulichkeit und Zuneigung von Seiten der jüdischen Arbeiter gegenüber der alten Leitung von Schultz. Vielleicht wusste man, dass dies die Deutschen waren, an die man sich halten konnte, jetzt, da die SS immer näher kroch. Eine der Jüdinnen, die im Büro arbeiteten, Helene Chilf, schreibt in jener Zeit Tagebuch. Dort nennt sie den SS-Chef Bartetzko »Papa«. Am 12. September 1943 schreibt sie:
»Papa ist wirklich auf Urlaub gefahren und ist bereits 14 Tage weg. Leider kommt er bereits übermorgen zurück. Schön ist die Zeit für mich, in der ich mich so ziemlich frei bewegen kann. – (...) – Große politische Ereignisse haben auch die Stimmung unserer Glaubensgenossen in dieser Zeit erheblich gebessert. Aber man darf sich nicht zu früh freuen. Wir wissen ja doch nicht,

32 Grabitz/Scheffler, S. 211/212

ob man uns wird hier überleben lassen. Wir sind so nahe unserem Ziele und doch so ferne.«[33]

Das Vertrauen, das man der zivilen Leitung und vielleicht vor allem dem Geschäftsführer Rudolf Neumann entgegenbrachte, äußert sich nicht zuletzt in einem erhaltenen Heft mit dem Titel »Ein Reisebericht aus Trawniki in 6 teils heiteren, teils ernsten Bildern«. Dieses kleine Heft ist mit Zeichnungen gefüllt, die Helene Chilfs Mann, Georg Stefan Chilf, geschickt gezeichnet hat, und in denen mit viel Humor und auch einer gehörigen Portion Galgenhumor die Reise und das Leben in Trawniki beschrieben werden. Das Heft ist Neumann gewidmet und wird mit den Worten eingeleitet:

> *»Herrn Direktor Neumann*
> *gestatten sich die Unterzeichneten anlässlich des letzten Pinselstriches und der feierlichen Übergabe des Albums zu einem kleinen Zusammensein in ihrem Kreise am Sonntagabend einzuladen!*
> *Gäste, die Sie begleiten, sind uns herzl. willkommen!«*[34]

Die Einladung ist von fünf jüdischen Arbeitern unterzeichnet.
Wie wir bereits feststellen konnten, war Neumann begeisterter Sammler von Tabellen und Alben, und er schien seinen Betrieb und auch seine Angestellten mit

33 Grabitz/Scheffler, S. 249
34 Grabitz/Scheffler, S. 214

einem gewissen Stolz zu betrachten. Die Tatsache, dass er Papiere sammelte und alles sehr gründlich dokumentierte und organisierte, hat dazu geführt, dass eine ganze Reihe von Dokumenten über das Leben im Arbeitslager bewahrt sind. Unter anderem gibt es einige Aufstellungen mit Namen von Personen in verschiedenen verantwortlichen Positionen in der Firma. In den Dokumenten, die Helge Grabitz und Wolfgang Scheffler in ihrem Buch *Letzte Spuren* gesammelt und veröffentlicht haben, taucht nirgends der Name Wołkowicz auf – der Nachname von Heniek, Maryla und Rysio. Auf der anderen Seite sind da aber auch nur ein paar hundert Namen einzeln aufgeführt, und die gesamte Anzahl an Arbeitskräften betrug ja um die 6000.

Es steht jedoch außer Zweifel, dass die Arbeit in der Fabrik von Trawniki noch mehrere Monate völlig unbehindert weiterging. Im Prinzip war die Arbeitskraftstärke unverändert oder sogar durch einige spätere Transporte im Herbst, unter anderem aus dem Ghetto von Minsk, noch erhöht worden. Es scheint so, als hätten diejenigen, die zwischen Februar und April aus der Schultz-Fabrik im Warschauer Ghetto kamen, auch am Ende dieses Sommers noch nahezu vollständig gearbeitet. Glaubt man Rudolf Neumann, so haben die SS-Leute davon Abstand genommen, die Juden zu schikanieren, nachdem Bartetzko bei einer Gelegenheit einen SS-Mann mit den Worten: »Meine Juden schlage ich selbst, wenn es nötig ist!«[35] zurechtgewiesen hatte.

35 Grabitz/Scheffler, S. 212

Doch die Situation im Lager sollte sich verändern:
»Ab August 1943 machte sich dann aber eine zunehmende Verschlechterung der Atmosphäre bemerkbar«, schreibt Neumann in seinem Bericht. »Rein äußerlich kam dies z. B. dadurch zum Ausdruck, dass die Betriebsangehörigen ihre Stiefel abliefern mussten. (...) Es machte sich schon die Tendenz bemerkbar, die jüdischen Lagerinsassen mehr und mehr in den Häftlingsstatus zu bringen.«[36]
Im August werden einige der Arbeiter aus der Fabrik in Trawniki nach Dohorucza gebracht, ein in der Nähe befindliches Lager, in dem die Gefangenen Torf stechen müssen und wo schreckliche Zustände herrschen. Selbst Neumann stellt fest, dass in Dohorucza in höchstem Maße das Prinzip »Vernichtung durch Arbeit«[37] galt.
»Leute sterben wie Fliegen«, schreibt Helene Chilf in ihrem Tagebuch. »Es gibt dort Leute, die sich bereits 5 Monate nicht gewaschen haben, und ähnliche Fälle. Also bei uns ist im Vergleich zu dort das wahre Paradies. Man hat, in diesem Zusammenhange, immer Angst, dass es auch hier anders kommen kann; denn warum soll es hier so gut sein und dort so schlecht. Letzten Endes sind ja dort die gleichen Juden wie hier.«[38]
Rudolf Neumann, der ahnt, dass auch in Trawniki bald etwas passieren wird, schließt seinen Bericht mit den Worten ab: »Dies alles bestärkte mich in dem Ent-

36 Grabitz/Scheffler, S. 212/213
37 Grabitz/Scheffler, S. 213
38 Grabitz/Scheffler, S. 251

schluss, Trawniki zu verlassen und nicht wieder nach dort zurückzukehren.«[39]

Am 13. September verlässt der Geschäftsführer der Firma Schultz & Co., der in Danzig ansässige Rudolf Neumann, für immer seine Arbeiter und seinen Arbeitsplatz in Trawniki. Er hatte es geschafft, sie alle dazu zu überreden, sich vom Warschauer Ghetto an diesen neuen Ort transportieren zu lassen, um weiterhin für ihn arbeiten zu können. Und dann hatte er fast fünf Monate lang in dem Gefühl, ihnen einen guten Rat gegeben zu haben, stolz unter »seinen« Juden umhergehen können. Doch nun veranlasst irgendetwas den zuvor noch so zufriedenen Geschäftsführer dazu, selbst die Flucht zu ergreifen. »Den jüdischen Betriebsangehörigen sagte ich davon allerdings nichts, um sie nicht zu beunruhigen«, fügt er seinem Bericht hinzu.

»Herr Neumann ist gestern – und wie böse Zungen behaupten – auf immer von hier weggefahren«, schreibt Helene Chilf einen Tag später. »Zum Abschied hat er Georg [Helenes Mann] noch seine Stiefeln verehrt. Das ist wirklich rührend aufmerksam von ihm. Am Tage vorher hat er im Büro eine rührende Abschiedsfeier veranstaltet. Er liebt halt seine Jiden mehr als alle anderen. Wenn er wirklich nicht mehr kommen sollte, so wäre es mir schrecklich leid.«[40]

Es sind jedoch noch andere von der zivilen Firmenleitung da, und Helene Chilf notiert täglich, ob sie sich auf dem Gelände befinden oder nicht.

39 Grabitz/Scheffler, S. 213
40 Grabitz/Scheffler, S. 251

»Martini ist nach Warschau und Danzig gefahren«, schreibt sie in den ersten Oktoberwochen. »Er soll aber bereits heute zurückkommen. Ich bin immer froh, wenn er wieder da ist. Er hilft mir zwar nicht, aber es ist doch so. Vielleicht deshalb, weil er noch einer von der alten Garde ist.«[41]

Doch eine Woche später stürzt Herr Martini plötzlich ins Büro und teilt den Angestellten atemlos mit, dass er den nächsten Zug nach Warschau nehmen müsse. Er gibt keine Gründe an. »Wir waren zu Tode erschrocken«, schreibt Helene, »und ahnten nichts Gutes.«[42] Helene erzählt, dass sie sich den Kopf zerbrachen, um herauszufinden, was wohl im Gange war, dass ihnen aber nichts Vernünftiges einfallen wollte. Die jüdischen Arbeiter in den Rüstungsfabriken wissen, dass ihre unbezahlte Arbeit von lebensnotwendigem Interesse für die deutsche Armee ist. Ihnen ist auch klar, dass es ihr Arbeitseinsatz ist, der sie bisher am Leben erhalten hat. Und jetzt brauchen die Deutschen sie mehr denn je, denn Deutschland steht im Begriff, den Krieg zu verlieren. In der Vorstellungswelt dieser jüdischen Arbeiter gibt es den Gedanken nicht – oder sie wagen nicht, ihn zu denken –, dass »ideologische« Motive für ihre Zukunft von größerer Bedeutung sein könnten als wirtschaftliche und strategische.

»Abends kam Georg von der Placuwka nach Hause«, schreibt Helene, »und erzählte uns, dass Herr M. draußen sich erst Mut antrank und ihnen dann mitteilte,

41 Grabitz/Scheffler, S. 254
42 Grabitz/Scheffler, S. 255

dass morgen die Osti – d. i. SS – den Betrieb übernimmt. Und weg war er!«[43]

Heinrich Himmler war wieder nervös geworden. Gewiss hatte er sich ein wenig beruhigt, nachdem der Aufstand im Warschauer Ghetto niedergeschlagen worden war, doch schon im August war es wieder so weit! Erst in Treblinka, wo sich 800 Gefangene erhoben, die nach dem Massenmord aufräumen sollten, und dann im Ghetto in Bialystok. Zwar waren diese Versuche sehr schnell niedergeschlagen worden, doch wenn Heinrich Himmler vor etwas wirklich Angst hatte, dann davor, dass sich diese Tendenz unter den Juden verbreiten könnte. Er hatte nicht genug Leute, um den Aufständen Einhalt zu gebieten, wenn sie zu stark um sich griffen, und deshalb musste er ihnen immer einen Schritt voraus sein. Außerdem führten alle geglückten Aufstände, bei denen Juden entkommen konnten, dazu, dass sich Gerüchte von dem verbreiteten, was in den Vernichtungslagern vor sich ging.
Am meisten ärgerte Himmler der ständige Bedarf der Armee an jüdischen Arbeitskräften. Seiner Meinung nach musste man, was die Juden anging, Prioritäten setzen.
Vielleicht ist es der Aufstand in Sobibór, der für Himmler am Ende das Fass zum Überlaufen bringt. Dort unternehmen einige der Häftlinge am 14. Oktober 1943 einen leisen Aufstandsversuch, indem sie ganz still beginnen, deutsche und ukrainische Wachleute zu töten.

43 a. a. O.

Als dies entdeckt wird, eröffnen die Wachmänner das Feuer und hindern die Gefangenen daran, sich zum Haupteingang des Lagers zu begeben. Stattdessen werden sie gezwungen, über ein Minenfeld zu laufen. 300 Juden können entkommen, viele von ihnen werden kurz darauf wieder gefangen und hingerichtet. Doch das Lager wird sofort geschlossen.

In Trawniki arbeiten mehr als 6000 Juden. Dann sind da noch die in der Nähe befindlichen Lager Poniatowa und Majdanek. Allein im Gebiet um Lublin leisten mehr als 40 000 Juden in verschiedenen deutschen Fabriken Sklavenarbeit. Sobibór ist nicht weit davon entfernt.

## *Kapitel 40*

»Aktion Erntefest« dürfte der zynischste Name sein, der jemals einem Massaker gegeben wurde. Doch so wurde es genannt.

Im Oktober/November 1943, exakt ein halbes Jahr nach dem Auszug aus dem Warschauer Ghetto, wurden einige der jüdischen Arbeiter in den Arbeitslagern um Lublin plötzlich dazu abgestellt, Gräben auszuheben. Dieselben Befehle ergingen in Trawniki, wo sich die Schultz-Fabrik befand, in Poniatowa, wo Többens lag, und in Majdanek, wohin viele der übrigen Arbeiter aus dem Warschauer Ghetto gebracht worden waren. Man teilte den Arbeitern mit, dass man die Gräben zum »Splitterschutz« oder, wie an anderer Stelle gesagt wurde, »zum Luftschutz« benötigen würde.

In den Lagern gingen schon Gerüchte um.

»Jetzt harren wir der Dinge, die da kommen mögen«, schreibt Helene Chilf Ende Oktober. »Die nächsten paar Tage werden ja schon etwas Neues bringen.«[44]

Man ist trotz allem zuversichtlich. Zum Monatswech-

44 Grabitz/Scheffler, S. 256

sel sind neue Großaufträge sowohl bei Schultz als auch bei Többens eingegangen. Es gibt viel zu tun in den Fabriken.

Sie kamen zwischen fünf und sechs am Morgen. Es war der 3. November 1943, und die verschiedenen SS-Einheiten waren von so weit entfernten Orten wie Auschwitz, Poznan und Königsberg in die Gegend von Lublin verlegt worden. Man benötigte viele Männer, um die unangenehme Arbeit, die für diesen Tag anstand, zu erledigen.

In Majdanek war der Appell an diesem Morgen ungewöhnlich kurz, und die nicht-jüdischen Häftlinge wurden daraufhin gebeten, sich wieder in ihre Baracken zu begeben. Im Arbeitslager Trawniki gab es im Grund ausschließlich jüdische Häftlinge, sodass hier nicht aufgeteilt zu werden brauchte.

Im Lager waren Autos mit großen Lautsprechern aufgestellt worden. Die Musik war ohrenbetäubend, es sollen Märsche und einige Walzer von Johann Strauss gewesen sein.

Die makabere Musikbeschallung setzte ein, als die erste Gruppe von Arbeitern von Schultz über das Gelände des Arbeitslagers zur Grenze zum Ausbildungslager geführt wurde. Dort mussten sie sich nackt ausziehen und ihre Kleider auf einen Haufen mit den Kleidern der anderen legen. Dann befahl man ihnen zu laufen.

An jedem der großen Gräben – es waren mehrere – standen vier bis fünf bewaffnete Männer. Den nackten Juden wurde befohlen, in die Gräben herabzusteigen und sich dort hinzulegen. Dann wurden sie erschossen.

Heinrich Himmler hatte den Befehl erteilt, dass alle Arbeitslager im Umkreis von Lublin gleichzeitig liquidiert werden sollten. Das hieß, alle jüdischen Arbeitslager. Die nicht-jüdischen Häftlinge sollten weiterleben. Deshalb war es für die SS-Führung wichtig, dass alles schnell vonstatten ging. Man sollte Tausende von Menschen töten und hatte doch nur einen Tag zur Verfügung.
Man kann nicht glauben, dass die wartenden Juden trotz der ohrenbetäubenden Musik nicht begriffen, was sie erwartete.
»Wir wussten schon, dass irgendein Ende ist«[45], berichtet Raja Mileczina, eine der insgesamt sechs Personen, die das Massaker »Aktion Erntefest« von Trawniki überlebten. Sie hatte sich in der Küche versteckt. In diesem Fall setzte die SS auf Schnelligkeit, nicht auf Geheimhaltung. Sie waren so grausam – oder kann man das nur mit Effektivität begründen? – dass jede Gruppe Juden, wenn sie nackt zu ihrem Grab gelaufen war, sich auf die Leichen legen musste, die dort bereits lagen. Dann wurden auch sie erschossen.

Es dauerte ungefähr zehn Stunden. Dann waren alle 6000 Arbeiter der Fabrik Schultz tot – abgesehen von der kleinen Gruppe, die zurückbehalten wurde, um für das Verbrennen der Leichen zu sorgen, um hinterher auch noch erschossen zu werden.
Am selben Tag, dem 3. November, erschoss man auf dieselbe Weise alle überlebenden Juden im nahe gelegenen Konzentrationslager Majdanek – alle, die nicht

45 Grabitz/Scheffler, S. 257

sofort nach ihrer Ankunft im Lager vergast worden waren. Poniatowa kam etwas später. Dort war das Massaker erst am nächsten Abend beendet, doch dann waren alle Arbeiter der Fabrik Többens ermordet worden.
Die »Aktion Erntefest« kostete 42 000 Menschenleben, es war die größte deutsche Massenhinrichtung während des ganzen Weltkriegs. Und mit ihr wurde der letzte Funke von dem ausgelöscht, was einmal der jüdische Wohnbezirk in Warschau – besser bekannt als Warschauer Ghetto – gewesen war.
Vielleicht hatte Artur Rajmic bis zu jenem Tag überlebt, vielleicht war er auch schon am Tag seiner Ankunft in Majdanek, exakt sechs Monate zuvor, vergast worden. Ziemlich sicher ist jedoch, dass Ninas Tante, Onkel und ihr Cousin an diesem 3. November 1943 ihr Leben verloren.
»Ich habe so wenig Erinnerungen an Rysio aus der Zeit im Ghetto«, sagt Nina sechzig Jahre später bekümmert. »Ich weiß nicht, warum. Und ich leide darunter. Es ist, als hätte ich keine Zeit gehabt, mich mit ihm zu beschäftigen.«
Nina wird erst nach dem Krieg von Rysios Tod erfahren. Und es wird sechzig Jahre dauern, ehe sie erfährt, wie er gestorben ist.

## *Kapitel 41*

In Warschau geht es auf den Winter zu. Nina und Rudek sind jetzt länger als ein halbes Jahr bei Pelikans. Noch haben sie Geld, um die Miete zu bezahlen, doch sie werden langsam unruhig, da der Krieg sich hinzuziehen scheint – und dann werden sie vielleicht gezwungen sein, ihr sicheres Versteck zu verlassen.

»Rudek saß meist in seinem Zimmer und las«, erinnert sich Nina, »aber ich bewegte mich im ganzen Haus und half beim Putzen, Kochen und Waschen. Im Salon mit den schweren Plüschmöbeln und Gardinen, wo ich nachts schlief, gab es eine hübsche kleine Porzellanfigur, die auf einem Sockel stand. Einmal, als ich sie abstauben wollte, rutschte sie mir aus der Hand. Sie fiel auf den Boden und schlug in tausend Stücke. Ich bekam schreckliche Angst, doch Frau Lucyna, die ins Zimmer kam, als sie das Geräusch von zerbrechendem Porzellan hörte, sagte nur: ›Die Dinge sind dazu da, dass man sie kaputt schlägt‹, und lächelte mich an. Von ihr habe ich gelernt, dass aller Schaden, der ohne bösen Willen entstanden ist, verziehen werden sollte. Das Geld, das Rudek und ich bezahlten, floss in den

Haushalt. Das Essen war spartanisch, aber wir litten niemals Hunger. Zu Weihnachten griff man jedoch in die Vollen, da wurden viele gute Gerichte aufgefahren, und ich aß nach Herzenslust. Nachts musste ich mich übergeben, und ich erinnere mich noch an meine Verzweiflung, als Frau Lucyna herbeigeeilt kam. ›Alles ist weg‹, stieß ich hervor. ›Es tut mir so leid, dass ich all das gute Essen wieder verloren habe.‹ Doch Frau Lucyna zeigte auch diesmal Klugheit. Vor allem mir gegenüber zeigte sie ihre Großzügigkeit und Klugheit auf verschiedenste Weise.«

Das große Problem, das ihr Leben in diesem Winter beherrscht, ist die Situation von Fanja. Fanja wird von denen erpresst, die ursprünglich das Versteck hinter der Konditorei für sie gefunden hatten. Warum man sie mehrere Monate dort wohnen ließ und dann drohte, zur Gestapo zu gehen, ist schwer nachzuvollziehen. Vielleicht brauchten die Leute Geld. Denn Fanja wurde gezwungen, den Erpressern alles zu geben, was sie an Geld und Schmuck besaß. Und sie wurde gezwungen, ihr Versteck zu verlassen. Aber sie darf weiterleben, denn sie gehen nicht zur Gestapo.

Jetzt musste Marysia ein neues Versteck für Ninas Mutter finden.

»Am Ende bekam Mutter einen Platz im Münzwerk, oder besser gesagt, bei einer Familie, die im Münzwerk in der Altstadt arbeitete«, erzählt Nina. »Doch da gab es kein richtiges Versteck, die Wohnung bestand aus zwei Zimmern und Küche, und wenn ein Außenstehender kam, musste Mama sich in einem Schrank verstecken.«

Natürlich greifen Nina und Rudek nach einiger Zeit die Frage bei Frau Lucyna auf, ob es für die Familie Pelikan vielleicht möglich ist, auch ihre Mutter in ihr Haus aufzunehmen. Wahrscheinlich tun sie das sehr früh zu Beginn ihrer Zeit dort und erhalten eine abschlägige Antwort. Doch im Juni 1944, als die alliierten Truppen in der Normandie gelandet sind, als der Krieg offensichtlich auf sein Ende zugeht, da sprechen sie Frau Lucyna immer öfter und hartnäckiger darauf an.

»Am Ende erklärte sie sich bereit, Mama kennen zu lernen«, sagt Nina. »Sie wollte sich ein eigenes Bild machen.«

Nina hat ihre Mutter in dem vergangenen Jahr ein einziges Mal gesehen, und zwar in dem Versteck hinter der Konditorei. Fanja – die starke, verantwortungsvolle, lebensbejahende Fanja, die ihre Tochter immer beschützt hatte und die trotz der schrecklichen Verhältnisse, unter denen sie lebten, immer versucht hatte, eine Normalität für sie zu schaffen – die sitzt nun allein in einer Wohnung am anderen Ende der Stadt versteckt. Nina weiß, dass Marysia sie manchmal besucht, doch das kann nicht sonderlich oft sein. Nina vermisst ihre Mutter und kann den Gedanken kaum ertragen, wie es Fanja, so weit entfernt von ihren Kindern, wohl geht.

»Ich glaube, dass sie es schwer hatte«, sagt Nina. »Von Natur aus war sie ein aktiver Mensch, der die Gesellschaft anderer genoss, und dort war sie mehr oder weniger eine Gefangene.«

Als Fanja Rajmic jetzt ihre Kinder und deren Wirtin besucht, ist sie nur geduldet. Sie soll geprüft werden, Frau Lucyna will sehen, ob sie passend ist.

Ich erinnere mich noch so gut, wie Mama mit Marysia zu uns kam«, sagt Nina. »Wir gingen ins Esszimmer und setzten uns um den runden Tisch. Zum ersten Mal seit dem Ghetto waren wir mal wieder alle drei zusammen – Rudek, Mama und ich. Frau Lucyna hatte Tee und Kekse hingestellt und zur Feier des Tages sogar einen Kuchen gebacken. Die Freude darüber, ihre Mutter sehen zu können, verband sich in Nina mit der spannenden Erwartung, wie das Treffen mit ihrer Wirtin ausgehen würde. Es dauerte nicht lange, bis sie eine Antwort bekam: »Sowie das Gespräch begann, war mir klar, dass Mama nicht würde bleiben dürfen. Es war so offensichtlich, dass ihr russischer Akzent störte. Sie war ja noch fremder als wir. Sie sprach mit Akzent, da sie Polnisch erst als Erwachsene gelernt hatte.«
Nina weiß natürlich, warum man ihr selbst angeboten hatte, in dem Haus zu wohnen, und sie erinnert sich natürlich an die ältere Frau, die sie ersetzt hatte. Die ältere Frau hätte ihre Mutter sein können.
»Wir erboten uns, selbst im Keller ein Versteck zu bauen«, sagt Nina. »Doch Frau Lucyna wollte von all dem nichts hören. Solange es kein Versteck gab, so ihre Antwort, würde sie sich immer damit entschuldigen können, dass sie behauptete, sie habe nicht gewusst, dass Rudek und ich Juden waren. Doch wenn sie einmal ein Versteck gebaut hatte, dann würde sie sich nicht gegen die Anschuldigungen verteidigen können, die doch zum Tod führen konnten. Also wurde nichts daraus, Mama musste wieder zu der Familie im Münzwerk zurückfahren. Sie durfte nicht mit uns zusammen sein.«

Die Monate vergehen sehr langsam. Nina weiß, dass die Zeit in gewisser Hinsicht für sie arbeitet. Doch der Druck, unter dem sie Monat für Monat, Jahr für Jahr leben muss, zehrt gleichzeitig schrecklich an ihr. In den Nächten ist es am schlimmsten. Da, wenn sie sich nicht wehren kann, kommt die Angst.

»Ich erinnere mich an keine Einzelheiten«, sagt Nina, »sondern nur an die Angst, die einen überkam, wenn es dunkel wurde. Es ist schwer, diese Gefühle zu beschreiben, die man hatte, während man ständig in Lebensgefahr schwebte. Man wusste damals ja, dass es um Leben und Tod ging. Man fürchtete sich vor jedem Schritt, den man unternahm, man hatte Angst um seine Angehörigen. Man lebte in der unwirklichen Welt der Angst. Man kann gar nicht beschreiben, wie sich das anfühlte. Die Angst hörte nie auf.«

Und eines Nachts in dem mit Samt bezogenen Salon, als sich wieder einmal die Angst anschlich, gab Nina sich selbst ein Versprechen. Vielleicht brachte sie ein Gespräch darauf, dass sie ein Jahr früher in einer anderen Nacht und in einem anderen Bett geführt hatte, mit einer Frau, die sie nie wiedersehen würde:

»Ich gelobte mir selbst, Zeugnis abzulegen, wenn ich diesen grausamen Krieg überleben sollte. Ich würde von der unmenschlichen Brutalität zeugen. Von dem Leiden und der Erniedrigung, denen das jüdische Volk ausgesetzt wurde.«

## *Kapitel 42*

Das Geld ging zur Neige. Eines Tages im Juni waren alle Goldrubel und alle Golddollar verkauft. Und Nina und Rudek hatten nur noch für die letzte Monatsmiete genug Geld. Sie wagten nicht, Frau Lucyna etwas davon zu sagen. Niemandem wagten sie etwas zu sagen, außer Marysia.

»Marysia sagte zu uns, dass sie in ihrer Heimatstadt Kielce ein Stück Land besäße, und sie erbot sich, das Land zu verkaufen und uns das Geld zu leihen. Rudek war dagegen. ›Wie kannst du wissen, dass du das Geld je zurückbekommst?‹, fragte er. ›Wenn wir nicht überleben, dann hast du alles verloren, was du besitzt.‹ Doch Marysia antwortete nur: »Jetzt sei nicht dumm, Rudek. Natürlich überlebt ihr.« Marysia rechnete damit, ungefähr 2500 Dollar für das Stück Land zu bekommen, was ungefähr der Hälfte des eigentlichen Wertes entsprach.

Rudek und Nina beschließen, auf Marysias Vorschlag einzugehen, und schreiben einen Brief, den sie ihr geben. Er ist an Onkel Irvin in New York adressiert und von Rudek und Nina unterschrieben. In diesem Brief

steht, dass die Überbringerin des Briefes, Maria Skorczyńska, ihnen Geld geliehen hat, und für den Fall, dass sie nicht überleben sollten, wird Onkel Irvin gebeten, 5000 Dollar an Skorczyńska auszuzahlen.
Doch die Zeit vergeht, und es will Marysia nicht gelingen, das Stück Land zu verkaufen.
»Schließlich«, so berichtet Nina, »kam der Tag, an dem wir Frau Lucyna sagen mussten, dass, wenn Marysia ihr Land nicht verkaufen konnte, wir die Monatsmiete nicht mehr würden bezahlen können.«

Jetzt kommt der entscheidende Moment. Nina weiß, dass sie und Rudek die Familie Pelikan im Prinzip versorgen und dass sie deshalb bisher bleiben durften. Dennoch hat sie bei mehreren Gelegenheiten Beweise dafür erhalten, dass sich Frau Lucyna wirklich um sie sorgte, dass sie Nina mochte und ihr freundlich gesonnen war. Doch für die Pelikans ist das Geld entscheidend, und so könnte es sein, dass Nina und Rudek ausgetauscht werden.
»Ich muss sagen, dass ich ihr ungeheuren Dank schuldig bin«, sagt Nina, »denn als der Tag kam, als unser Geld zur Neige ging und wir nicht mehr bezahlen konnten, sagte Frau Pelikan: ›Ich muss euch sagen, dass ich zwei nicht mit versorgen kann, doch einer von euch kann bleiben, ohne bezahlen zu müssen.‹ Diese Person, das wussten wir, würde ich sein. Und da zeigte sich, dass es ihr nicht nur ums Geld ging, sondern dass sie wirkliches Mitgefühl für uns verspürte.«
Lucyna Pelikan brauchte ihr Versprechen nie wahr zu machen, denn am Ende dieses Monats gelang es Mary-

sia schließlich, ihr Stück Land zu verkaufen. Mit dem Geld würden sich Rudek und Nina noch eine Zeit über Wasser halten können. Und viel mehr Zeit würden sie nicht brauchen.

## *Kapitel 43*

Das Münzamt lag im alten Stadtkern von Warschau, genauer gesagt in dem Teil, der *Nowe Miasto,* »Neue Stadt«, heißt, weil er ein Stück der Altstadt ausmacht, das außerhalb der Ringmauer errichtet wurde. Das Gebäude des Münzamts lag zwischen einigen kleinen Sträßchen eingeklemmt, und die Wohnung befand sich gleich daneben. In dem knappen Jahr, in dem Nina sich bei der Familie Pelikan versteckt hielt, hatte sie einmal ihre Mutter in dem ersten Versteck besucht. Ein- oder zweimal fuhr sie zu dem neuen. Man kann sich vorstellen, was jedes Mal los war, wenn sie sich entschloss zu fahren. Es gab ja nichts, was Nina formell daran hinderte, auf die Straße zu gehen und die Straßenbahn zu nehmen, gar nichts. Rein logistisch gesehen war das Unternehmen ganz unkompliziert. Es war nur einfach mit Lebensgefahr verbunden. Es muss eine ungeheure Sehnsucht in Nina oder Fanja, oder vielleicht in beiden gewesen sein, die sie dazu brachte, diese wenigen Male hinauszugehen und das Risiko auf sich zu nehmen.

»Ich musste die Straßenbahn von Służew nehmen und durch ganz Warschau bis in die Altstadt fahren«, er-

zählt Nina. »Dann kam ich zu einer Kaserne. Ich erinnere mich, dass man mehrere Treppen hinaufgehen musste, es gab keinen Aufzug. Mama, die sich immer im Schrank verstecken musste, wenn Besuch kam, war sehr, sehr froh, als ich kam. Sie wollte, dass ich so lange wie möglich blieb. Aber es war sehr eng, und man hatte irgendwie das Gefühl, dass es mit Besuch etwas schwierig war. Ihr alltägliches Leben muss ungeheuer anstrengend gewesen sein, aber sie klagte niemals.«
Nina durfte ein paar Stunden mit ihrer Mutter zusammen in der kleinen Wohnung verbringen. Sie erinnert sich nicht besonders gut an das Gespräch, sondern sie erinnert sich nur noch an das Gefühl, endlich ihre Mutter treffen zu können, und an Fanjas Freude darüber, sie zu sehen. Und dann erinnert sie sich, dass Fanja ihr zwei Dinge schenkte:
»Ich bekam von ihr zwei BHs, die sie mir genäht hatte. Und dann schenkte sie mir ihre Puderdose mit ihren Initialen. Sie meinte, dass ich jetzt anfangen sollte, Puder zu verwenden.«
Fanja versucht ihre Tochter in die Welt der Erwachsenen zu schubsen, und zwar auf die einzige Weise, die sie kennt …

Erst spät am Nachmittag macht sich Nina auf den Nachhauseweg nach Służew. Es ist eine sehr lange Reise, aber sie hat vieles, worüber sie nachdenken kann. Vielleicht ist das ja gut, denn vielleicht erregt sie, wenn sie nicht nervös wirkt, am wenigsten Misstrauen. Als der Polizist zusteigt, bemerkt Nina ihn nicht. Erst als er seine Stimme erhebt, zuckt sie zusammen.

Er spricht zum ganzen Wagen, nicht zu ihr. Aber was er zu erzählen hat, macht ihr Angst.

»Służew war von Deutschen umringt«, erzählt Nina. »Am Tag zuvor war dort ein deutscher Soldat getötet worden, deshalb gab es jetzt eine Razzia. Die Deutschen durchkämmten jedes Haus und suchten nach Leuten.«

Die Straßenbahn befindet sich auf der großen Maszałkowskastraße, weit entfernt vom Vorort Służew. Und dort wird sie stehen bleiben. Der Polizist gibt den Fahrgästen den Rat, bis zum Abend zu warten, ehe sie sich nach Służew begeben. Aber Nina wagt nicht zu warten.

»Ich wusste genau, dass Rudek das Haus nicht verlassen würde, ehe ich kam. Ich wusste, dass er warten würde, auch wenn er das eigentlich nicht durfte. Also fing ich an zu rennen. Ich lief auf den kleinen Straßen den ganzen Weg bis nach Służew.«

Es ist ein sehr langer Weg vom südlichsten Teil der Maszałkowskastraße nach Służew. Nina muss Stunden gebraucht haben, um nach Hause zu kommen, wenn sie wirklich in der Maszałkowskastraße loslief. Dafür spricht, dass die Erinnerungen, die Nina mitteilt, sich fast immer als korrekt erweisen. Wenn es unabhängige Quellen gibt, die Ereignisse beschreiben, die Nina aus dem Gedächtnis wiedergegeben hat, dann erweisen sich ihre Erinnerungen fast ausnahmslos als korrekt.

»Wie ich mir gedacht hatte, war Rudek noch in der Villa und wartete auf mich. Sowie ich reinkam, packte er meine Hand und lief mit mir zum Weizenfeld.« Nina und Rudek werfen sich in das hohe Getreide, und dort bleiben sie stundenlang sitzen, während in Służew die Razzia tobt. Als es schließlich dunkel wird, stehen sie auf und gehen vorsichtig zum Haus zurück. Frau Pelikan begrüßt sie.

»Frau Lucyna erzählte, dass fünf Minuten, nachdem Rudek und ich die Villa verlassen hatten, die Deutschen kamen. Sie durchsuchten das ganze Haus, jedes einzelne Zimmer, nach Männern. Sie fanden jedoch keine, sondern nur Frau Lucyna und ihre Schwester Zofia. Wenn ich nicht gerannt wäre«, sagt Nina, »dann wäre Rudek noch da gewesen, als die Deutschen kamen.«

Dies war wieder nur ein einzelnes Ereignis, eines von den vielen, das Ninas oder Rudeks Schicksal hätte besiegeln können. Danach wurde es, wie so oft, ruhig. Oft war es eine bedrückende Ruhe gewesen, doch jetzt, im Sommer 1944, verbreitet sich wirklich langsam ein gewisser Optimismus. Denn alle haben guten Grund zu glauben, dass der Krieg bald vorbei sein wird.

»Nach dem D-Day war jeder Tag voller großer Neuigkeiten«, erinnert sich Nina. »Die Russen rückten nach Warschau vor, Engländer und Amerikaner bombardierten Deutschland. Die Hoffnung wuchs mit jedem Tag. Zbyszek hatte ein Radio, mit dem er ausländische Radioprogramme empfangen konnte. Wir fragten ihn nie, wo er dieses Radio versteckt hatte, aber es war für uns kein Geheimnis, dass er in der *Armia Krajowa,* der polnischen Untergrundarmee, sehr stark engagiert war. Im Alltag arbeitete er in einer Werkstatt, doch es geschah mehrmals, dass er einige Tage hintereinander fort war. Wenn er wiederkam, verlor er niemals ein Wort darüber, wo er gewesen war. Und dann, am 1. August 1944, verschwand er einfach.«

Der D-Day hatte eine Wendung an allen Fronten bewirkt. Die sowjetische Armee eröffnete am 23. Juni einen massiven Angriff auf die deutsche Front in Weißrussland. Am 3. Juli fiel Minsk, und schon Mitte des Monats waren die sowjetischen Kräfte weit in Litauen und dem nordöstlichen Polen. Ende Juli erreichte man die Wisła. Am anderen Ufer dieses Flusses liegt Warschau, die Hauptstadt Polens. Jetzt begreifen alle in Polen, dass es nur noch wenige Tage dauern wird, bis sie befreit sind, zumal am 31. Juli schon einer der russischen Verbände in den Vorort Praga vorrückt.

Warum die polnische Untergrundarmee, *Armia Krajowa,* in dieser Situation in Warschau einen Aufstand gegen die Deutschen beschließt, ist schwer zu sagen. Offiziell heißt es, man wolle den sowjetischen Kräften helfen, wozu die Russen sie auch aufgefordert hatten. Wahrscheinlich spielte aber auch die Angst mit, dass Polen nach dem Krieg ein sowjetischer Satellitenstaat werden könnte. Die *Armia Krajowa* vertritt die polnische Exilregierung in London, sie ist eine nationalistische Organisation, und man hat große Angst, den Kampf um den Frieden an die kommunistische Sowjetunion und die konkurrierenden kommunistischen Partisanen zu verlieren. Die polnischen Nationalisten wollten Warschau selbst von den Deutschen befreien.

Die *Armia Krajowa* beginnt also den zweiten großen Aufstand gegen die Deutschen in Warschau. Der erste, bei dem sich die zum Tode verurteilten Juden gegen die bevorstehende Liquidierung des Ghettos aufgelehnt hatten, wurde innerhalb von vier Wochen niedergeschlagen. Dieser zweite nun musste gelingen. Die polnischen Verbände bestanden aus 50 000 Mann, und außerdem hatte man ja die ganze sowjetische Armee im Rücken.

Das Problem ist nur, dass im selben Moment, als die *Armia Krajowa* ihren Aufstand in Warschau beginnt, die sowjetische Armee zum Stehen kommt. General Rokossowski und seine Streitkräfte machen auf der anderen Seite der Weichsel halt. Und dann rühren sie sich sechs Monate lang nicht von der Stelle.

»Der Aufstand begann am ersten August«, sagt Nina. »Zbyszek verschwand, und am selben Tag besuchte uns zufällig Marysia in Służew. Am Abend wurden die Aktivitäten um uns herum, die Bomben und die Schüsse, so heftig, dass sie nicht wieder gehen konnte. So saßen wir dann in der Villa, vier Frauen und Rudek, und warteten darauf, dass die Russen jeden Moment die Weichsel überschreiten und Warschau befreien würden. Wir packten kleine Taschen mit unserer wenigen Habe und verbrachten die meiste Zeit im Keller. Die Schusswechsel erfolgten zwischen dem Kloster in der Nähe und deutschen Truppen, die davorstanden.«

Ein Tag vergeht, dann zwei, dann drei. Niemand begreift, warum die Russen nicht in Warschau einmarschieren. Aber man kann nichts anderes tun als dasitzen und warten. Und am fünften Tag hören die Schüsse draußen vor der Villa plötzlich auf.

»Wir saßen da unten im Keller, als wir über uns plötzlich deutsche Stimmen hörten«, erinnert sich Nina. »Dann rochen wir Rauch. Sie hatten das Haus angezündet! Wir rannten alle aus dem Keller, und da standen die Deutschen. Sie stellten uns in einer Reihe auf der Straße auf, zusammen mit den Leuten aus den umliegenden Häusern.«

Frau Lucyna steht vor ihrem Haus und muss zusehen, wie es den Flammen zum Opfer fällt. Für sie muss das der schlimmste vorstellbare Albtraum gewesen sein, und einer der schrecklichsten Momente ihres Lebens. Sicherlich ist es furchtbar, von den Deutschen so aufgestellt zu werden, aber ihre Gedanken und die ihrer Schwester Zofia und die von Marysia sind sicher kaum denen vergleichbar, die die beiden Juden hegen, die sich in ihrer Gesellschaft befanden. Der Krieg geht auf sein Ende zu, und sie sind von Deutschen gefangen genommen und in Reihen aufgestellt worden.

»Rudek reagierte blitzschnell«, erinnert sich Nina. »Er flüsterte uns zu, dass wir schnell zu dem kleinen Schuppen in unserem Garten rennen und uns dort verstecken sollten. Als die Deutschen dann damit beschäftigt waren, die Leute aus einer benachbarten Villa zu treiben, schlichen wir uns aus der Reihe, rannten zurück in den Garten und schlossen uns im Schuppen ein. Niemand bemerkte unsere Flucht. Durch die Ritzen in der Wand konnten wir sehen, wie die Gefangenen abmarschierten, und dann wurde es still. Im Haus nebenan wütete das Feuer, und Rudek meinte, es sei zu gefährlich, so nah daran zu bleiben. Er schlug vor, dass wir uns stattdessen in das Weizenfeld flüchten sollten.«

Ninas und Rudeks Dasein verändert sich binnen eines Augenblicks radikal. Nicht nur, weil sie ihr Versteck verloren haben. Nicht nur, weil ihre Wirtin ihr Zuhause verliert. Nicht nur, weil es ihnen gelungen ist, den Deutschen zu entkommen. Nein, das Paradoxe in diesen Tagen ist, dass Nina und Rudek ihre alten Rollen ablegen. Und das, was die polnische Zivilbevölkerung als die schlimmsten Tage des Krieges in Erinnerung behalten wird, wird für Nina immer der Moment sein, an dem sie selbst wieder anfangen konnte zu existieren. Denn jetzt ist sie eine von ihnen: »Dadurch, dass der Aufstand in Warschau begann, konnten wir dieses Gefühl loswerden, jemand zu sein, der eigentlich gar nicht existierte. In den Jahren des Versteckens begleitete uns das starke Gefühl, kein Existenzrecht zu haben. Man war ein Wesen, das nur versteckt leben kann, nirgends registriert ist und kein Recht auf Leben hat. Und dieses Gefühl verschwand voll und ganz mit dem Aufstand von Warschau, dem großen Aufstand, als mehr oder weniger die ganze Bevölkerung von Warschau auf der Flucht war. Da war man einer von vielen und nicht länger ein Jude auf der Flucht.«

Nina, Rudek, Marysia, Lucyna und Zofia liegen drei Tage lang draußen im Feld. Die Deutschen sind aus Służew verschwunden, zumindest hört man keine Schüsse mehr. Doch die kleine Gruppe wagt nicht, ihr Versteck zu verlassen. Es ist offensichtlich, dass sie geflohen sind, und sie wollen nicht riskieren, entdeckt zu werden. Wahrscheinlich wissen sie einfach nicht, was sie tun sollen, und so bleiben sie in dem reifen Kornfeld liegen.

»Ich lag direkt bei Rudek, und die anderen Frauen lagen zusammen«, erinnert sich Nina. »Es war heiß, und die Mücken umschwärmten uns. Wir waren hungrig und durstig, aber wir versuchten, durchzuhalten. Nach drei Tagen schließlich zwang uns der Durst aufzustehen und unser Versteck zu verlassen. Das erste Haus, zu dem wir kamen, war das ehemalige Pfarrhaus beim Kloster, das jetzt leer stand. Es gab dort ein wenig zu essen und zu trinken. Rudek fand außerdem ein Rasiermesser, das er sich auslieh. Dann gingen wir zur Villa zurück, die völlig zerstört war. Das Einzige, was noch intakt zu sein schien, war der Keller, doch hinderte uns der Rauch daran, hineinzugehen. Also setzten wir uns zwischen die Büsche im Garten und blieben dort einen ganzen Tag sitzen, vielleicht auch zwei. Ich erinnere mich nicht genau. Eine Frau, die Frau Lucyna als eine ihrer Nachbarinnen erkannte, kam vorbei. Frau Lucyna lief zu ihr hinaus und erfuhr, dass nach Piaseczno Züge fuhren, und viele Menschen auf dem Weg dorthin waren. Also standen wir auch auf und machten uns auf den Weg zum Bahnhof. Ich hatte keine Schuhe an, denn ich hatte sie nicht mehr anziehen können, als wir aus dem brennenden Haus rannten.«

Über den Handlungen aller Menschen liegt in diesen Tagen eine gewisse Planlosigkeit. Man sitzt da und wartet, man versucht, sich auf etwas zu konzentrieren, aber worauf? Es kommt den Leuten logisch vor, Warschau zu verlassen, denn dort herrscht ja immer noch der Aufstand. Also macht man sich auf den Weg, auf die Flucht.

»Als wir zum Bahnhof kamen, stand dort ein Zug, der

nach Piaseczno fahren sollte«, sagt Nina. »Wir stiegen ein und setzten uns in ein Abteil. Plötzlich tauchten ein paar Soldaten auf dem Bahnsteig auf. Sie liefen zum Zug und riefen: ›Alle heraus!‹ Rudek und ich sahen uns an. Dann beugte er den Kopf, sodass man ihn nicht durch das Fenster sehen konnte. Niemand kam in unser Abteil, und plötzlich begann der Zug zu fahren. Wir schauten hinaus und sahen, wie die Menschen, die dem Befehl Folge geleistet und den Zug verlassen hatten, von Soldaten umringt wurden.«

Piaseczno liegt ungefähr 30 Kilometer südlich von Warschau. Es ist eine kleine Stadt mit ungefähr 20 000 Einwohnern. Doch ist es einer der Orte, zu dem die polnische Zivilbevölkerung aus Warschau im August 1944 in Massen flieht.

»Wir sammelten uns in einer Schule«, sagte Nina, »und ich erinnere mich, dass wir dort eine Nacht verbrachten.«

Marysia will in Piaseczno bleiben, denn sie hat Bekannte dort, und es gibt gute Zugverbindungen für denn Fall, dass man schnell wegkommen muss. Doch für Rudek und Nina ist die Stadt gefährlich. In diesem Teil Polens sind immer noch die Deutschen an der Macht, und die würden einen Juden nach wie vor augenblicklich töten. Zwar sind Rudek und Nina jetzt im Besitz von falschen Papieren, doch besteht immer noch Gefahr, dass sie entdeckt werden. Sie wollen nicht in Piaseczno bleiben, sondern gehen zu Fuß in einen kleinen Ort in der Nähe, namens Krupia Wólka. Lucyna und Zofia Pelikan folgen ihnen.

»Wir durften gleich in einem der ersten Häuser bleiben, zu dem wir kamen«, erinnert sich Nina. »Der Bauer gab uns ein Zimmer, in dem wir alle vier schlafen konnten. Natürlich wusste er nicht, dass Rudek und ich Juden waren. Wir taten so, als wären wir ein Paar und nicht Bruder und Schwester, weil wir in unseren Papieren unterschiedliche Nachnamen hatten. Lucyna und Zofia behaupteten, sie seien unsere Tanten. Frau Lucyna machte sich große Sorgen um Zbyszek und saß die meiste Zeit da und weinte. Zofia ärgerte sich über ihre Schwester, wagte aber nicht, ihr das zu zeigen, sondern ließ ihren Ärger sehr oft an mir aus.«

Zofias Aggressivität wird mit jedem Tag größer. Warum sie es auf Nina abgesehen hat, ist schwer zu sagen. Vielleicht lag es einfach daran, dass Nina die Jüngste war und sich am wenigsten verteidigen konnte. Auf jeden Fall empfindet Nina Zofias Wut irgendwann als so unerträglich, dass sie beschließt, wegzugehen. Sie will zu Marysia nach Piaseczno zurückgehen.

»Rudek protestierte, aber am Ende gab er nach, denn er sah ja, wie unerträglich meine Lage war. Also machte ich mich auf und suchte Marysia.«

Marysia freut sich, Nina wiederzusehen. Sie lässt sie im selben Haus wohnen und teilt sogar die Matratze mit ihr.

Doch es geht Nina nicht gut, und nach einer Weile bekommt sie Fieber. »Jeden Abend setzte Marysia Schröpfköpfe auf meinen Rücken«, erinnert sich Nina. Als das Fieber weggeht, bleibt doch das Gefühl des Unbehagens und des Ausgesetztseins. Nina bleibt bei Marysia, und sie warten auf die Russen und den Frieden, die sich nicht einfinden wollen. Und dann kommen der Herbst und die Kälte. Nina hat sich wenigstens ein paar Schuhe besorgen können, doch sind sie mitten im Sommer, der zudem ungewöhnlich heiß war, aus Służew geflohen.

»Schließlich schlug Marysia vor, dass wir nach Służew zurückgehen sollten, um zu sehen, ob wir nicht etwas von unserer Habe im Keller finden könnten. Also kehrten wir beide zu dem Haus zurück. Das Wohnzimmer war, wie alle anderen Zimmer auch, völlig ausgebrannt. Doch der Keller war noch intakt, und dort standen unsere Taschen. Wir nahmen sie mit zurück, auch die Taschen der Pelikans.«

Nina kehrt mit Marysia nach Piaseczno zurück und fährt von dort mit einem Bauern nach Krupia Wólka mit, um Lucyna und Zofia ihre Taschen zu bringen.

»Sie freuten sich so sehr«, sagt Nina. »Zofia schlug vor, dass ich wieder zu ihnen kommen sollte, und bat mich um Entschuldigung, weil sie so gemein zu mir gewesen war. Also marschierte ich nach Piaseczno, um mich bei Marysia und ihrer Wirtin zu bedanken, und dann kehrte ich nach Krupia Wólka zurück. Ich fühlte mich so sicher, als ich wieder bei Rudek war.«

Der polnische Aufstand gegen die Deutschen sollte einer der tragischsten Aspekte der modernen Geschichte Polens werden. Denn was als ein kurzer triumphaler Siegeszug gegen die sich zurückziehenden Deutschen geplant war, wurde zu einem schweren Massaker unter den eigenen Truppen, das Ergebnis einer fast wahnsinnigen Vergeltungslust bei den bereits geschlagenen Deutschen, die das Land in einem Rachefeldzug verließen. Zunächst waren die Polen in der Tat recht erfolgreich gegen die geschwächte deutsche Armee. Aber die Deutschen hatten schnell Verstärkung geschickt, während die Polen ohne Unterstützung der Alliierten dastanden. Nach 63 Tagen gaben sie auf. Und genauso, wie die Deutschen dem jüdischen Widerstand im Ghetto begegnet waren, nämlich indem sie die Gebäude dem Erdboden gleichmachten, gingen sie jetzt zum rasenden Angriff gegen das über, was von der Altstadt Warschaus noch stand.

Wir wissen nicht, wie viel Rudek und Nina in ihrem kleinen Ort südlich von Warschau davon wussten. Aber wahrscheinlich erfuhren sie ziemlich viel. Und sie wussten, wo ihre Mutter sich aufhielt: in der Altstadt von Warschau.

»Ich hatte ungeheure Sehnsucht nach Mama«, erzählt Nina, »und ich machte mir so große Sorgen um sie. Am Ende überredete ich Rudek, mich nach Pruszków fahren zu lassen. Dort gab es eine Zentrale, in der sich die Menschen, die aus Warschau geflohen waren, meldeten, damit es leichter würde, Verwandte zu finden. Zuerst ging ich zu Marysia und fragte sie, ob sie mitkommen wollte. Das tat sie, und so machten wir uns auf den Weg, indem wir auf einem Pferdewagen mitfuhren.«

Die »Zentrale« in Pruszków war nicht so organisiert, wie Nina es sich vorgestellt hatte. Überall in der Stadt hingen Papiere und Listen mit Namen von Menschen, die ihre Angehörigen suchten. Doch die Aktivitäten schienen nirgends wirklich organisiert zu sein.

»Wir gingen von einer Stelle zur nächsten«, erinnert Nina sich, »ganz ohne nachzudenken. Und ich fing an zu laufen.« Nina kann jedoch nur ein paar Schritte laufen, da hört sie eine Männerstimme, die hinter ihr herruft: »Stehen bleiben oder ich schieße!« Und in diesem Augenblick denkt sie plötzlich ganz logisch:
»Mir ist klar geworden, dass er ja nicht wissen konnte, dass ich Jüdin war, weshalb sollte ich mich also irgendwie anders verhalten, als jede beliebige Person in der Bevölkerung es getan hätte? Ich drehte mich um und kam zurück. Der SS-Mann wollte nur unsere Papiere sehen. Wir holten sie raus und zeigten sie. Und sie ließen uns gehen.«
»Marysia war richtig wütend auf mich«, erinnert sich Nina. »Sie warf mir vor, dass ich mich sehr dumm verhalten hätte. ›Wenn du dich so benimmst, dann zeigst du doch nur, dass du etwas zu verbergen hast‹, hat sie gesagt. ›Du hattest mehr Glück als Verstand.‹«
Wieder ein Augenblick, in dem Nina um Haaresbreite dem Tod entgangen war.

Marysia wurde der ergebnislosen Suche müde, und so entschloss sie sich schließlich, nach Piaseczno zurückzukehren. Aber Nina wollte nicht aufgeben. Sie blieb allein in Pruszków. Wahrscheinlich hat Marysia wie immer versucht, Nina zu überreden, mitzukommen. Und wahrscheinlich hat Nina wie immer an ihrem Entschluss stur festgehalten.
»Ich blieb noch einen weiteren Tag. Ich erinnere mich an einen kleinen Imbiss, den ich besuchte. Dort saßen zwei deutsche Soldaten und versuchten Taschen voller

Kleider zu verkaufen. Sie sprachen mich an und versuchten mir einzureden, dass die eine der Taschen ein guter Kauf für mich wäre. Sie war voller Damenkleider – schöne Seidenkleider, Unterkleider und eine Krokodilledertasche. Ich versuchte ihnen klar zu machen, dass ich für eine solche Eleganz zu jung sei, und ging weg, ohne meine Mahlzeit zu beenden.«
Nina kehrte schließlich nach Krupia Wólka zurück, ohne irgendetwas über Fanja erfahren zu haben. Und mehr konnte sie nicht tun. Jetzt konnte sie nur noch die Zeit herumbringen, darauf warten, dass der Krieg ein Ende hatte, und sich dann in die Altstadt vorkämpfen.

»Der Herbst kam, und mit ihm die Pilze«, erzählt Nina. »Meine einzige Zerstreuung war, in den Wald zu gehen und Pilze zu suchen, was ich seit Beginn des Krieges nicht mehr getan hatte. Das gab mir ein Gefühl völliger Freiheit. Der Bauer, bei dem wir wohnten, brachte mir bei, die verschiedenen Pilzsorten zu unterscheiden, und jeden Tag kam ich mit vollen Körben nach Hause, die wir mit ihm und seiner Familie teilten.«
Meist geht Nina allein in den Wald, und nur sehr selten stößt sie dort auf andere Menschen. Das Pilzesuchen wird für sie zu einem meditativen Erlebnis. Deshalb ist sie wahrscheinlich sehr erstaunt, als sie eines Tages im Wald jemand anruft. Es ist die Stimme eines jungen Mannes, und er spricht kein Polnisch. Nina dreht sich um, und steht Auge in Auge mit einem deutschen Soldaten.
»Er fing an, mit mir über Pilze zu reden. Er erzählte, welche Sorten bei ihm zu Hause in Deutschland im Wald wuchsen. Und plötzlich bemerkte ich, dass ich

mit ihm über Pilze redete und völlig vergessen hatte, dass er ein Deutscher war. Das war ein sehr seltsames Erlebnis, mit einem Deutschen zu reden und nicht zu denken, dass er ein Deutscher war, sondern einfach nur ein Mensch.«

Nina, Rudek und die Pelikans bleiben mehr als fünf Monate in dem kleinen Ort. Denn so lange dauert es, bis die russische Armee endlich die Weichsel überschreitet. So lange dauert es, bis die polnische Untergrundarmee völlig aufgerieben ist und alle möglichen Widerstandsnester ausgebombt sind. Der Preis war ungeheuer hoch. Nicht nur sind große Teile von Warschau dem Erdboden gleichgemacht worden. Es sind auch in Warschau 10 000 polnische Soldaten und fast 200 000 Zivilpersonen getötet worden. Als die sowjetische Armee den Fluss überquert, gibt es auf keiner Seite mehr viel Widerstand.

»Eines Abends«, so erzählt Nina, »hörten wir Artillerie, und wir begriffen, dass die Russen näher rückten. In der Nacht konnten wir Blitze sehen, und jeder Blitz machte uns nur noch glücklicher. Im Nachhinein erscheint es seltsam, dass man über Beschuss glücklich sein konnte. Aber so war es. Und dann kam der Tag, an dem es um uns herum still wurde. Rudek und ich gingen aus dem Hof und auf die große Straße. Und da sahen wir russische Panzerkolonnen und Artillerie auf uns zukommen. Es war der 17. Januar 1945, und wir waren befreit.«

## *Kapitel 44*

Als der Krieg zu Ende ging, war Nina Rajmic fast 20 Jahre alt. Eine erwachsene Frau mit BHs und Puderdose, aber ohne Teenagererlebnisse, von denen sie hätte erzählen können, wenn es darum ging, wie sie erwachsen geworden war. Keine verlockenden Liebesgeschichten, keine vorsichtigen Ausflüge aus der sicheren Kindheit ins Erwachsenenleben, keine Auflehnung gegen allzu besorgte Eltern. Nina war erwachsen geworden, aber sie hatte fast ihre ganze Teenagerzeit lang wie ein gejagtes Tier gelebt. Dennoch hatte sie überlebt, und in dieser Hinsicht war sie wirklich eine Ausnahme. Wenn man es genau betrachtet, dann standen ihre Überlebenschancen extrem schlecht.

Von den fast 400 000 Juden, die sich im Warschauer Ghetto befunden hatten, als die Deportationen nach Treblinka begannen, überlebten nur wenige hundert. Ganz gleich, ob man sich dafür entschied, den Versprechungen der Deutschen über Arbeit im Osten Glauben zu schenken, oder ob man beschloss, im Ghetto zu bleiben und in den dortigen Fabriken zu arbeiten, schließlich wurde man immer getötet. Die Endstation für alle im Ghetto war fast ausnahmslos die Vernichtung. Die einzige Möglichkeit am Leben zu bleiben war, das Unmögliche möglich zu machen und aus dem Ghetto zu flüchten und »aufzuhören zu existieren«, wie Nina es nannte. Die meisten, die überlebten, waren die, die zunächst immer im Ghetto blieben, weiterhin unter deutscher Kontrolle lebten und das auch bis zum Schluss schafften, die dann während des Aufstands aber nicht getötet und nicht nach Treblinka oder nach Trawniki oder Poniatow gebracht wurden. Tatsache ist, dass am Ende ungefähr 18 000 der Juden aus dem Warschauer Ghetto in das Konzentrationslager Majdanek gebracht wurden. Die meisten von ihnen wurden direkt nach der Ankunft in die Gaskammern geschickt. Und alle Juden, die am 3. November noch im Lager waren, wurden während der »Aktion Erntefest« getötet. Doch zwischen Mai und November 1943 wurde eine kleine Anzahl der Juden aus Majdanek weiter nach Auschwitz-Birkenau verbracht. Auch dort wurde wieder der größte Teil von ihnen sofort getötet. Doch eine kleine Anzahl war noch am Leben, als Auschwitz am 27. Januar 1945 befreit wurde. Ungefähr 200 dieser Menschen kamen aus dem Warschauer Ghetto.

»Insgesamt kann man sagen, dass von den Freunden und Kameraden, die ich während meiner Zeit im Warschauer Ghetto hatte, nur noch eine Person lebt«, erzählt Nina, »und das ist Elusia, meine Nachbarin von oben, die das Ghetto verließ, ehe die Deportationen begannen. Von den anderen habe ich keinen je wieder gesehen.«

Nina und ihr Bruder hatten diesen Krieg überlebt. Sie hatten es geschafft. Aber wo war ihre Mutter?

»Das Erste, was wir machten, nachdem die Russen einmarschiert waren, war nach Warschau zurückzufahren«, erzählt Nina. »Rudek begab sich in die Altstadt und suchte die Frau bei der Münzstelle auf, die Mama versteckt hatte. Und die erzählte uns, dass Mama direkt nach dem Beginn des Aufstandes beschlossen hatte, sich zu uns durchzuschlagen. Sie wollte bei uns sein.«

Für Fanja war das Leben in dem kleinen Versteck unerträglich geworden. Zumal der Aufstand genau in dem Gebiet ausbrach, in dem sie sich aufhielt. Und sie konnte sich nicht schützen.

»Mama durfte nicht mit den anderen in den Keller gehen. Sie war eine Fremde, niemand kannte sie, und sie würde allen auffallen. Also war sie gezwungen, während des Bombardements allein in der Wohnung zu bleiben. Und das wollte sie nicht. Sie wollte bei uns sein.«

Was die Frau im Münzwerk Rudek erzählen konnte, war, dass Fanja sich Anfang August 1944 zu Fuß auf den Weg gemacht hatte. Sie kam nicht weit. Bereits im nächsten Stadtviertel musste sie Schutz suchen. »Mama kam in eine Kirche, die Marienkirche in der Neustadt«, erzählt Nina. »Dort hielten sich bereits um die 400 Menschen aus der Zivilbevölkerung auf, die sich im Keller der Kirche vor den Kriegshandlungen draußen versteckten.«

Die Frau aus dem Münzwerk sagte, Fanja habe eine Nachricht an sie herausbringen können, wo sie sich befand. Und die Frau berichtete, ihr mehrmals Lebensmittel geschickt zu haben.

Die Marienkriche, oder wie sie eigentlich heißt, *Kościoł Nawiedzenia Najświętszej Marii Panny* – die Kirche Mariä Verkündigung – steht immer noch in der *Nowe Miasto*, der Neustadt, direkt am Marktplatz. Sie sieht aus wie eine sehr alte Kirche, ist aber in Wirklichkeit nach dem Krieg komplett wieder aufgebaut worden. An den Toren der Kirche ist eine große Gedenktafel angebracht. Sie steht da zum Gedenken an die mehr als 400 Menschen, die am 29. August 1944 in der Kirche ermordet wurden, als die Deutschen sie umringt und angezündet hatten.
»Mamas Wirtin konnte nur berichten, dass Mama verschwunden war, als die Kirche abgebrannt war«, erzählt Nina. »Ich ging hin und durchsuchte die Ruinen in der verzweifelten Hoffnung, Mama vielleicht zu finden. Doch ich fand sie nicht.«
Damals wusste Nina noch nicht, was sie erst 1984 erfahren würde, nämlich, dass alle, die damals in der Kirche ums Leben kamen, in einem Massengrab auf der Vorderseite der Kirche begraben waren.
»Wir versuchten uns damit zu trösten, dass Mama vielleicht entkommen war, dass sie in Lodz auftauchen würde, wenn wir wieder dort waren. Das war selbstverständlich der Ort, an dem wir uns wieder treffen würden. Also fuhren wir nach Hause.«

Nina und Rudek taten, was so viele andere in jenen chaotischen Tagen in Polen taten: Sie setzten sich in einen

Zug voller Menschen, die auf dem Weg nach Hause aus dem Krieg waren. Dann gehen sie in die Żeromskiego 85, zu ihrem alten Zuhause in Lodz. Sie klopfen an die Tür. Niemand macht auf, und die Tür ist nicht verschlossen. Also gehen sie hinein.

»Im Wohnzimmer standen tatsächlich noch unsere Möbel. Sonst nichts. Es war unglaublich traurig, diese Wohnung zu betreten, unser altes Zuhause. Alles war sehr traurig. Wir konnten uns nicht darüber freuen, dass wir frei waren, sondern das bestimmende Gefühl war Trauer. Dass Papa nicht überlebt hatte, hatten wir schon seit Monaten in unserem tiefsten Innern gewusst. Doch sowohl Rudek als auch ich dachten, dass Mama es geschafft haben könnte. Und nach Hause zu kommen, das erinnerte uns an all das, wie es vorher war. Und wie es jetzt war. Von der ganzen großen Familie, von allen Tanten und Onkeln und Cousinen, Großvater und Großmutter, Mama und Papa, waren nur noch Rudek und ich übrig.«

Als Nina an diesem Nachmittag in ihrer alten Wohnung eine der scheinbar leeren Schubladen aufmacht, berührt ihre Hand ein kleines steifes Stück Papier, das sich in einer Ritze verfangen hat. Als sie es herausbekommt, sieht sie, dass es ein Foto ist – ein Foto von Fanja. Es hat den ganzen Krieg über dort gelegen. Wie ein Beweis dafür, dass es hier einmal eine Familie gegeben hat, die Rajmic hieß. Eine glückliche, wohl situierte jüdische Familie. Und für den Fall, dass jemand behaupten wolle, dass es diese Familie nie gegeben habe, gab es noch dieses kleine Foto als Beweis. Nina und Rudek waren in ihr eigenes Zuhause zurückgekehrt.

Und es gab noch jemanden, der zurückgekommen war. »Wir fanden Aniela in einer kleinen Dachwohnung in der Nähe«, erzählt Nina. »Und wir nahmen sie zu uns. Sie war sehr krank, und wir erfuhren, dass sie an perniziöser Anämie litt und dass nur Bluttransfusionen sie retten konnten. Ich nahm das, was in den Taschen war, die wir aus dem Keller in Słuzew gerettet hatten, und verkaufte es auf dem Marktplatz. Dafür bekam ich zwei Flaschen Blut, die Aniela in einem nahe gelegenen Krankenhaus gegeben wurden. Sie musste einige Wochen dort bleiben und benötigte bald noch mehr Blut. Also bettelte ich die Zutaten zusammen, um zu Hause im Badezimmer Schuhcreme herstellen zu können.«
Um die Bedingung der Deutschen zu erfüllen, dass die Schulen im Warschauer Ghetto nur praktische Fähigkeiten vermitteln durften, hatte man ja im Chemiegymnasium Centnerszwer allen Schülern beigebracht, Schuhcreme herzustellen. Vielleicht hatte Nina sich das Verfahren gemerkt, um irgendwelchen deutschen Kontrolleuren einmal beweisen zu können, dass sie wirklich Schuhcreme machen konnte. Und jetzt, drei Jahre später, konnte sie sich immer noch erinnern, wie man das machte.
»Ich habe mehrere Dosen Schuhcreme hergestellt«, erinnert sich Nina, »und habe es geschafft, auch die auf dem Marktplatz zu verkaufen, damit Aniela mehr Blut bekommen konnte.«

Allmählich erholte sich Aniela und kam dann in die Wohnung an der Żeromskiego, wo sie, genau wie vor dem Krieg auch, den Haushalt versorgte. Von ihrem alkoholabhängigen Verlobten sprach sie nicht mehr so viel. Aber Nina erfuhr, dass die Mutter des Verlobten schließlich gestorben war und er dann eine andere Frau gewählt hatte, anstatt wie versprochen Aniela zu heiraten.

»Sie erzählte mir, dass sie ihn von ganzem Herzen verflucht habe«, erinnert sich Nina, »und sie war der Meinung, dass er deshalb nur wenige Monate später gestorben war.« Nina wunderte sich über die offensichtlichen hexerischen Fähigkeiten der treuen Dienerin. Und es tröstet sie, wieder in der Nähe der starken Aniela zu sein.

Aniela war immer noch ein Mensch, der sich um andere kümmerte. In der Dachwohnung, in der sie während des Krieges gewohnt hatte, war jetzt ein Mann eingezogen, dessen Ehefrau und Kinder in der Sowjetunion festgehalten worden waren. Aniela kümmerte sich um ihn und wohnte auch selbst dort. Doch tagsüber kam sie zu Nina und Rudek und versorgte den Haushalt. Aniela wiederzuhaben, gab Nina das Gefühl, als hätte das Zuhause doch noch gewisse Ähnlichkeiten damit, wie es früher gewesen war.

»Jeden Tag, wenn ich nach Hause kam und die Tür öffnete, dachte ich: ›Vielleicht ist Mama da drinnen, vielleicht sogar Papa, jetzt, wenn ich die Tür aufmache.‹ Aber das geschah natürlich nie.« Fanja kam nie wieder nach Hause.

»Das war eine tiefe Trauer, eine abgrundtiefe Trauer«, sagt Nina. »Denn ich hatte so gehofft, dass Mama überlebt hatte. Ich erinnere mich noch an meinen ersten Geburtstag nach der Heimkehr. Am 14. Februar

1945 wurde ich 20 Jahre alt. Bella Zajbert, unsere alte Nachbarin, die während des Krieges im Versteck gelebt hatte, war schon früher bei uns gewesen und hatte Rudek und mir Bettwäsche und ein paar Kleider gebracht. Jetzt kam sie mit ihrem Mann zu uns, und wir setzten uns alle um den runden Tisch und ließen die Erinnerungen sprechen. Mit Bella zu reden, war ein wenig, als würde ich mit Mama reden, und mit jemandem zu sprechen, der sie gekannt hatte, machte sie für mich lebendig.«

Jetzt kehrten einzelne Juden nach Lodz zurück. Zunächst die wenigen, die aus den Konzentrationslagern gerettet worden waren, und die, die dem Ghetto von Lodz entkommen waren. Wenn man eine Chance haben wollte, den Krieg zu überleben, dann war das Ghetto von Lodz eine bessere Wahl gewesen als das Warschauer Ghetto. Doch wer hätte wissen können, dass das Ghetto von Lodz erst sehr spät, nämlich im August 1944, liquidiert und die überlebenden Einwohner nach Auschwitz und nicht nach Treblinka deportiert werden würden. Es gibt Überlebende aus dem Ghetto von Lodz, und fast alle von ihnen kennen wieder andere, die mit ihnen zusammen überlebt haben.
»Dann kehrten nach und nach sogar die Juden zurück, die in die Sowjetunion geflohen waren«, erinnert sich Nina. »Frau Dunin, die zu den reichsten Familien in Lodz gehört hatte und der auch das Haus gehörte, in dem wir wohnten, kam mit ihrem Sohn zurück. Sie wussten nicht, wohin, und deshalb durften sie bei uns wohnen. Marysia Bialer, eine von Rudeks Mitschüle-

rinnen, kehrte aus einem Konzentrationslager zurück, und auch sie zog bei uns ein.«

Nina hat erzählt, dass eine der Frauen, die nach dem Krieg bei ihr wohnten, in eine sehr vermögende Familie eingeheiratet hatte. Jetzt aber war die Frau völlig verarmt und psychisch schwer angeschlagen. Eines Abends erzählte sie Nina, dass ihre Schwiegereltern ihr irgendwann zu Beginn des Krieges gesagt hatten, dass sie in ihrer Wohnung in Lodz ein Vermögen in Juwelen versteckt hätten. »Sie wusste nur, dass diese Juwelen in einen Türrahmen eingelegt worden waren«, erinnert sich Nina, »aber sie wusste nicht, wo in der Wohnung.«

Als Nina davon hört, versucht sie, die Freundin zu überreden, in die alte Wohnung, die jetzt von einer polnischen Familie bewohnt wurde, zurückzukehren und nach den Juwelen zu suchen. Die Frau weigert sich.

»Sie war völlig apathisch«, erzählt Nina, »sie wollte einfach nicht.« Aber Nina gibt nicht auf. Sie drängt die Freundin, es doch wenigstens zu versuchen. Und schließlich, als Nina sich anbietet, mitzukommen, erklärt sie sich bereit.

Sie klopfen an der Tür zur alten Wohnung und stellen sich und ihr Anliegen vor. Wie viele Familien hätten wohl in dieser Lage die ungebetenen Gäste hereingelassen? Wie viele wären das Risiko eingegangen, dass ihre Wohnung konfisziert würde? Und wie viele hätten die Eindringlinge rausgeschmissen und angefangen, alle Türrahmen selbst abzubauen?

Doch diese Familie ließ die Schwiegertochter der alten

Besitzer der Wohnung hinein. Und sie ließen sie und ihre Freundin die Wohnung durchsuchen.

»Wir gingen durch jedes Zimmer«, erinnert sich Nina. »Wir schauten jeden Türrahmen an, um zu sehen, ob an ihm vielleicht gearbeitet worden war. Aber wir konnten nichts Ungewöhnliches entdecken, keine Risse, keine Nägel.« Am Ende, als sie alles ganz gründlich durchgeschaut hatten, gibt sogar Nina auf. Sie sieht ein, dass diese Geschichte aus zweiter Hand ebenso gut ein Märchen sein kann, eine falsch gedeutete Botschaft oder eine fehlerhafte Erinnerung. Also bedankt sie sich auch im Namen ihrer Freundin, bittet um Entschuldigung für die Störung, und die beiden setzen sich in die Diele, um ihre Schuhe anzuziehen.

»Dort, als ich auf einem Stuhl in der Diele saß, blieb mein Blick an einem Schuhregal hängen«, erzählt Nina. »Es war sehr niedrig, nur ungefähr einen Meter hoch, und es war von einem Rahmen umgeben. An einer Stelle hatte die Farbe des Rahmens einen anderen Ton. Ich bat die Wohnungsbesitzer um ein Werkzeug.«

Nina bekommt ihr Werkzeug, und während die Wohnungsbesitzer zuschauen, biegt sie den Rahmen des kleinen Schuhregals auf.

»Dort lagen sie«, sagt Nina. »Eine Tüte voller Juwelen. Die Wohnungsbesitzer ließen uns mit unserer Beute ziehen. Sie erhielten eine schwarze Perle als Dank, und ich bekam auch eine.«

Viele Juden ließen Wertsachen oder Fotoalben bei ihren nicht-jüdischen Nachbarn zurück, als sie zu Beginn des Krieges ihre Wohnungen verlassen mussten. Was sollten sie sonst auch tun? Sie konnten nur darauf hoffen, dass ihre Nachbarn auf sie warten, ihre Sachen bewahren und ihnen ein klein wenig von ihrer Geschichte zurückgeben würden, wenn sie wiederkamen. Besonders Fotoalben sollen zu den Besitztümern gehört haben, die Juden bei Freunden und Nachbarn deponierten, als sie von Zuhause weggehen mussten. Ein paar Wochen nach Ende des Krieges stand eines Tages eine Frau bei Rudek und Nina vor der Tür. Sie erzählte, dass sie in der Żeromskiego Nummer 77 wohne und dass sie die Nachbarin von Rosa und Max Rajmic gewesen sei. In ihren Händen trug sie ein Kristallservice. Dieses Service, und nichts sonst, hatte Großmutter Rosa ihrer Nachbarin überlassen, an dem Tag, als sie und ihre Familie Lodz verließen, um sich nach Warschau in Sicherheit zu begeben.

Das Service von Großmutter Rosa war das Einzige, was Nina aus der Zeit vor dem Krieg zurückbekam. Und die zwei BHs und die Puderdose waren das Einzige, was ihr von ihrer Mutter blieb. Die Puderdose wurde ihr in den Fünfzigerjahren gestohlen. Doch als Nina 2002 starb, fand sich ganz hinten in ihrem Schrank ein handgenähter Mädchen-BH, wieder und wieder geflickt, bis er nicht mehr geflickt werden konnte und dann in eine Plastiktüte gelegt wurde.

## *Kapitel 45*

Was macht man, wenn man überlebt hat, obwohl Millionen anderer untergegangen sind? Wie kann man weiterleben? Vermutlich ist das von Person zu Person verschieden. Doch versuchten fast alle Juden, die den Holocaust überlebt hatten, sich so schnell wie möglich ein neues Leben aufzubauen. Die polnischen Juden, die aus den Konzentrationslagern gerettet worden waren und überlebten, begannen ihr neues Leben oft in einem anderen Land und kehrten nie nach Polen zurück. In Polen blieben vor allem die Juden, die den Krieg in der Sowjetunion überlebt hatten, denn für sie war Polen nicht mit der schlimmsten Zeit ihres Lebens verbunden.

Doch Nina würde sich auch fürs Bleiben entscheiden. Sie hatte es nämlich eilig.

»Ich sammelte alle meine Dokumente zusammen und fuhr nach Warschau. Die Ministerien waren wieder geöffnet, und ich hoffte, dass ich irgendeinen Beleg dafür erhalten könnte, dass ich im Ghetto das Centnerszwer-Gymnasium abgeschlossen hatte. Dass ich das Abitur gemacht hatte.«

Zbyszek, der von den Partisanen zurückgekehrt war, befand sich zusammen mit seiner Mutter und der Tante Zofia ebenfalls in Lodz. Er bot sich an, mit Nina zusammen nach Warschau zu reisen.

»Im Zug küsste er mich«, erzählt Nina. »Und ich ließ es geschehen. Aber er begriff, dass ich nicht mehr wollte, und er drängte nicht.« Wenn Zbyszek Nina sein Interesse zu der Zeit gezeigt hätte, in der er Macht über ihr Leben gehabt hatte, dann hätte sie vielleicht nicht gewagt, Nein zu sagen.

»In der Villa machte er niemals Anstalten, sich mir zu nähern, er verhielt sich mir gegenüber sehr höflich.«

Nina würde für den Rest ihres Lebens den Kontakt zu Zbyszek halten, ebenso wie zu Marysia und Aniela.

Als sie in Warschau ankamen, begab sich Nina sofort zum Bildungsministerium. Sie suchte sich ihren Weg durch die Korridore und fragte sich durch, um die Person zu finden, die ihr das gewünschte Dokument ausstellen konnte – den Beleg, dass Nina Rajmic Abitur hatte und die Universität besuchen durfte. Den Beweis dafür, dass die Jahre nicht völlig vertan waren, in denen sie und alle ihre Schulkameraden im Ghetto gekämpft hatten, in der Hoffnung, dass es irgendwann einmal eine bessere Zukunft geben würde. Den Beweis, dass Fanjas Instinkt richtig gewesen war und dass die Mühen ihrer Lehrer belohnt wurden. Am Ende gerät Nina an die richtige Person.

»Ich erhielt einen offiziellen Beleg dafür, dass ich das Chemische Gymnasium Centnerszwer abgeschlossen hatte. Es gab Dokumente, die die Existenz der Schule bestätigten, und ich konnte beweisen, dass ich dort Schülerin gewesen war. Ich war unglaublich froh, als ich das Ministerium verließ. Ich erinnere mich noch, dass ich in einem offenen Lastwagen fuhr. Der Wind wehte, die Sonne schien, mein Weg stand mir offen.« Und Ninas eigene Reise konnte beginnen.

## *Epilog*

Nina wurde Ärztin. Sie erfüllte sich genau den Berufswunsch, mit dem sie eines Morgens in Manhattan aufgewacht war. Ihr ganzes Leben lang wollte Nina nichts davon hören, dass sie das Leben ihrer Mutter vollendet habe, dass sie das abgeschlossen habe, was Fanja abgebrochen hatte. Doch der Gedanke verärgerte sie auch nicht. Er machte ihr Spaß, obwohl sie selbst diese Auffassung nicht teilen konnte. Nina war überhaupt ein Mensch, der oft aus Instinkt handelte, vielleicht öfter, als aus dem Verstand heraus. Sie wusste es, wenn etwas richtig war, und dann handelte sie mit absoluter Überzeugung.
So war es auch, als sie Jerzy kennen lernte.

»Die Gruppe absolvierte das erste Studienjahr in Medizin binnen nur weniger Monate«, berichtet Nina. »Im Oktober 1945 begann das zweite Studienjahr. Gleichzeitig wurde in der Wohnung eines der Kommilitonen der jüdische Studentenverband gegründet.« Es gab nicht viele Juden an der Universität in Lodz, denn es hatten nicht viele Juden überlebt. Doch die, die es dort gab, schlossen sich zusammen. Auf den Fotos, die Nina aus ihrer Studentenzeit in Polen aufgehoben hat, ist sie von anderen jüdischen Studenten umgeben.

»Ich besuchte die erste Zusammenkunft des jüdischen Studentenverbandes. Und dort in der Wohnung stand vor dem Kachelofen ein junger Mann, dessen Gesicht ich nicht kannte, das mir aber das Gefühl gab, als würde ich ihn schon mein ganzes Leben kennen. Ich verliebte mich augenblicklich in Jurek Einhorn.«

Jurek oder Jerzy, wie er eigentlich hieß, war selbst ein Überlebender. Während des Krieges war er im Ghetto von Częstochowa und im Konzentrationslager Hasag gewesen, das vor den Toren von Częstochowa im Süden Polens lag. Und er hatte mit seiner ganzen Familie zusammen überlebt. Ebenso wie Nina hatte Jurek es nach dem Krieg eilig, sein Leben in Gang zu bekommen, deshalb ließ er seine Eltern und seinen Bruder in Częstochowa zurück und zog nach Lodz, um dort gleichzeitig Chemie und Medizin zu studieren.

»Man merkte, dass er sich ohne seine Familie ein wenig einsam fühlte«, sagt Nina, »und als wir einmal eine Gruppe aus dem Verband bei uns zu Hause hatten, sprach er viel von ihnen.«

Vielleicht wusste Nina schon an diesem Abend, dass sie mit Jurek zusammen sein wollte. Vielleicht dauerte es aber auch ein paar Tage. Nina lieh ihm ein paar Bücher, da er immer noch das erste Studienjahr besuchte. Als Jurek zu ihnen kam, um die Bücher abzuholen, war Nina nicht zu Hause. Doch Aniela war da, und sie ließ ihn in Ninas Zimmer. Am Abend, als Nina nach Hause kam, begrüßte Aniela sie mit den Worten: »Dieser junge

Mann da, dem du Bücher geliehen hast, den solltest du heiraten.« Und da Aniela nun für Nina fast wie eine Mutter war, gehorchte sie. Aber es sollte vier Jahre dauern.

Nina und Jurek bleiben nicht in Polen. Im Sommer 1946 begeben sie sich nach Kopenhagen, um im Labor zu arbeiten. Der Universität in Lodz fehlte es in der Zeit direkt nach dem Krieg immer noch an Ausrüstung, sodass die Studenten im zweiten Studienjahr für zwei Monate an der Universität Kopenhagen arbeiten durften. Jurek hatte eigentlich kein Recht darauf, da er zum ersten Studienjahr gehörte, aber Nina überredete ihn, sich um den Aufenthalt zu bewerben, und sie überredete den Kursleiter, ihn aufzunehmen.
Der Besuch sollte nur so lange währen, bis die Universität in Lodz im Herbst eröffnete. Doch in der Zwischenzeit erhält Nina ein Telegramm. Und kurz darauf bekommt Jurek einen Brief. Ninas Telegramm kommt von Rudek und lautet: »Fahr zu Onkel Irvin.« Der Brief an Jurek stammt von seinen Eltern, die ihn warnen, dass er nicht nach Hause zurückkehren soll.
Während Nina und Jurek sich in Kopenhagen aufhielten, hatte in Marysias Heimatstadt Kielce das berüchtigte Pogrom vom 4. Juli 1946 stattgefunden. Nachdem von einem polnischen Jungen eine erfundene Geschichte in Umlauf gebracht worden war, nach der er angeblich von Juden bestohlen worden war, hatte es ein Pogrom gegeben, in dessen Verlauf 40 Juden, die den Holocaust überlebt hatten, in Kielce von Polen ermordet wurden. Selbst in Ninas Heimatstadt Lodz waren zwei jüdische Studenten getötet worden.

»Ich werde nie den Schock vergessen, als ich diese Nachricht erhielt«, sagt Nina. »Ich hätte nie geahnt, dass der Antisemitismus in Polen in einem solchen Ausmaß noch lebendig war. Es war, als würde man plötzlich erneut ausgegrenzt, ohne festen Boden unter den Füßen. Polen schien mir nicht länger mein Heimatland zu sein.« Das Pogrom in Kielce wurde zu einem Schock für viele überlebende Juden, die beschlossen hatten, in Polen zu bleiben. Zwischen Juli und September 1946 emigrierten 60 000 polnische Juden aus ihrem Heimatland. Unter ihnen waren auch Nina Rajmic und Jerzy Einhorn.

Rudek hatte geschrieben: »Fahr zu Onkel Irvin.« Das war ein Codewort, und Nina interpretierte es so, wie es gemeint war, nämlich als Aufforderung, nicht nach Hause zu kommen. Es stand aber auch noch für etwas anderes. Wenn Fanja den Holocaust überlebt hätte, dann hätten Nina, Rudek und ihre Mutter zweifellos als Erstes versucht, nach Amerika zu kommen, um bei den Verwandten dort zu sein.

»Ich glaube, dass meine Mutter um jeden Preis hätte nach Amerika fahren wollen«, sagt Nina. »Und sie hätte Rudek dazu überredet. Sie hätte alles getan, um dorthin zu kommen. Und ich wäre mit Rudek und Mama gefahren, ganz klar.«

Und doch versucht Nina nicht, in die USA zu kommen, als sie und Jerzy und die anderen jüdischen Studenten in Kopenhagen sich entschließen zu flüchten. Sie gehen nach Schweden. Direkt nach dem Krieg schien es für Flüchtlinge unmöglich, in Kopenhagen zu bleiben, aber Schweden pflegte eine liberalere Einwanderungspolitik als die USA und lag außerdem bedeutend näher. Doch das ist nicht die einzige Erklärung dafür, denn nur ein halbes Jahr nach ihrer Ankunft in Schweden wird Nina nicht nur ein Einreisevisum für die USA erhalten, sondern wird auch auf einem College in New York eingeschrieben sein. Ninas Verwandte hatten dafür gesorgt, dass sie auf der amerikanischen Botschaft in Stockholm befragt wurde, und offenbar hatte sie alle Voraussetzungen erfüllt. Zu diesem Zeitpunkt ist Nina in Schweden noch nicht zum Medizinstudium zugelassen. Jerzy und sie, die immer noch kein Paar sind, dürfen in Uppsala lediglich die Vorlesungen besuchen.

»Ich weiß noch, dass ich, nachdem ich den Brief aus Amerika erhalten hatte, am Fenster saß und hinausschaute«, sagt Nina. »Und plötzlich spürte ich ganz stark, dass ich nicht dorthin fahren wollte. Jetzt, da meine Eltern nicht mehr am Leben waren, wollte ich mich nicht der Fürsorge und Kontrolle entfernter Verwandter unterwerfen. Wenn ich es bis hierher geschafft hatte, dann wollte und konnte ich auch weiter allein für mich sorgen.«

Diese Worte hätten aus Fanjas Mund sein können, nur 34 Jahre früher.

Nina und Jerzy bleiben in Schweden, und nach einigen Rückschlägen dürfen sie endlich Medizin studieren und bekommen eine schwedische Aufenthaltsgenehmigung. Wenn man ihre Dossiers im Reichsarchiv von Stockholm liest, dann wird klar, dass sie viele Entbehrungen erlitten haben und dass sie rätselhaften Anschuldigungen ausgesetzt wurden, die zwar niemals ihnen selbst vorgetragen wurden, dafür aber der schwedischen Polizei: Ein Mann namens Mieczysław Wronski (auch Skibinski genannt), der am polnischen Konsulat in Stockholm tätig war, wurde 1950 nach Polen zurückgerufen, weil er angeblich Bestechungsgelder angenommen hatte. Er tauchte unter und ersuchte um Asyl in Schweden. Doch die schwedischen Behörden zeigten ihm die kalte Schulter, da er ein Spion sein sollte. In einer persönlichen Mitteilung der Ausländerkommission vom 29. November 1951 steht, dass Skibinski-Wronski »bei seinen wiederholten Besuchen der Ausländerbehörde versucht habe, sich das Aufenthaltsrecht zu erkaufen, indem er anbot, fortlaufend Informationen über die kommunistische Infiltration in Schweden zu erbringen«. Unter den vielen Polen, über die Wronski »Informationen« anbot, waren auch Nina und Jerzy Einhorn. Wronski behauptete, dass »Frau Einhorn und ihr Mann Jerzy oft eine der weiblichen Angestellten des Konsulates besuchten«, und er behauptete ebenso, dass er Nina auf der Kungsgatan habe stehen sehen, wo sie um »Unterschriften für den Stockholm-Appell« warb, einem vom pro-sowjetisch gesinnten Weltfriedensrat initiierten Aufruf gegen Kernwaffen. Ein Studienkollege der medizinischen Fakultät gab seinerseits gegenüber der Kriminalpolizei in Uppsala an, dass Jerzy unter anderem Namen über die Studentenunion anonyme Briefe aus Polen angenommen habe. Man hegte den Verdacht, dass es sich dabei um Spionage für die Sowjetunion handeln könne. In Wirklichkeit waren es aber Jerzys Eltern, die ihm schrieben und einen anderen Namen verwendeten, da sie selbst versuchen wollten, aus Polen zu emigrieren und nicht Gefahr laufen wollten, dass die Korrespondenz den polnischen Behörden bekannt wurde. Jerzys Vater, der Schneider war, versuchte auch, seinen Sohn zu unterstützen, indem er Anzüge für Polen nähte, die nach Schweden reisen würden, und anstatt Geld von ihnen zu nehmen, bat er sie, die Rechnung bei seinem Sohn in Schweden zu begleichen. Otto Danielsson von der Staatspolizei meint dazu, dass »der Verdacht äußerst nahe liegt, dass Einhorn mittels dieser Informationen versuchte, seinen Unterhalt zu verdienen«, und verleiht seiner Meinung Ausdruck, dass »Einhorn nicht und unter gar keinen Umständen als in irgendeiner Weise wünschenswerter Ausländer betrachtet werden sollte«, und dass »Maßnahmen ergriffen werden sollten, ihn aus dem Reich zu entfernen«.

Dies war zu Beginn des Kalten Krieges, und es war nicht leicht, aus Polen nach Schweden einzuwandern, nicht einmal als Flüchtling. Noch 1955, als sowohl Nina als auch Jerzy bereits Ärzte waren und alle Chefs und Kollegen sich für sie eingesetzt hatten, wollte der Oberste Gerichtshof aufgrund dieser alten Aktenvermerke Ninas und Jerzys Antrag auf die schwedische Staatsbürgerschaft abweisen. Doch das Justizministerium bat den Polizeidirektor, ebenfalls eine Aussage in dieser Sache zu machen, und er sprach sich dafür aus.

So wurde Schweden schließlich zum Zuhause für Nina und Jerzy, und sie würden dieses Land lieben. Zu Beginn der Sechzigerjahre erhielt Jerzy, der damals Unterarzt am Karolinska Krankenhaus in Stockholm war, drei Angebote für Professuren in den USA, darunter

auch eines aus Harvard. Doch er lehnte ab, nicht zuletzt, weil Nina sich nicht vorstellen konnte, ihr neues Land wieder zu verlassen. Und auch in Schweden sollten ihre Karrieren nicht ungünstig verlaufen. Nina wurde Spezialistin für gynäkologische Onkologie und später Oberärztin im Radiologiezentrum in Stockholm. Jerzy erhielt ebenfalls im Radiologiezentrum eine Professur für Onkologie.
Nina war eine Lebenskünstlerin, die ihr Leben auf bewundernswerte Weise bewusst genossen hat. Sie selbst erklärte das mit ihren Erlebnissen während des Krieges:
»Nachdem ich diesen Krieg erlebt hatte, konnte ich die richtigen Prioritäten im Leben setzen. Das war das Positive daran: Ich weiß, was wichtig ist und was unwichtig.«

Ende der Fünfzigerjahre, als Nina bereits mehr als ein Jahrzehnt in Schweden gewesen war, verließ auch Rudek Polen. Er hatte sein Land nicht früher verlassen wollen, denn er war Jurist, hatte an der juristischen Fakultät in Lodz den Doktor gemacht und hatte nach dem Krieg eine nicht-jüdische Polin geheiratet. Doch die Ehe hielt nicht, und Rudek sehnte sich nach seiner Familie: Nina. Als er schließlich nach Schweden zog, war er 45 Jahre alt. Rudek setzte sich zusammen mit 20-jährigen Schweden auf die Schulbank und absolvierte den juristischen Abschluss an der Universität Stockholm. Später wurde er Universitätsdozent an der Hochschule für Soziologie in Stockholm.
Eine der polnischen Jüdinnen, die den Krieg überleb-

ten, war Teresa Goldman, Rudeks Verlobte aus der Zeit vor dem Krieg. Sie war im Dezember 1939 in die Sowjetunion geflüchtet und hatte es geschafft, dort zu überleben. Doch Teresa kam nie wieder nach Polen zurück. Nina wusste nicht, wie Rudek sie letztendlich fand. Doch dann sahen sie sich Ende der Sechzigerjahre in Israel wieder – beide verheiratet. Rudek hatte in Schweden eine rumänische Jüdin, Eva Rosenblum, geheiratet, und sie hatten eine Tochter namens Anne. Er wohnte mit seiner Familie nur wenige Straßen von Nina entfernt, und dort sollte er auch für den Rest seines Lebens bleiben. Rudolf Rajmic starb 1995 im Alter von 81 Jahren.

Vier Jahre später, Ende August 1999, entdeckt Nina während einer Konferenzreise in Polen, dass sie einen Knoten in der Brust hat. Ein paar Tage später wird bei ihr Brustkrebs diagnostiziert. Am Tag darauf erfährt Jerzy, dass er Leukämie hat. Jerzy wird nur noch acht Monate zu leben haben. Nina lebt noch zwei Jahre, die wahrscheinlich, trotz ihrer Kriegserlebnisse, die schwersten ihres Lebens waren. Dennoch bleibt sie sich selbst immer treu. Nina war eine Meisterin darin, sich zu beherrschen und immer einen Grund zur Freude zu finden. »Man muss immer etwas haben, worauf man sich freut«, sagte sie während dieser Jahre häufig.

Bis zuletzt war Nina in der medizinischen Forschung tätig. Sechs Wochen vor ihrem Tod war sie auf medizinischen Kongressen in den USA, und in der Zwischenzeit noch mit drei ihrer engsten Freunde auf einer Kreuzfahrt in Westindien.

Die letzten Wochen ihres Lebens verbrachte Nina Ein-

horn im Radiologischen Zentrum, von morgens bis abends von Menschen umgeben. Man kann sagen, dass im Krankenzimmer immer Party war, und Nina war die Gastgeberin. In einer dieser letzten Wochen sagte sie, wahrscheinlich als Antwort auf eine Frage: »Ich bin genauso geworden wie meine Mutter, ja, so ist es.« Und irgendwann gegen Ende, als sie schon nicht mehr ganz bei sich war, rief sie nach Rudek, der damals schon sieben Jahre tot war. »Rudek, ich bin es, Ninka«, sagte sie. Dabei klang sie wie ein junges Mädchen, und sie sprach Polnisch.
Die Vergangenheit verließ Nina niemals, und sie hatte immer zwei Fotos an der Wand neben ihrem Bett: Auf dem einen war Fanja als junge Frau, auf dem anderen Fanja, etwas älter, die Mutter, die sie niemals anfasste, aber ein »unvergleichlicher Fels der Sicherheit war«. Fanja war immer bei ihr, und sie wurde Fanja. Trotzdem, oder vielleicht gerade deshalb, schaffte Nina es, ein erfülltes Leben zu leben, mit dem erlebten Schmerz als Begleiter, der sie jedoch niemals schwächte. Zweieinhalb Jahre zuvor, als sie kurz nach ihrer Diagnose für dieses Buch befragt wurde, beschloss sie das Interview mit den Worten:
»Ich bin vollauf zufrieden. Ich glaube, dass ich ein sehr gutes Leben gehabt habe. Sehr gut. Dank meiner Familie. Und meiner Arbeit.«

## *Nachwort*

Als meine Mutter im Herbst 1999 die Diagnose Brustkrebs erhielt, beschloss ich augenblicklich, dass ich ein Interview mit ihr über ihre Erlebnisse während des Krieges machen müsste. Ninas Geschichte mit ihrer starken Dramatik, der Mischung aus Verzweiflung und Hoffnung, ihre Schilderung einer trügerischen Normalität, die bis zum letzten Moment währen konnte, und die Beschreibung einer fast normalen Teenagerzeit im Vorhof des Todes, das war einfach zu wichtig, als dass es nicht erzählt werden sollte. Und ich wusste, dass Mama gern erzählen wollte, denn sie hatte selbst Anfang der 90er Jahre begonnen, ihre Erinnerungen zu diktieren, in der Hoffnung, dass einmal ein Buch daraus werden könnte. Nina wollte »wegen Rudek« erzählen, das sagte sie oft. Ich weiß nicht, wie oft ich von meiner Mutter gehört habe, dass sie niemals überlebt hätte, wenn ihr Bruder Rudek nicht gewesen wäre. Vielleicht sagte sie das, um uns daran zu erinnern, dass dieser etwas trockene, nach innen gekehrte Jurist, den wir ungefähr einmal in der Woche trafen und der ganz in unserer Nähe wohnte, ein Held in ihrem Leben gewesen war. Ich hörte, was sie sagte, doch ich muss gestehen, dass ich erst die Details ihrer Erzählung aus den Kriegsjahren hören musste, um zu begreifen, mit welcher Kraft Rudek gehandelt hatte. Menschen verändern sich in Krisensituationen, und in Ninas Familie sollten die Kriegsjahre die Rollen der verschiedenen Familienmitglieder radikal verändern.

Ich nahm das Interview auf Film statt nur auf Videoband auf, denn ich wollte hinterher alle Möglichkeiten haben. Ich wusste nämlich nicht, was ich mit diesem Material würde machen wollen. Da ich eigentlich Dokumentarfilmemacherin bin, lag es nahe, einen Dokumentarfilm zu drehen. Doch gleichzeitig spürte ich, dass man diese Geschichte kaum in der Form würde wiedergeben können. Es gab keine Fotos, die Nina während der Kriegsjahre zeigten – wenn man von dem Foto absieht, das Nina am 15. Oktober 1939 an ihre Cousine in den USA schickte. Das einzige Bildmaterial, zu dem ich außer dem Interview mit meiner Mutter Zugang hatte, waren die Archivfilme, die die Deutschen im Warschauer Ghetto gemacht hatten. Doch Mamas Erzählungen waren so voller persönlicher Episoden und Dramatik, wie sollte man das gestalten? Während ich das fertige Filmmaterial auf Video überspielte, um damit arbeiten zu können, fing ich an, darüber nachzudenken, ob es nicht besser ein Spielfilm werden sollte. Doch dann, gab mein Fotograf Dan Myhrman zu bedenken, würde man nicht Mamas ganzes fantastisches Interview benutzen können. Es dauerte dann fast eineinhalb Jahre, bis meine Überlegungen hierzu Form annahmen. Es passierte damals viel in meinem Leben, mein Vater war krank und starb im Frühjahr 2000. Und andere Dinge standen im Weg. Doch im Januar 2001 schickte ich eine Zusammenfassung zu einem Projekt an die Spielfilmabteilung des schwedischen Fernsehens. Ich nannte das Projekt *Ninas Reise* und beschrieb es als einen Spielfilm mit dokumentarischen Elementen.

Das Fernsehen biss sofort an und bestellte ein Manuskript bei mir, das später dann auch ins Polnische übersetzt werden sollte. Hier konnte Mama wieder Anteil an dem Projekt nehmen – sie las das Manuskript, das ihr gut gefiel, und kontrollierte und korrigierte die polnische Übersetzung.

Alles sah gut aus, doch dann kamen die Probleme: Es erwies sich als schwierig, den Film zu finanzieren, da das schwedische Fernsehen auch noch andere Mitproduzenten gewinnen wollte. Das Projekt zog sich hin, die Diskussionen um die Finanzierung zogen sich hin, und schließlich tauchte die Frage auf, ob das Projekt überhaupt je umgesetzt werden würde. Die Zeit verging, und Mama wurde immer kränker. Ich wollte, dass sie daran glaubte, erzählen zu dürfen, und ich versuchte, aufmunternd zu wirken. Ich hoffe, dass ich sie überzeugen konnte.

Mama starb am 10. Mai 2002. In den darauf folgenden zwei Jahren geschah nichts mit dem Film. In diesen Jahren, als ich keine Hoffnung mehr für das Projekt hatte, beschloss ich, ein Buch zu schreiben, wenn aus dem Film schon nichts werden würde. Aber wenn es mir vielleicht schwer gefallen war, mir vorzustellen, wie man einen Film über diese Geschichte drehen könnte,

dann fiel es mir zu Anfang noch viel schwerer, mir vorzustellen, wie ein Buch darüber aussehen konnte. Ich hatte drei Quellen für Mamas Erzählung: die Erinnerungen, die sie selbst Anfang der Neunzigerjahre aufgenommen hatte, das vierstündige Interview, das ich im Herbst 1999 mit ihr gemacht hatte, und fünf Stunden zusätzlichen Interviewmaterials, die ich im letzten Lebensjahr meiner Mutter aufgenommen hatte. Mama war in ihrer Erzählung sehr exakt, und man konnte oft jede Episode, die sie beschrieb, mithilfe unabhängiger Quellen zeitlich einordnen. Aber Mama weigerte sich, über Dinge zu reden, an die sie sich nicht erinnerte, so zum Beispiel Details eines Gesprächs. Auch beim Buch dauerte es lange, bis ich die Form fand, die die richtige für mich war. Der Schwerpunkt würde auf Mamas Erzählungen liegen, aber ich ergänzte sie mit Fakten und einigen anderen Berichten von Zeitzeugen.
Der Film wurde dann doch gemacht – etwas anderes wäre auch gar nicht möglich gewesen. Die Dreharbeiten begannen im März 2004 in Warschau. Jetzt, da ich dies schreibe, im Januar 2005, ist er fast fertig, und das Buch ebenso. Als die Filmproduktion endlich in Gang kam, war ich schon so weit mit meinen Überlegungen zu dem Buch gediehen, dass ich mein Projekt nicht mehr aufgeben wollte. Also gibt es nun sowohl einen Film als auch ein Buch. Und ich bin so sehr dankbar dafür, nicht zuletzt dem Buchverlag Prisma und meiner Lektorin Carola Stuart, die noch einmal bereit waren, auf mich zu setzen. Genau wie bei meinem ersten Buch *Menschenhandel unterm Hakenkreuz*, begann auch dieses Projekt als Filmprojekt und wurde dann

auch ein Buchprojekt. Und genau wie damals, erlaubt mir das Buch, die Umwege zu machen und die Fäden aufzugreifen, die in einem Film wegen seiner zeitlichen Einschränkung niemals möglich wären.
Auf diese Weise habe ich noch zwei Jahre weiter mit meiner Mutter und ihrer Geschichte leben können. Es wird traurig sein, Abschied nehmen zu müssen.

*Literaturverzeichnis*

Assuntino, Rudi/Goldkorn, Wlodek – *Der Hüter. Marek Edelman erzählt.*
Verlag C.H. Beck, München 2002.

Czerniaków, Adam – *Im Warschauer Getto. Das Tagebuch des Adam Czerniaków 1939–1942.*
Mit einem Vorwort von Israel Gutman. © Yad Vashem, Jerusalem. Für die Deutsche Ausgabe: © C.H. Beck'sche Verlagsbuchhandlung (Oscar Beck), München 1986. Mit freundlicher Genehmigung der Liepmann AG, Zürich.

Einhorn, Lena – *Menschenhandel unterm Hakenkreuz.*
Aus dem Schwedischen von Wolfgang Butt.
Verlag Klett-Cotta, Stuttgart 2002.

Grabitz, Helge/Scheffler, Wolfgang – *Letzte Spuren. Fotos und Dokumente über Opfer des Endlösungswahns im Spiegel der historischen Ereignisse.*
Edition Hentrich, Berlin 1993.

Kurzman, Dan – *Der Aufstand. Die letzten Tage des Warschauer Ghettos.* Aus dem Amerikanischen von Jutta und Theodor Knust.
C. Bertelsmann Verlag, München 1979.

Den Stroop-Report findet man im Internet unter *www.holocaust-history/org*